Immanuel Hermann von Fichte

Reden an die deutsche Nation

Immanuel Hermann von Fichte

Reden an die deutsche Nation

ISBN/EAN: 9783743327900

Hergestellt in Europa, USA, Kanada, Australien, Japan

Cover: Foto ©ninafisch / pixelio.de

Manufactured and distributed by brebook publishing software
(www.brebook.com)

Immanuel Hermann von Fichte

Reden an die deutsche Nation

Reden
an die deutsche Nation.

Von

Johann Gottlieb Fichte.

Mit Einleitung herausgegeben

von

Immanuel Hermann Fichte.

Leipzig:

F. A. Brockhaus.

1871.

Einleitung.

Als Fichte's „Reden an die deutsche Nation" zum ersten mal im Druck erschienen, 1808, und als wir dieselben mit einer Einleitung neu herausgaben, 1859, geschah es beidemal in einem bedeutenden Wendepunkte deutscher Geschichte; und die Absicht war beidemal, zu einem bestimmten patriotischen Handeln, zu einer dem jedesmaligen Zeitbedürfniß entsprechenden That durch sie anzuregen. Auch jetzt (1871), im allerbedeutendsten Zeitmomente, wo eine trübe Vergangenheit sich schließt, wo unserm Volke zum ersten mal vergönnt ist, aus dem Ganzen und von untenher sich zu erbauen, scheint uns der Geist jener Reden noch immer in alter ungeschwächter Kraft wirken zu können, um vor Lässigkeit und Halbheit zu warnen, aber auch um über die höchsten Ziele, denen es diesmal gelten muß, klar und entschieden zu orientiren. Denn schon einmal*) wagten wir dieselben als eine Art von politischem Erbauungsbuche zu bezeichnen, nicht dazu bestimmt, ein fertiges politisches Programm aufzustellen oder allgültige praktische Rathschläge zu ertheilen, sondern um für alles Handeln dieser Art die sittliche und zugleich die standhafte Gesinnung zu erzeugen, die sonder Schwanken oder Zögern das für richtig Erkannte durchführt, dem Unrechten ebenso entschieden sich widersetzt.

Und noch ein weiteres, eigenthümlich anregendes Bildungsmittel bieten diese Reden, wie kaum ein anderes popularphilosophisches Werk. Die unerbittliche Strenge, mit der alle Consequenzen der aufgestellten Principien gezogen werden, ohne daß

---

*) In unserer Einleitung zu der Ausgabe: „Johann Gottlieb Fichte's Reden an die deutsche Nation. Von neuem herausgegeben und eingeleitet durch Immanuel Hermann Fichte" (Tübingen 1859), S. XIII.

eine Einwendung oder Milderung gestattet würde, die paradoxe Kühnheit mancher Behauptung regt die freie Prüfung, das Selbstdenken gewaltig auf; und so wird der Kampf mit diesem überlegenen Geiste der beste Wetzstein eigenen selbständigen Urtheils, während die sittliche Größe und Hoheit der Gesinnung, von der jedes Wort der kühnstolzen Darstellung getragen ist, der erfrischenden Wirkung nie verfehlen wird.

Wol zugeständlich sollte jedoch der Staatsmann wie der Volksvertreter, der politische Schriftsteller wie der zur That berufene Beamte jederzeit ein Buch sich zur Seite haben, das wie ein stärkendes Stahlbad des Charakters seine reinigende, entselbstende, über die Trivialitäten der Tagesstimmung erhebende Wirkung üben könnte, das zugleich aber auch die Einsicht weckt und in Klarheit erhält, was die einzig rechten Mittel der Völker- und Staatenlenkung sind. Fichte sagt selbst in diesen Reden bei einer bedeutenden Veranlassung, daß allenthalben nur die Unklarheit und die Finsterniß schade, daß jedes Schreckbild verschwinde, wenn man es nach seinem wahren Bestande erfaßt, in seine Elemente zerlegt. Wir an unserm Theile kennen nun, von den großen Alten abgesehen, in dieser doppelten Hinsicht kaum ein besseres politisches Laienbrevier als eben diese Reden, deren erste Entstehung selbst eine That der Kühnheit war. Und die mannhafte Gründlichkeit, mit welcher dort jeder Gegenstand vom höchsten Standpunkte des Urtheils zerlegt und durchdrungen wird, bietet eine geistige Stärkung, die jedem praktischen Tagewerke unfehlbar zugute kommen muß.

Dies sind die Gründe, warum wir noch einmal, und eben jetzt wo nach den strengen Kriegsmühen die friedliche Arbeit der Nation beginnen soll, den Geist jenes Werkes wieder hervorrufen möchten, um uns aus ihm vom tiefen Ernst der ˙jetzt uns beschiedenen Aufgaben durchdringen zu lassen, wol auch — wir sprechen unverhohlen aus, was gar manchem vielleicht anstößig erscheinen wird — um über die rechten Anknüpfungspunkte klar zu werden, welche allein die Dauer einer besseren Zukunft uns verbürgen können.

Was wir bestimmter damit meinen, werden wir nicht verschweigen. Aber gerade deshalb lohnt es ˙sich wol, über das bisherige Schicksal dieser Reden einiges zu sagen, an die eigentliche Absicht derselben zu erinnern, die sie noch ebenso wirksam macht, wie damals wo sie zuerst erschienen, und den weitreichenden, bis in die Gegenwart hinein geltenden Ideen, welche sie anregten, auch für diese Gegenwart Einfluß zu erringen. Denn sicherlich ist es wohlgethan, in einer theils willensschlaffen, theils durch entgegengesetzte Meinungen zerklüfteten Zeit an dasjenige zu erinnern, worüber Einverständniß herrschen muß bei allen, denen die Zuversicht zu der Macht der Ideen überhaupt noch nicht abhanden gekommen ist.

Zwei Hauptgedanken sind es, von denen die „Reden" ausgehen. Beide hat Fichte dort zunächst in der Gestalt ausgesprochen, wie die damalige Lage des Vaterlandes sie zu fordern schien; aber sie bleiben gleich wahr und gleich anwendbar für alle Zeiten und in jeder Lage eines Volks. Zuerst ist es die nachdrücklichst betonte **1.)** Ueberzeugung: daß „kein Mensch und kein Gott, und keins von allen im Gebiete der Möglichkeit liegenden äußern Ereignissen" einem Volke helfen könne, daß nur es selbst sich zu helfen vermöge, sicherlich aber sich helfen werde, wenn es das rechte Mittel kenne und ergreife. Sodann aber — und dies wird mit ebenso gründlicher Consequenz gezeigt — wenn man die erste Quelle **2.)** aufsuchen wolle, aus welcher allein die Selbsterneuerung eines gesunkenen Volkes hervorgehen könne, so sei diese nur zu finden „in der Erziehung der Nation zu einem neuen Leben"; mit einem Worte: „Nationalerziehung", nicht blos „Volkserziehung, sei die Aufgabe.

Auch diesen Gedanken bitten wir nicht oberflächlich oder nach seinem nächsten Wortlaute zu verstehen, als ob er nur bedeute und beantrage ein besseres Erziehungssystem der Jugend, damals Pestalozzi's, jetzt etwa das Fröbel'sche. Damit wäre, eben seit der Wirkung von Fichte's „Reden", für die Gegenwart weder etwas sonderlich Neues oder Angezweifeltes gesagt, noch etwas behauptet was gerade jetzt die allgemeine Aufmerksamkeit beschäftigen müßte. Diese Fragen kann man getrost den Verhandlungen der Pädagogen und eigentlichen Volkserzieher überlassen. Denn die Ausführung jenes Gedankens in den „Reden" zeigt, daß der rein pädagogische Vorschlag nur das erste Glied **A** und die allerdings grundlegende Bedingung sein sollte zu einem System socialer Reformen, welche auf ein viel weiter reichendes

Ziel gerichtet sind. Und eben darin liegt der noch immer geltende Werth jener Erörterungen, denen wir deshalb näher treten müssen.

Was nun ist der Ausgangspunkt und welches das Ziel, dem Fichte durch seinen Erziehungsentwurf zustrebt? Zuerst und allgemein grundlegend sei im Zögling die Selbstthätigkeit zu wecken, sodaß er alles durch Entwickelung der eigenen Kraft, nichts durch passives Anlernen sich erwerbe. Dies erzeuge ihm die Lust an eigener, sich selbst belohnender Arbeit; damit werde er unmerklich und ganz von selbst in die ideale Welt erhoben, zur reinen Freude an „Erzeugung der Urbilder“, und zur Gewohnheit, die endlich bewußte Denkweise wird, nur der freien Einsicht zu folgen und darin den eigentlichen Lohn zu finden, freiwillig und selbständig das als gut Erkannte um sein selbst willen zu thun, das Gemeine und Schlechte um sein selbst willen zu verwerfen, ohne für jenes Leisten oder Unterlassen auf äußern Vortheil oder auf fremden Beifall zu rechnen.

Durch diese Erziehung werde der nie wankende Grund gelegt zu einem dreifachen Erfolge: es sei Erziehung zu der einzig wahren und einzig berechtigten Freiheit, der Selbständigkeit des Charakters, welche sich nur gewissenhaft erprobter Ueberzeugung unterwirft; dies sei aber auch die Grundlage echter Sittlichkeit und die Erhebung zur wahren Religiosität. Wenn Deutschland es wage mit dieser neuen Erziehung zu beginnen, dann, behauptet Fichte, werde es nicht nur den Kampf mit seinem Unterdrücker siegreich bestehen können, sondern verjüngt und geistig wiedergeboren an die Spitze der Nationen treten. Es werde überhaupt eine neue Weltepoche anbrechen, „in der die Menschheit auf die eigenen Füße gestellt und von aller Bevormundung durch das Ungefähr mündig erklärt worden sei“.

Wir glauben nicht, daß irgendein Urtheilsfähiger die Wahrheit und die Gemeingültigkeit jener Grundsätze zu bezweifeln vermöge. Sind sie doch das einzig Feste und Unbestreitbare in allen Fragen über den ethischen Werth oder Unwerth der Dinge. Ebenso wird man zu keiner Zeit es überflüssig finden, mit der Kraft und innern Würde, die ihnen beiwohnt, immer von neuem an sie erinnert zu werden. Und schon dies könnte die Wiedererneuerung der „Reden“ rechtfertigen.

Aber aus demselben Grunde können auch die Folgerun=
gen aus jenen Grundsätzen, d. h. der Versuch einer Durch=
führung derselben im öffentlichen Leben, unmöglich bloße
„Utopien" sein, mit welchem Worte die Selbstgenügsamkeit der
gewöhnlichen Praktiker jene höhern Anforderungen als „fromme
Wünsche" abzufertigen pflegt. Vielmehr müssen wir allezeit fragen
und uns im Bewußtsein erhalten, sofern wir Staatsmänner, Volks=
bildner, überhaupt Politiker (in höherm Sinne) sein wollen: wie
der jedesmalige Zustand eines Volkes sich verhalte zur immer
vollkommenern Erreichung jener niemals abzuweisenden, aber auch
niemals ganz zu erfüllenden ethischen Forderungen. Diese Frage
zerfällt aber in eine Reihe einzelner, durchaus praktischer, nicht
mehr utopisch unbestimmter Probleme; und eben hier, also auch
über unsere unmittelbarste Gegenwart, wird Fichte noch immer zu
hören sein, nicht bloß als unbestimmter Mahner, sondern als
Lehrer und Wecker, der die rechten Ziele zeigt. Da er ferner,
als längst historisch gewordene Persönlichkeit, den gegenwärtigen
Parteigegensätzen völlig entrückt ist, so wird manches scharfe Ur=
theil, welches diese verdienen, in seinem Munde glimpflicher lauten,
vielleicht sogar wirksamer werden, als das von einem Zeitgenossen
gesprochene Wort. Im übrigen leuchtet ein, daß eine National=
erziehung zu echter Sittlichkeit und wahrer Religiosität, wie Fichte
sie beabsichtigt, weder in ihrer Ausführung möglich ist noch auch
in ihrem Erfolge Dauer verspricht, wenn sie nicht begleitet und
unterstützt wird von allgemein socialen Reformen entscheidendster
Art im Staate und in der Kirche. Ja die Erziehung müßte eben
damit beginnen, vor allen Dingen über die wahre Staatsform
und die wahre Kirche die rechte Einsicht zu erwecken, um wenigstens
in der Theorie sie zu zweifelloser Anerkenntniß zu bringen. Erst
dann könnte gehofft werden die wahren Erzieher zu finden, um
praktisch durch sie die kommenden Geschlechter jenem Ziele ent=
gegenzuführen. Es ist in diesem Falle, wie bei allen reforma=
torischen Entwürfen, der einzig sichere, einzig gründliche Weg,
auch in Fichte's Geiste und nach seiner vielfach ausgesprochenen
Ueberzeugung: erst aus der klar erkannten Theorie, aus der um=
fassend begründeten Einsicht in alle Mittel und Bedingungen, die
ein Seinsollendes zu seiner Verwirklichung voraussetzt, zu dessen

Verwirklichung zu schreiten, nichts aber dem Ungefähr oder der tumultuarisch überstürzenden Willkür zu überlassen.

So ist ihm auch damals, als er die „Reden" schrieb, keineswegs entgangen, daß sein Erziehungsentwurf nur Theil und Bruchstück einer umfassendern Untersuchung sei, das wahre Ziel des Staates und aller socialen Gemeinschaft sowie die wahre Idee der Kirche festzustellen. Dies beweisen seine gleichzeitig verfaßten, damals aber ungedruckt gebliebenen „Politischen Fragmente" über Staat und Kirche, ebenso sein im Jahre 1807 geschriebener „Universitätsplan", welcher in gewissem Sinne das Vermittelungsglied bildet zwischen seinen pädagogischen Ideen und seiner Societätsphilosophie.

Die Universität soll nach ihm zur „Kunstschule des wissenschaftlichen Verstandesgebrauchs" erhoben werden, selbst also die höchste Erziehungsanstalt sein, in welcher der „wahre Gelehrte" gebildet wird. Wahrer Gelehrter ist aber nur derjenige, der in seiner bestimmten Berufssphäre, der Idee des Seinsollenden sich bewußt, dies mit besonnener Vernunftkunst in die Wirklichkeit einzuführen versteht. Es sollen daher durch die Hochschule „Künstler des Verstandesgebrauchs" erzogen werden, die als Staatsmänner, als Lehrer, als Geistliche jene höchsten Ideen des Seinsollenden allmählich und stufenweise dem Bewußtsein des Volkes vermitteln.

In dieser Reform des Universitätswesens ist daher wirklich das geforderte Mittelglied aufgewiesen, um jene Kluft zu überbrücken, welche zwischen der Idee einer Nationalerziehung und ihrer Ausführbarkeit für Fichte sich aufthat. Dieser Weg von obenher ist lang, mühsam, vielfacher Vorbereitung bedürftig; aber er ist sicher und nach seinen nächsten Bedingungen allgemein ausführbar. Auch knüpft er zugleich an manches an, was gerade die neueste Zeit angeregt hat, und dessen wir später gedenken werden.

Wenn Fichte dagegen in den „Reden", von dem unmittelbaren Bedürfniß der Verwirklichung gedrängt, den Antrag stellt, um die nächste Generation vor den Gebrechen einer schlechten oder ungenügenden Erziehung sicherzustellen, die Familienerziehung überhaupt durch eine öffentliche zu ersetzen: so erweist dies Radicalmittel sich selbst nur als eine halbe Maßregel, wie schon mehr als einmal gegen ihn erinnert worden ist. Denn für eine so durchgreifende öffentliche Erziehung des Volks die genügende Anzahl rechter Erzieher zu finden, würde fast ebenso schwierig sein, als die Familienerziehung zu reformiren. Dagegen ist auch jetzt noch von höchstem Interesse, einzusehen, welche entscheidende Bedeutung für jede sociale Reform die durchgreifende Neugestaltung unsers Erziehungs= und Unterrichtswesens von unten bis in seine Spitzen hinein behaupte. Hier, und hier allein, ist die vorbereitende Bedingung gegeben, aus der alles andere Reformatorische langsam aber sicher zugleich und dauernd hervorgehen kann. Dies ist der einzige feste Angelpunkt, an welchem eine bessere Zukunft hängt, nicht in ungewissen erträumten Idealen, sondern in fester vorausschauender Klarheit. Alles Regieren, Verordnen, alle gesetzgeberische Thätigkeit soll jenen höchsten Zweck: der Erziehung des Volks zu immer bessern sittlichen und materiellen Zuständen, zu seiner einzigen Norm haben und auch über das Besondere und Einzelne nur nach diesem Maßstabe und keinem andern entscheiden. Diese Idee des Staates als einer „Erziehungsanstalt" im umfassendsten Sinne, wie Fichte ihn wollte, ist kein utopistischer Entwurf oder ein unausführbares Ideal; denn theilweise ist schon ein Anfang damit gemacht worden seine Forderungen auszuführen. Ebenso ist er, dunkler oder bewußter, als Forderung stets behauptet, als Wunsch stets begehrt worden; und wie viele Verbesserungsentwürfe unserer staatlichen Zustände haben nicht in mittlerer und neuerer Zeit Staatsweise und Menschenfreunde gerade in dieser Richtung schon an das Licht gebracht! Aber es waren Staatseinrichtungen, Gesetze, die man vorschlug. Daß man den Hebel der Verbesserungen zunächst bei den Regierten, bei dem Volke einzusetzen habe, um ihm die Fähigkeit zu verleihen sich selbst zu regieren, dies übersah man zu allermeist. Und so bis in die neueste Zeit hin. Man entwarf republikanische Verfassungen, ohne Republikaner, ein der Republik würdiges und fähiges Volk zu haben; man erkämpfte Volksfreiheiten aller Art, ohne damit dem Volke das Vermögen zu verleihen in rechtem Sinne sich ihrer zu bedienen.

Diesem Gewirre trügerischer und verworrener Bestrebungen gegenüber sprach Fichte, soweit wir wissen unter den Neuern zu=

erst, das einfache Wort aus: daß dem Staate, dem Volke auf
keinem andern Wege zu helfen sei, als indem man mit seiner
Erziehung, also von untenher beginne. Es sind die alten
gründlichen Gedanken einer Staatspädagogik, wie wir sie
schon bei den großen Denkern des Alterthums, Platon und Aristo=
teles, antreffen, hier aber durchdrungen und erweitert vom Geiste
der neuen Weltepoche. Dort war es die Bestimmung des Indi=
viduum, für den Staat erzogen zu werden; in der Neuzeit und
für Fichte's Pädagogik ist das Individuum Selbstzweck, nicht
Mittel, und der Staat wie die Kirche haben selbst kein anderes
Ziel, als dem Einzelnen, auch dem Geringsten, zu seiner wahren,
ewigen Bestimmung zu verhelfen und dafür schon im Diesseits
ihm eine gesicherte Stätte zu bereiten.

Dies nun sind die umfassenden Gedanken, von denen Fichte
in den „Reden" nur eine bestimmte Seite zeigt, indem er das
nächste vaterländische Bedürfniß beachtet, wie es der Drang der
Zeit zu fordern schien. Um jedoch den Plan in seiner consequent
geschlossenen Ganzheit zu übersehen, müssen sie, wie schon er=
innert, in Zusammenhang gebracht werden mit den gleichzeitig
verfaßten Entwürfen über Staat und Kirche, mit dem „Univer=
sitätsplan", zum Abschluß noch mit seiner „Staatslehre" vom
Jahre 1813, welche das Ganze in abgerundeter Ausführung
zeigt.*) Was daraus noch für uns, für die unmittelbarste Gegen=
wart zu entnehmen sei, wird sich zeigen.

So traten die „Reden" ursprünglich ans Licht als Theil
und Bruchstück einer umfassenden, damals eigentlich unverstandenen
Reformationsidee, damit auf eine noch unbestimmte Zukunft wei=
send, in ihrer unmittelbaren Wirkung aber mächtig zündend durch
den Geist feuriger Vaterlandsliebe und kühndeutscher Gesinnung.
Und durch diesen wirkten sie auch später noch nachhaltig und er=
folgreich fort, während ihre weiterreichenden Gedanken, gleich
schlummernden Keimen, vorläufig ohne Verwirklichung blieben;

---

*) Wir hätten aus diesem Grunde gewünscht, bei gegenwärtiger
neuen Ausgabe der „Reden" die „Politischen Fragmente" zugleich an=
reihen zu können, um dem Leser die authentische Uebersicht über das
Ganze der Ideen Fichte's bieten zu können. Aus äußern Gründen
wurde es unthunlich befunden; und so müssen wir uns statt dessen jetzt
mit jenen andeutenden Angaben begnügen.

denn die Anregungen zur Verbesserung des Volksschulwesens in Pestalozzi's Geiste waren doch nur ein Bruchtheil des großen Planes, den Fichte im Auge hatte.

Inzwischen war noch eine andere, nicht direct beabsichtigte Wirkung von den „Reden" ausgegangen, die später sogar immer stärker hervortrat, als nach den Jahren der patriotischen Erhebung und der siegreichen Kriege schlechte oder kurzsichtige Menschen alles wieder in das gewohnte Gleis zurücklenken wollten, um mit den alten Mitteln des Befehlens und Bevormundens den „beschränkten Unterthanenverstand" unbehelligt fortzuregieren.

Da war nun der Inhalt der „Reden" ein stillschweigender Protest allerentschiedenster Art wider ein solches Beginnen. Die Gesinnung, welche das Ganze durchdringt, ist eine durchaus de= / mokratische. Vom deutschen Volke, von der Gemeinschaft seiner Gebildeten, hofft und erwartet der Redner alles; an diese in= sonderheit ist sein mahnendes Wort gerichtet. Die damals Re= gierenden aber, schwächer angedeutet in den „Reden" selbst, aufs nachdrücklichste ausgesprochen in den (gleichzeitig geschriebenen) „Politischen Fragmenten", entgehen nicht seiner schärfsten Ver= urtheilung. Ihr eigensüchtiger particularistischer Geist trage die Schuld, sagt er, daß es keine Deutsche mehr gebe, sondern nur Preußen, Sachsen, Baiern, getrennt durch neidisches Mistrauen gegeneinander. Noch ausdrücklicher spricht er von einem zukünf= tigen „Reiche", einer „Republik" der Deutschen und bezeichnet das Ziel ihrer Verfassung dahin: daß sie darauf gerichtet sein müsse, „die Menschheit in dem Theile derselben, der sich deutsche Nation nennt, allseitig auszubilden in dem Grade, in welchem dies das Zeitalter erstrebt". Dafür aber sei eine vorausgehende Bedingung „die absolute Gleichheit der Stände, während die / nicht zu vermeidende Ungleichheit der Individuen, offenkundig und vor aller Welt Augen, nur durch die Verschiedenheit der Fähig= keiten herbeigeführt werden solle".*)

Die Mißliebigkeit dieser Grundsätze mochte in der nachfolgen= den Epoche der Reaction stärker empfunden werden; denn die ver= suchte Gegenwirkung trat jetzt sichtbar hervor. Wie die mainzer Untersuchungscommission Fichte's Wirken beurtheilte, ist bekannt

---

*) Fichte, Sämmtliche Werke, VII, 532.

genug; aber auch das Kleinlich=Lächerliche geschah! In dem Staate, auf welchen Fichte vorzüglich seine Hoffnung gesetzt, dem er seine besten Kräfte gewidmet hatte, wurden im Jahre 1824 die „Reden", als an eine neue Auflage gedacht werden mußte, durch die Censur „als ein verführerisches, leere Phantome nährendes Buch" geächtet und zur Auswanderung ins Ausland genöthigt; d. h. es wurde unter fremder Firma in Leipzig das Buch neuauf= gelegt, und von dort aus konnte es ungehemmt weiter wirken.*)

Die nachfolgenden Jahrzehnte deutscher Geschichte sind als die politischen Lehrjahre unsers Volkes zu bezeichnen. Der be= rechtigte Gedanke einer straffern staatlichen Einheit Deutschlands stritt mit der ebenso berechtigten Forderung größerer politischer Freiheit. Die rechte Ausgleichung war noch nicht gefunden, wäh= rend darum unbekümmert die „souveränen" deutschen Sonderstaaten ihre eifersüchtigen Schachzüge widereinander (das Organ dafür war der „Bundestag" und die Diplomatie der fremden Mächte) im stillen fortsetzten. Der Gedanke an die grundlegende poli= tische Bedeutung einer Erneuerung des Volks von untenher durch gemeinsame, alle Stände umfassende National= erziehung war vollends in den Hintergrund gedrängt oder, nachdem er einmal wenigstens ernstlich zur Sprache gekommen, völlig vergessen worden. Zwar vernachläßigte man die Volks= erziehung, besonders in den protestantischen Einzelstaaten keineswegs, ebenso geschah für die gelehrten Bildungsanstalten Dankenswerthes; beides aber trug durchaus particularistisches Gepräge, war abhängig von vorübergehenden persönlichen Einflüssen, sogar beein= trächtigt von sich bekämpfenden Parteiansichten; und vor allem war es die Kirche, welcher die Aufsicht und die Pflege der Volksschule anvertraut blieb. Es war der Geist der deutschen Reformation, der hierin noch nachwirkte. Wir wollen dies nicht schelten, vielmehr unsern Dank bezeugen für die große Wohlthat, die unserm Volke dadurch für die Vergangenheit gewährt wurde. Sie ließ die Deutschen nicht bis zu der tiefen Stufe der Unbildung herabsinken, welche die niedern Schichten der Nationen

---

*) Das Nähere über diesen charakteristischen Vorfall in „Johann Gottlieb Fichte's Leben und literarischer Briefwechsel. Von seinem Sohne J. H. Fichte" (2. Auflage, 1862, I, 423).

romanischer Abkunft drückt, die wir doch in anderm Sinne gleich=
falls als Culturvölker zu bezeichnen haben. Und was Deutschland
selbst betrifft, so hat gerade die allerneueste Zeit auf schlagende
Weise den Unterschied der politischen Reise dargethan, der zwischen
einem durch Volksunterricht gebildeten Stamme und einer in
dumpfem fanatischem Knechtsglauben festgehaltenen Menge ob=
waltet. Dennoch, in einer allgemeinen Nationalerziehung das
einzig sichere, allein Dauer versprechende Mittel zu sehen, die
Deutschen durch innere Gesinnung, nicht blos durch
äußere politische Formen, zur Einheit einer Nation zu
erheben, wer hätte damals, d. h. in der Zeit der Reaction
ebenso wol wie in der darauffolgenden Epoche politischer Kämpfe —
wer hätte in solchen Behauptungen nicht das leere Phantasiebild
eines praktisch übelberathenen Ideologen gesehen, trotzdem daß
dieser Ideologe den Beweis davon mit zwingender Evidenz ge=
führt hatte? Und so steht die Sache, wenigstens im großen und
ganzen, noch zur Stunde. Man hält es für die Ehrensache jedes
Gebildeten, für Erziehung Interesse zu zeigen, ebenso den Seinigen
die möglich beste zuzuwenden; aber die grundlegende nationale
Bedeutung der ganzen Erziehungsfrage und die besondern For=
derungen, welche mit ihr sich geltend machen, sind weder im all=
gemeinen anerkannt, noch ist von seiten der Staaten ein plan=
mäßiger und durchgreifender Anfang gemacht worden ihnen genug=
zuthun.

Es ist zu hoffen oder wenigstens aufs dringendste zu wün=
schen, daß für unser nunmehr festgeeinigtes Deutschland eine
längere Friedensepoche beginne, die den ausschließlich innern Re=
formen gewidmet sei. Denn dadurch allein kann der Einsatz der
blutigen Kämpfe, die wir siegreich bestanden, wiedergewonnen
werden; und nur in diesem Sinne, zur Verbreitung deutscher
Cultur, dürfen wir der neuen Gebietserweiterung uns freuen,
welche, lediglich als vorgeschobener Kriegsposten gegen den Feind
uns angeeignet, nur den halben Werth haben würde.

Die Gegenwart hat uns große, unerwartete Kriegserfolge
gebracht; darum ist sie auch erwartungsvoll und begehrlich, das=
jenige zu erreichen, was ihr nach innen noch fehlt und worin sie
doch allein den Preis ihrer bisherigen Mühen erblicken kann.
Auch lebt in ihren besten Geistern ein sehr bestimmtes Bewußtsein

über den Umfang dieser Anforderungen und über ihre eigentlichen Ziele. Außerdem ist jetzt der Zeitpunkt gekommen, oder er dürfte nie erhofft werden, wo nationale Werke in Angriff genommen werden können, die nicht auf schleunige Wirkung, auf unmittelbaren Vortheil berechnet sind, deren Erfolge daher nur langsam reifen können. Darum hielten wir es für geboten, gerade in diesem Zeitpunkt wieder an die noch ungelösten Aufgaben unsers Vaterlandes zu erinnern und die Anknüpfungspunkte zu bezeichnen, welche die Vergangenheit zu ihrer Lösung in Bereitschaft hat.

Indeß ist vom äußern Schicksal der „Reden" noch weiteres zu berichten. Sie hatten neben ihrem allgemeinen Inhalte noch eine besondere, deutsch patriotische Absicht. Sie waren gegen das Ausland, die „Fremden", gerichtet; diesen kündigten sie einen unerbittlichen Widerstand an. Und wiewol es nur allgemeine Reformgedanken waren, welche sie dabei in den Kampf führten, so hofften sie doch gerade von diesem Kampfe als Haupterfolg die verloren gegangene Einigung unsers Vaterlandes.

Das Frühjahr 1859 brachte uns die Möglichkeit eines solchen gemeinsamen Kampfes wider unsern Erbfeind, und damit die Hoffnung, daß auch die weitere Folge erreicht werden könne. Darin lag für uns damals die dringende Aufforderung, das Gedächtniß der „Reden" bei dem nachgewachsenen Geschlecht wieder aufzufrischen und dieselben, wie es in der Widmung heißt, „der deutschen Jugend, besonders den vaterländischen Kriegern zu ernster Beherzigung zu empfehlen". Wir wollten die ungeheure Bedeutung des damaligen Moments der noch vielfach getheilten, kurzsichtigen, übelberathenen öffentlichen Meinung vorhalten, um, so es möglich wäre, mit den Flammenworten der „Reden" über die trennenden Eifersüchteleien hinweg die Deutschen zu einer gemeinsamen That zu begeistern.

In diesem Sinne ist die damalige „Einleitung" geschrieben; und da die jetzigen Verhältnisse in gewissem Sinne noch analoge sind, so dürfen wir auch jetzt uns zum Inhalte und zur Absicht derselben vollständig bekennen; ja wir könnten sogar manches aus ihr in die Gegenwart herübernehmen. Sie schildert mit aufrichtiger Strenge unsere damalige politische Lage, die innern Gründe unserer Zerwürfnisse, aber auch die heimtückische Kunst unsers

Gegners, durch Vorspiegelungen zu trennen und zu verwirren. Gerade darum müsse das Gegentheil geschehen; der Angriff auf Oesterreich müsse als ein allgemein nationaler betrachtet und gemeinsam abgetrieben werden. Dies könne uns Gelegenheit geben, unserer Stammeseinheit wieder kräftig bewußt zu werden und über dem neuerstarkten Gefühle der Gemeinschaft das Mistrauen und die Sonderfehden zu vergessen. Und — fügten wir hinzu — „welcher deutsche Staat in diesem Kampfe die andern an Krafterweisung übertrifft und so zum rettenden Mittelpunkte aller übrigen sich erhebt, der werde ganz von selbst und ohne alle Gewaltsamkeit der eigentlich leitende in Deutschland und einer der ersten in der ganzen civilisirten Welt sein".

Wir bekennen uns noch jetzt vollständig zu dieser Ueberzeugung und zu diesen Wünschen für die Vergangenheit. Jedenfalls ist es aber auch für die Zukunft wohlgethan, wenn uns durch blendende Erfolge das scharfe Urtheil über die nächste Vergangenheit nicht verloren geht, vor allem wenn die Zukunft eine Sühne, zugleich die Verbesserung eines politischen Fehlers zu übernehmen hat. Welchen deutschen Staat wir als den rettenden Mittelpunkt unsers Vaterlandes im Auge hatten, dies konnte damals so wenig zweifelhaft sein als jetzt. Der entscheidende Augenblick der rettenden That wurde zu jener Zeit indeß versäumt. Wir gestehen, nicht wesentlich durch die Schuld Preußens. Es fing an zu rüsten. Aber die überlegene Klugheit des Gegners bot schnell den Frieden an, und die kurzsichtige Schwäche Oesterreichs ging darauf ein, zu einem Zeitpunkte wo sein Vertheidigungskampf unter den günstigsten Bedingungen erst beginnen mußte. Der Friede von Villafranca war, wie dem Tieferblickenden schon damals nicht entging, gegen Deutschlands Einheit und Stärkung gerichtet, vielleicht sogar mit gemeinsamer Absicht von zwei Seiten her. Wenigstens war er das größte nationale Unglück, indem er hauptsächlich die Krise des Jahres 1866 hervorrief, welche in allen ihren Folgen zu tilgen die dringendste Pflicht der Gegenwart ist. Zwar haben die gewaltigen Kriegserfolge des Jahres 1870, wie durch eine hohe göttliche Gnade, die schwersten Wunden schnell und unerwartet geheilt. Aber eine Wunde ist noch offen; denn es sei unvergeſſen, wie viel noch für die volle Einheit Deutſchlands zu thun übrigbleibe, und daß, wenn wir Elſaß ſammt Lothringen wieder-erwerben, anderes noch Wichtigere und Nähere dem „Deutſchen Reiche" entfremdet worden.

Wir können uns kein Deutſchland denken ohne das urkräftige, eine Fülle unentwickelter Keime enthaltende Bergvolk Tirols, unſerer ſüdlichen Grenzmark, ohne die deutſchen Stämme Vorder- und Hinteröſterreichs, welche ſchon jetzt mahnend und grüßend die Hände zu uns hinüberſtrecken. Die Donau muß als deutſcher Strom bis an ihren Ausfluß uns offen erhalten werden; und nur das Gewicht deutſchen Namens wird uns dieſe, ſowie Trieſt, den Zugang zum Adriatiſchen Meere, erhalten können, nicht das in ſeine Nationalitäten einheitslos zerſplitterte Oeſterreich; denn die Einheit und Stärkung kann Oeſterreich nur in ſeinen deutſchen Elementen finden. Wir ſagen dies nicht, weil ſie deutſche, ſon-dern weil ſie die einzigen Culturelemente Oeſterreichs ſind. Mit Einem Worte: Oeſterreich iſt ebenſo uns unentbehrlich, wie um-gekehrt es unſer bedarf zur Erfüllung ſeiner ſtaatlichen und cultur-geſchichtlichen Miſſion. Was es als ein Ganzes gegen die centri-fugalen Kräfte zuſammenhalten kann, die es von innenher zer-bröckeln, iſt lediglich die deutſche Cultur, die es vordringend nach Oſten tragen ſoll. Deutſchland hat daher mit Oeſterreich ſeinen gemeinſamen Feind in den panſlawiſtiſchen, tſchechiſchen, magya-riſchen Wühlereien, nicht aber in Oeſterreich ſelbſt.

So wäre es das größte Unheil für das geſammte Deutſch-land und der allerſchwerſte politiſche Fehler, wenn nach einem berühmt gewordenen, ſpäter blindgläubig nachgeſprochenen Worte „der Schwerpunkt Oeſterreichs nach Oſten verlegt werden müßte". Dies wäre eine Preisgebung deutſcher Stämme und deutſcher Culturintereſſen, wie ſie gewiſſenloſer nicht gedacht werden könnte; und eben jetzt iſt der Zeitpunkt, wo es nöthig wird dieſe Einſicht mit höchſter Entſchiedenheit zur allgemeinen Geltung zu bringen und bei der bevorſtehenden Neugeſtaltung des „Deutſchen Reiches" ausdrücklich ein Mittel vorzuſehen, welches den Eintritt Oeſterreichs in einen „weitern Bund" übrigläßt.

Im Augenblicke zwar wo wir dies ſchreiben, Jahresanfang 1871, verbreitet ſich die ſichere Kunde einer Annäherung der „Regierungen" Oeſterreichs und des deutſchen Bundes. Dies zeugt von beiderseitiger Einsicht in den wahren Sachverhalt und vom Abstreifen alter dynastischer Vorurtheile, welches dankende Anerkennung verdient. An sich selbst aber ist es nur ein unge= nügendes Surrogat des einzig sachgemäßen Verhältnisses; denn ein bloßer Personenwechsel, mehr noch eine Veränderung der äußern politischen Conjuncturen könnte diesen Gewinn ins Gegen= theil verkehren. Nur ein ewiges, d. h. ein auf nie aussterbende, zugleich mit vollem Bewußtsein erfaßte gemeinsame Interessen gegründetes Bündniß kann dieser Gefahr zuvorkommen; und nicht die Dynastien oder ihre Vertreter, sondern die Völker und Stämme müssen es schließen, eben aus dem Bewußtsein jener Interessen heraus. Und so wird im Verlaufe der Zeit, im Gegensatze zur wechselnden dynastischen Politik, das Bündniß immer dauernder werden, je stärker und wirksamer jene Volksinteressen geworden sind. (Als jüngstes und nächstliegendes Beispiel dafür kann uns die Geschichte des Deutschen Zollvereins dienen, der von geringen und zweifelhaften Anfängen immer weiter sich ausgebreitet und immer unwiderstehlicher sich befestigt hat, eben weil das gemeinsame Volksinteresse die dynastische Sonderpolitik zum Nachgeben zwang!) Solche gemeinsame Interessen stärkster Art zwischen Deutschland und Oesterreich gibt es aber, und sie werden ebenso unwiderstehlich ihre Befriedigung suchen, wenn man nur den ernsten Willen zeigt auf sie einzugehen.

Diese scheinbare Abschweifung hat uns auf den eigentlichen Gegenstand unserer Erörterung zurückgelenkt. Wir wollten ein= leitend zeigen, in welchem Sinne auch die unmittelbare Gegen= wart noch den Geist der „Reden" und der weitern politischen Betrachtungen des abgeschiedenen Denkers sich zu Nutze machen könne, um, über das schwankende und übertägige Meinen der Parteien hinaus, sich klare und unerschütterliche Grundsätze zu erzeugen und dadurch zugleich feste politische Endziele zu ge= winnen.

Die deutschen Heere verdanken ihre gewaltigen Erfolge an= erkanntermaßen ihrer überlegenen Einsicht, ihrer besonnenen Tapfer= keit, ihrer bewußten Pflichttreue und Vaterlandsliebe, kurz allen den Tugenden, welche nicht durch instinctiven Drang, sondern lediglich durch sittliche und intellectuelle Bildung erworben und befeftigt werden können. Und mit gerechtem Stolze dürfen wir hinzufügen, daß dies zugleich ein allgemein menschlicher Sieg bewußter Cultur über blinde nationale Eitelkeit und erkünftelte Wahnvorstellungen gewesen sei, zu freudigem Gedächtniß für die Folgezeit und zu wichtiger Belehrung für die Gegenwart nach allen Seiten ihrer reformatorischen Thätigkeit.

Den gleichen Fortschritt von unklaren Regungen und einge= wöhnten Vorurtheilen — mögen sie bisher auch als geheiligte Parteiariome gelten — zu befonnener Einficht und zu klarem politischen Denken, kurz den Fortschritt von der Stufe bloßen „Vernunftinftinctes" zu bewußter „Vernunftkunft", wie Fichte es bezeichnet, wünschen wir fortan auch in die Leitung unserer innern Angelegenheiten gebracht zu fehen und darin zur einzig entscheidenden Macht erhoben. Erst dann, aber nicht eher, ift Harmonie hergeftellt zwischen den äußern Erfolgen und den innern Zuständen, und erst dann darf behauptet werden, daß die äußern Opfer ihren vollen Erfat gefunden haben.

Daß hier die gewohnte Rede von unfruchtbarer Theorie, von idealiftischer Ueberfpanntheit, von Unerfahrenheit in praktischen Dingen und in praktischer Kunft eine völlig ungehörige fei, wird fich ergeben, wenn wir eben von jenem Standpunkt aus der Be= trachtung einzelner fehr praktischer politifch=nationaler Fragen näher treten. Zugleich aber verräth jener banale Einwand gegen jede „idealiftifche" Auffaffung praktischer Fragen die tieffte Unkunde über die wahre Befchaffenheit der leitenden Mächte alles politischen Lebens. Diese find ftets und zu allen Zeiten fociale „Ideen" gewesen, zu allermeift aber in der Form unbewußten Vernunft= inftincts wirkend. Jetzt gilt es — und dies eben ift die neue Epoche, in welche wir allmählich hineinwachfen —, jene ewig wirken= den focialen Ideen in klarer Vernunfteinficht zu erkennen und mit befonnener Vernunftkunft, ftufenweife und ftetig anknüpfend an das hiftorifch Gegebene, ins Leben zu führen.

Da ift nun für die gegenwärtige politische Neugestaltung unfers Vaterlandes dem Auslande gegenüber gewiß ein Gegen= ftand von höchfter praktischer Bedeutung, zu wiffen, was der eigentliche Sinn fogenannter „natürlicher Allianzen" fei, und worin die wahren Bedingungen beftehen, theils folche zu finden, theils ihre Dauer zu fichern.

Wir antworten darauf ohne Zögern in Fichte's Geist und Sinn, der in seinen „Politischen Fragmenten" über allmähliche Entstehung der Nationalitäten und ihre gegenseitigen Zu- und Abneigungen Tiefgedachtes und Allanwendbares gesagt hat*); auch befürchten wir dabei keinen theoretischen Widerspruch, denn der Theorie nach anerkannt ist das Princip schon längst von allen selbständigen politischen Denkern; die volle praktische Consequenz daraus gezogen wurde aber noch nie, am allerwenigsten nach einem klar erkannten Grundsatze. Wir sagen demzufolge: allein die Gemeinsamkeit der weitern wie der besondern Culturinteressen der Völker kann unter ihnen natürliche Allianzen bilden und soll es inskünftige ausschließlich, nicht mehr blos gemeinsame Abstammung, Sprache, geographische Nachbarschaft, zufällige Beziehungen, und wie die dunkel oder vorübergehend leitenden Motive sonst noch heißen mögen, am allerwenigsten aber dynastische Interessen, welche, obwol sie bisher zumeist den Ausschlag gaben, gar nicht mehr in Rechnung kommen können bei öffentlichen Angelegenheiten.

Die tiefgreifendsten Culturinteressen eines gebildeten Volks sind jedoch offenbar nur die geistigen: Gemeinsamkeit des religiösen Bekenntnisses, der politischen Verfassung, Verwandtschaft oder gleiche Stufe der allgemeinen Volksbildung. Dies hat auch geschichtlich sich überall bewährt, indem die Staaten, welche die Reformation begünstigten, die nach politischer Freiheit strebten, oder auch die im Gegentheil diese Strebungen bekämpften, durch geistige Sympathie, Wunsch und Interesse auch politisch zueinander oder widereinander gezogen wurden. Die Eigenthümlichkeit der Nationalitäten wird dadurch keineswegs verkümmert oder unterdrückt, noch wäre sie ein Hinderniß zu solchem Culturbunde. Im Gegentheil könnte daraus, bewußterweise, während es bisher nur dunkel empfunden wurde, ein ergänzender Wetteifer sich entwickeln, die eigenthümlichen Vorzüge der andern Nationalität anzuerkennen und sich zugute kommen zu lassen. Wie es denn wirklich in der jüngsten Zeit Augenblicke gab, wo an eine solche neidlose Wechselergänzung deutscher und französischer Bildung gedacht

---

*) Aus dem Entwurfe zu einer politischen Schrift aus dem Jahre 1813. Werke, VIII, 540—554.

werden konnte, bis leider die neueste Wendung der Dinge zeigte,
wie hartnäckig die oberflächliche Selbstverblendung der Franzosen,
gerade wegen ihrer tiefstehenden Durchschnittsbildung, von dem
Vorurtheil ihrer unbedingten Ueberlegenheit und ihrer daraus
entspringenden Vorrechte erfüllt sei!

Für die Zukunft aber und für die jetzt beginnende Epoche
— so hoffen wir wenigstens und wollen es vorläufig darum zu
klarem Begriffe erhoben sehen — kann bei fortschreitender Cultur=
entwickelung einzelner Völker und bei dem Zurückbleiben anderer
zuletzt nur die „natürliche Allianz" der Culturvölker gegen die
Uncultur übrigbleiben. Zwischen jenen kann kein Krieg mehr
ausbrechen; denn schon jetzt hat man eingesehen und unablässig
es wiederholt, daß bei der tiefen Verflechtung aller Culturinteressen
ein Krieg dem Sieger ebenso schade wie dem Besiegten. Zwischen
Cultur und Uncultur besteht dagegen ein ewiger, aber friedlicher
und stiller Krieg, der als Pflicht für jene, als Wohlthat für
diese sich erweist.

Wie sehr auch das eben Gesagte manchem als nur allge=
meine Wahrheit oder höchstens als Wink für eine noch unbestimmte
Zukunft erscheinen möge: eine nahe praktische Bedeutung, dünkt
uns, kann es selbst für das neuerstehende „Deutsche Reich" ge=
winnen. Der unauflösliche Bund mit Deutsch=Oesterreich ergibt
sich als erste Bedingung. Mit dem großen Culturstaate jenseit
des Atlantischen Oceans, bedingungsweise auch mit England, sind
die Freundesbeziehungen schon begründet. Aber auch für Frank=
reich müssen wir, ohne den veralteten Nationalhaß wieder herauf=
zubeschwören, soviel an uns ist, die Hand der Versöhnung offen
halten; denn diese Nation ist schon durch ihre weitverbreitete, hoch=
gebildete Weltsprache der eigentliche Vermittler unseres Cultur=
einflusses auf die romanischen Völker. Nur von den moskowitischen
Tendenzen trennt uns eine tiefe, bis jetzt schwer zu überbrückende
Kluft.

Aus dem Bisherigen ergibt sich offenbar noch Folgendes:
Nur die Völker können ihre Allianzen schließen, d. h. ihre
äußere Politik bestimmen und über Krieg und Frieden
entscheiden. Ihre Regierungen oder Herrscher thun es nur in
Vertretung derselben; keineswegs umgekehrt, wie bisher, wo die
Völker genöthigt waren ihre Dynastien nach außen zu vertreten

und deren Willen auszuführen, gar oft gegen ihren eigenen
Willen und noch mehr wider ihren wahren Vortheil.

Auch gegen diesen Grundsatz in seiner Allgemeinheit wird
fortan kein stichhaltiger Widerspruch sich erheben; denn er er=
gibt sich mit Nothwendigkeit aus dem grundveränderten Rechts=
verhältniß, welches die constitutionellen Verfassungen der Neu=
zeit dem Herrscher zu seinem Volke gegeben haben. Er ist in
keinem Sinne mehr „Landesherr“, sondern der höchste Vertreter
und Vollzieher des durch constitutionelle Mittel sich aussprechenden
„Volkswillens“. Des Dichters oft angeführter und vielgelobter
Ausspruch:

> Für seinen König muß das Volk sich opfern:
> Das ist das Schicksal und Gesetz der Welt —

jetzt hat er nur noch den Werth einer historischen Reminiscenz,
ohne jeden anwendbaren Sinn für die Gegenwart.

Zwar wissen wir wol, daß wir damit manchem romantisch=
aristokratischen Gemüthe ein Aergerniß bereiten. Dieser Empfind=
lichkeit sei zum Trost gesagt, daß damit weder der echten Vater=
landsliebe noch der schuldigen Ehrfurcht vor dem Herrscher der
geringste Eintrag geschehe. „Vaterlandsliebe und Liebe zum
Regentenhause vereinigen sich sehr oft“, sagt Fichte; und er be=
gründet zugleich, wie natürlich, aber auch wie wichtig diese Ver=
bindung sei, indem das Bewußtsein großer gemeinsamer Thaten
von Regent und Volk letzterm das wirksamste Mittel werde, sich
als Eins zu fühlen, Liebe zum Vaterlande in sich zu erzeugen,
wobei „das Regentenhaus sinnlich die Einheit repräsentirt“.*)
Lehrreich sind die vielen daran geknüpften Betrachtungen, was
die deutschen Stämme bisher wegen ihrer zersplitterten Geschichte
gehindert habe, Deutsche zu werden; ihr Charakter liege
in der Zukunft. „Jetzt besteht er in der Hoffnung einer
neuen und glorreichen Geschichte. Der Anfang derselben ist, daß
sie sich selbst mit Bewußtsein machen. Es wäre die glor=
reichste Bestimmung!“

---

*) Fichte, Politische Fragmente aus dem Jahre 1813. Werke,
VII, 567.

Indem wir jetzt diese Hoffnung erfüllt, diesen Anfang ge=
kommen glauben, erwächst uns Nachgeborenen damit die Ver=
pflichtung, auch die weitere Forderung Fichte's zu erfüllen, dazu
beizutragen, damit im gegenwärtigen Momente der Neugestaltung
die Deutschen das volle Bewußtsein dessen gewinnen, was in
ihrer Vergangenheit das Hindernde war, was für ihre gesicherte
Zukunft nöthig ist. Jenes war, wie Fichte erweist, ihre Zer=
splitterung unter selbständige Herrscherhäuser und darum ihre
nicht gemeinsame Geschichte. Jetzt zeigt sich die Form — wir
haben sie nur mit aller Energie und in bewußter Klarheit durch=
zuführen — um diese Zersplitterung aufhören zu lassen, ohne daß
damit innerhalb der Einheit, die aber folgerichtig ihren
eigentlichen Sitz nur in der Volksvertretung haben
kann, weder die Liebe zum besondern Vaterlande noch zum an=
gestammten Regenten gefährdet würde. Denn auch die letztere ist,
wie sich gezeigt hat, ein politischer Factor und ein echt sittliches
Pietätsgefühl, welches in alle Wege anzuerkennen und zu pflegen
ist, sofern der Regent desselben würdig. Aber es ist ein frei=
williger Tribut für den Herrscher; es kann keine Rechtsquelle für
die Indemnität seiner Regentenhandlungen werden. Deshalb
schützt ihn die Wohlthat der „Unverantwortlichkeit" neben verant=
lichen, aber seine Handlungen erst legalisirenden Räthen. Hier=
mit ist nach beiden Seiten dem Rechte wie dem Wohlwollen
Genüge gethan und beide ethische Mächte in das richtige Ver=
hältniß ergänzender Wirksamkeit gesetzt.

Zwar gehört dies alles für die Wissenschaft zu den aner=
kanntesten Dingen. Indeß kann es nicht überflüssig erscheinen,
in einer politisch unfertigen, von Parteieinseitigkeiten zerrissenen
Uebergangszeit zwischen zwei Epochen, wie die unserige ist, an
die wahren Consequenzen zu erinnern, welche die Neuzeit bei sich
führt, um zugleich damit, was aus Klarheit der Einsicht immer
hervorgeht, Milde des Urtheils und Schonung gegnerischer Ansichten
zu erzeugen, die noch in der Vergangenheit ihre Wurzel haben und
darin ihre Erklärung finden.*)

---

*) Unter den gleichen Gesichtspunkt der Beurtheilung fällt die
bekannte, an sich mit Recht getadelte Formel: „Mit Gott für König
und Vaterland!" Als wenn der Herrscher noch neben dem „Vater=

Wir gedenken in diesem Zusammenhange noch eines andern schädlichen Wahngebildes gegenwärtiger Zeit und Politik, welches eigentlich gleichfalls der Vergangenheit angehören sollte, da nur die Befangenheit in alten Parteistandpunkten dafür noch Interesse hegen kann. Wir meinen den angeblich unversöhnbaren Gegen= satz zwischen Monarchie und Republik, den alten Streit, ob die monarchische oder die republikanische Regierungsform den Vorzug verdiene, die Furcht auf der einen, die Hoffnung auf der ent= gegengesetzten Seite, daß alle europäische Staaten unaufhaltsam der Republik zustreben, daß die Zukunft, welche die einen näher, die andern ferner sich denken, nur noch „Republiken zeigen werde".

Wir können beides, diese Vorliebe und jenen Haß, einfach nur als einen politischen Aberglauben bezeichnen, schädlich in seinen Folgen, weil er einen nie endenden Parteihader hervor= ruft, aber leer und gegenstandslos in seiner Begründung, da er auf sehr unklaren Prämissen vom wahrhaften Wesen des Staates beruht. Als wenn die bürgerliche Freiheit, also die Republik nach Wesen und Wirkung, nicht auch unter einer Erbmonarchie möglich wäre; als wenn umgekehrt die ärgste Despotie und Knechtung nicht von einer unter dem Namen der Republik herr= schenden Parteioligarchie geübt werden könnte! Das einleuchtendste Beispiel dieser Art bietet unser westliches Nachbarvolk mit seinen wiederholten, aber stets wieder aufgegebenen republikanischen Ex= perimenten; und so ist es schon eine banale Wahrheit geworden, daß der Franzose am allerwenigsten zum Republikaner tauge. Aber ebenso wenig auch für die Dauer zum Monarchisten oder Anhänger der „Legitimität", wiewol zu zeiten auch dafür ihre Begeisterung entflammt ist. Es ist selbst für die Gegenwart von Interesse, den Gründen dieser Erscheinung nachzuforschen, um daran unser eigenes, das deutsche Wesen tiefer zu erkennen.

Die Ursache von dem allen liegt in dem tiefgewurzelten

lande" einen besondern, sogar einen bevorzugten Platz haben könnte! Fichte hat schon im Jahre 1813, wo jene Formel aufkam, sie als einen übeln Rest alter Gewohnheit bezeichnet, den man indeß, als „nicht so schlimm gemeint", mit Nachsicht beurtheilen müsse. Damit ist sicherlich auch für jetzt noch das Rechte und Anständige getroffen. Aber zu dem darin enthaltenen Principe bekennen kann man sich in keinerlei Weise, und es ist wohlgethan, dies offen auszusprechen!

Grundzuge jener Nationalität, jede Stetigkeit der Entwickelung zu überspringen, leicht und gern in das Gegentheil dessen umzu= schlagen, was vorher ihnen erwünscht und geehrt war. Daher zeigen sie seit den fast hundert Jahren, wo sie als „Volk" sich selbst regieren, eine unüberwindliche Neigung, die Revolution, d. h. die Umwälzungslust, in Permanenz zu erklären. Jeder Zustand ist ihnen ein bloßes Provisorium, aus dem sie in den andern, entgegengesetzten verfallen, ihre nächste Vergangenheit verleugnend und zerstörend, nicht organisch eins aus dem andern entwickelnd, wie das öffentliche Leben, zum Theil wenigstens, in Deutschland sich gebildet hat und wie es vollständig und be= wußt von jetzt an sich entwickeln soll, sofern die Bedeutung des gegenwärtigen Moments nicht wieder versäumt wird.

Damit hängt aufs tiefste ein anderer Grundzug ihres Wesens und Wirkens zusammen. Sie sind plötzlich aufflammender Be= geisterung fähig und dann opferbereit, mit vollständiger Hingebung an die „Idee", von der sie ergriffen: — fürwahr eine edle und achtunggebietende Nationalgabe, welcher nur, als eine in diesem Fall unvermeidliche Nebenfolge, Nationaleitelkeit, Selbstüberhebung, blindes Zutrauen zu sich selbst als „Nation" sich beigesellt, was ihrem persönlichen Benehmen, trotz ihrer geselligen Talente, einen Nebenzug von Fanatismus und bornirter Urtheilslosigkeit beimischt. Denn jene „Idee" ist gar selten in ihnen eine tiefe, aus dem Innersten selbständig erwachsene Ueberzeugung, sondern zu aller= meist eine wechselnde, von außen ihnen angeflogene, oft von zu= fälligen Umständen erzeugte Tageslosung, der sie anhängen, weil sie nur so der Beistimmung der übrigen gewiß sind. Sie haben nicht individuelle, nur gesellschaftlich erzeugte Meinungen; und diese hält man am festesten, weil man nur so auf der Höhe der Zeit zu stehen glauben darf. Sie bedürfen daher einer blendenden Autorität, einer bevormundenden Leitung, äußerlich glänzender Erfolge, um sich in jener Selbstbefriedigung erhalten zu können. Bricht jene zusammen, so suchen sie einen andern Halt, und der Umsturz ist durch eine Art psychologischer Nothwendigkeit herbei= geführt. Und damit man nicht behaupte, daß darin das befan= gene Urtheil eines feindlich gesinnten Fremden sich ausspreche, er= innern wir an das classische Wort Guizot's, der um jener Gründe willen seine Franzosen die „nation ingouvernable" nannte.

Sie können am allerwenigsten als politisches Mustervolk gelten, wie das kurzsichtige Vorurtheil auch bei den Deutschen so oft gewähnt hat, welche dadurch nur verrathen, wie wenig sie des Vorzugs ihrer eigenen Nationalität kundig sind. Jene bedürfen des tiefsten Mitleids und innigen Bedauerns, da sie aus einer so heillosen Verstrickung übler Gewohnheiten nur schwer und nur durch die schmerzlichsten Kämpfe der Demüthigung sich zu lösen vermögen. Was ihnen allein zu helfen vermöchte — es ist zugleich das einzig gründliche Fundament der politischen Bildung für jedes Volk — schon Fichte hat es ausgesprochen im Zusammenhange seiner berühmten Charakteristik des ersten Napoleon.*) „Weil es in der ganzen Nation an der Bedingung einer freien Verfassung fehlte, der Ausbildung der freien Persönlichkeit, unabhängig von der Nationalität: so hätte sich Napoleon's Scharfblick nicht verbergen sollen, das einzige Hülfsmittel sei eine vielleicht mehrere Menschenalter dauernde Erziehung der französischen Nation zur Freiheit." Daß er dies versäumt, oder vielmehr, daß er dies nicht gewollt, wird ihm als das schwerste Vergehen seines Lebens angerechnet. Damals (1813), als dies von dem weitschauenden Denker ausgesprochen wurde, konnte es als doctrinäre Grille erscheinen. Die Folgezeit, bis zu unserer Gegenwart hinauf, hat es durchaus bewährt; denn was den Deutschen im gegenwärtigen Riesenkampfe der beiden Nationalitäten allein und nach jedermanns Urtheil den Sieg verschafft hat, ist lediglich ihre höhere persönliche Bildung, die bessere Nationalerziehung, durch welche sie hindurchgegangen sind.

Man hat behauptet — und selbst aus französischen Kreisen haben geraume Zeit vor der gegenwärtigen Katastrophe ernste und gewissenhafte Männer in diesem Sinne sich gegen uns geäußert —, daß die französische Nation moralisch und intellectuell im Sinken begriffen, unwiederbringlicher Verkümmerung entgegengehe. Es ist schwer und führt höchstens zu halbwahren Resultaten, über das Schicksal eines Volkes im ganzen zu urtheilen, welches durchsetzt ist von den mannichfachsten Bildungsschichten und die entgegengesetztesten Zustände nebeneinander umfaßt. Wie aber auch

---

*) „Ueber den Begriff des wahren Krieges" in der „Staatslehre" Werke, IV, 428—430.

die letzte Entscheidung sei, der Grund des einstweiligen Verfalls liegt zur Warnung und Belehrung für alle deutlich vor Augen. Es ist der Mangel an echter, sittlicher Bildung in den ton=angebenden Schichten des französischen, besonders des pariser, höhern und Mittelstandes. Das entscheidende Ergebniß liegt daher in der wichtigen Erfahrungswahrheit, daß Frankreich nur an seiner Afterbildung, die schlimmer als bloßer Bildungsmangel, zu Grunde gegangen sei, daß es darum nur durch Erziehung von unten her gerettet werden könne. Es ist derselbe Bildungsgang, den wir Deutsche schon angetreten, aber noch lange nicht vollendet haben. Sei uns jene Beobachtung der wirksamste Sporn, gerade hier auch für uns den Hebel der neuen Epoche einzusetzen! Darüber späterhin noch ein weiteres Wort.

Dies alles hat jedoch nichts gemein mit der schon berührten Frage, die auch jetzt noch in Deutschland die politischen Parteien aufs bitterste entzweit: ob wirklich, wie bisher als unumstößliches Axiom gegolten, „Republik" und „Monarchie" in unvermeidlichem Widerstreit miteinander stehen, ob daher jener alte Parteienkampf auch in der neubeginnenden Epoche fortgesetzt werden müsse, um dem einen oder dem andern zum endlichen Siege zu verhelfen? Das neue Deutsche Reich, behaupten wir, ist gerade berufen, jenen Streitpunkt als einen müssigen, schon wirksam erledigten, für immer zu beseitigen; und wir erblicken darin keine geringe Bedeutung seiner weltgeschichtlichen Mission, wenn es ihm gelingt diese Wirkung zu üben und den alten Kampf, für Deutschland wenigstens, aus der Welt zu schaffen. Dazu bedarf es aber nur der richtigen Einsicht, welch einen reichen Gehalt socialer Re=formen und welche vielseitige Expansionskraft für diesen Gehalt die jetzt uns dargebotene Verfassungsform biete. Denn diese, recht verstanden und energisch benutzt, vereinigt glücklich und wirk=sam die beiden wichtigsten Grundfragen für die Macht zugleich und für die Freiheit in jedem größern Staatsganzen: das cen=tralisirende Princip und das föderative Element. Jenes ist ver=wirklicht im deutschen allvereinigenden Volkshause und in der Oberaufsicht der Kaiserwürde, dieses in den eigengearteten deutschen Volksstämmen, die, geschichtlich sogar an verschiedene Fürstenhäuser geknüpft, ihre verfassungsmäßig begrenzte Selbständigkeit inner=halb der Einheit behalten sollen, um uns vor der uniformirenden,

innerlichst bildungsfeindlichen Centralisation freizuhalten, welche
Frankreich in beiden Formen, der Republik wie der Monarchie,
zu Grunde gerichtet hat. Wir halten nämlich dafür und erachten
es sogar für hochwichtig, dies nie vergessen zu lassen: daß je
reicher an geschichtlich begründeten Eigenthümlichkeiten, verschiedenen
Bildungsrichtungen, ergänzenden Strebungen ein Volk sei, desto
höher es auch als Staat seine Bestimmung erfüllen könne, darum
auch es solle: „Republik", Gemeinwesen zu sein in wahrem
Sinne, indem es jeder berechtigten Eigenthümlichkeit zu ihrem
Rechte verhilft und sie zu voller Ausbildung läßt.

Und welcher Deutsche würde nicht von freudigem Stolze erfüllt, wenn er die Mannichfaltigkeit und eigenthümliche Tüchtigkeit unserer Volksstämme überschaut, deren jeder sich desto kräftiger
zur Erhaltung der Einheit entschließen wird, je mehr er nach
seinem eigenthümlichen Werthe sich anerkannt und in diesem sich
gefördert sieht? Wer möchte in diesem bewundernswürdig reichen
Bunde z. B. den seekundigen Stamm der Nordfriesen Schleswigs,
oder die kriegstüchtigen Alpensöhne Oesterreichs entbehren? Oder
wer möchte nicht auf die unverfälschte Tüchtigkeit und die einfach
fromme Sitte unsers Bauern- und Mittelstandes auch die politische Volkskraft des Staates stützen, statt auf eine geistig und
materiell abhängige Arbeitermasse, welche auch bei uns noch leider,
in ihren gerechten Ansprüchen unbefriedigt, jeder Parteiagitation
offen steht? Wer möchte ferner — um eine andere Signatur
deutschen Wesens zu bezeichnen — die zahlreichen freiwillig ge-
pflegten Culturvereine aller Art, die gelehrten und Kunstassociationen
in jeder Richtung, die unserm Vaterlande das ganz nur ihm
eigene Gepräge geistiger Emsigkeit und rastloser Fortschrittslust
aufdrücken, wer möchte alle diese Zeichen geistiger Selbständigkeit
und Freiheit nicht bestätigt, gefördert, mit Bewußtsein gepflegt
sehen, um gerade daraus eine unbesiegbare Vaterlandsliebe groß-
zuziehen, welche der Erhaltung deutscher Cultur gilt und deren
erste unverkennbare Wirkungen schon im gegenwärtigen National-
kampfe uns den Sieg gesichert haben.

Nur einem einzigen, alles nivellirenden Centralpunkte der
Cultur, überhaupt aller modernen Großstädterei sollen wir wohl-
bedacht aus dem Wege gehen; denn eben aus solchen zufällig
zusammenfließenden Menschenanhäufungen erzeugen sich jene socialen

Miasmen, an denen die Gegenwart leidet, der Lebensleichtsinn,
der nur auf Genuß und blendenden Schein gerichtet ist, die ge=
wissenlose Oberflächlichkeit in allem Thun, welches nur rasche Er=
folge sucht, die Unzuverlässigkeit und Gesinnungslosigkeit, die jedem
Wechsel huldigt: was alles dem deutschen Geiste, so lange er sich
selbst überlassen, fremd bleibt und ihm erst kunstmäßig als „Vor=
nehmheit" und „Weltklugheit" angebildet werden mußte.

So bleibt es wahr: je mehr kleinere Centralpunkte der Bil=
dung in Deutschland, von denen unsere zahlreichen Hochschulen
nur ein Beispiel waren, desto besser und urdeutschem Geiste
gemäßer. Und so könnten selbst ʹunsere kleinern deutschen Resi=
denzen einen eigentlich nationalen Werth beanspruchen, sofern sie als
eigenthümliche Centralpunkte deutscher Bildung sich zu behaupten
vermögen.

Mit Einem Worte und um alles abzuschließen: bei den
Deutschen geht alle Kraft und alle Bildung von der durchge=
bildeten Selbständigkeit der Einzelnen, von der geistigen
Eigenthümlichkeit aus. Darum sind wir ein durch und durch
republikanisches Volk. Auch ist dies kein blos theoretischer Begriff
oder ein modern Angekünsteltes, sondern das einfache Er=
gebniß unserer ganzen geschichtlichen Entwickelung und
der Gesammtausdruck unseres Werthes unter den
Nationen.

Offenbar kann es dieses Orts nicht sein, jene angedeuteten
Gesichtspunkte in Anwendung auf die Verfassung des neuen Deut=
schen Reiches weiter zu verfolgen. Doch bietet auch hier Fichte
in seinen „Reden" wie in den „Politischen Fragmenten" den
besten Anknüpfungspunkt durch das, was er über die wahre Be=
deutung des „Reiches" als eines Staates der „Freiheit" sagt,
dessen künftige Verwirklichung er zunächst nur in Deutschland für
möglich hält, gerade weil im Deutschen die Grundlage des echten
Bürgerthums gegeben sei, der Drang nach Ausbildung seiner
geistigen Eigenthümlichkeit.

Uns selbst aber wird es gestattet sein anzuführen, daß wir
von diesem Gesichtspunkt aus die Frage nach der besten Form
der Staatsverfassung: ob Erbmonarche oder Republik? weiter ver=
folgt haben. Gerade jetzt aber halten wir für zeitgemäß, wo so
vieles für unsere Zukunft entschieden werden soll, über diese Frage

gründliche und vorurtheilslose Einsicht zu erzeugen.*) Nachdem die bezeichnete Schrift alle historischen Formen der Souveränetät untersucht hat, ergibt sich das Resultat: daß zwar die „Volks= souveränetät" die einzig vernunftgemäße Form sei, daß aber dieser Begriff über die äußere Gestalt der Regierung gar nichts entscheide.

„Volkssouveränetät" kann nur heißen: daß der klar erkannte und verfassungsmäßig ausgesprochene Volkswille, die politische Einsicht des Volks (nach der relativen Tiefe, die sie in einem gegebenen Zeitpunkte sich errungen) ihren Aus= druck in der Regierung finde und durch diese sich selbst regiere. Dies eben ist der eigentliche Begriff der Republik und ihr alleiniger Zweck. Da man indeß, wenigstens in den constitutio= nellen Monarchien Europas, über diesen Zweck alles Regierens im klaren und über seinen Begriff einverstanden ist, so muß ge= sagt werden, daß in diesem Sinne künftig nur noch Republiken möglich sind. Die Völker sollen sich selbst regieren, und nur sie können es. Aber die Regierungsform, in der sie dies thun, wird auch künftig eine höchst verschiedenartige bleiben, als Erb= monarchie oder als Wahlregiment, bedingt durch ihre politische Bildung, durch temporäre Zweckmäßigkeit, vor allem durch die Geschichte, welche sie durchlaufen.

Hier zeigt nun die Abhandlung, wie Deutschlands historische Entwickelung zur Republik in Form der Erbmonarchie hindränge, indem dadurch gerade das uns eigenthümliche födera= tive Element, die Bewahrung der Stammeseigenthümlichkeit, einen weitern Stützpunkt finde. Diese Ansichten haben damals, als ich sie aussprach (1848), bei den specifischen Republikanern wie Monarchisten zwar gleich üble Aufnahme gefunden und in beiden Kreisen mir übeln Leumund bereitet, weil beide trotz ihrer eigenen Gegnerschaft im letzten Zwecke einer unbedingten Centralisirung eigentlich einverstanden waren. Mir bewies es nur, wie nöthig solche principielle Betrachtungen seien; und auch im gegenwärtigen Augenblick, wo dieselben Fragen an der Tagesordnung sind, kann

---

*) Immanuel Hermann Fichte, Beiträge zur Staatslehre: Die Republik im Monarchismus (Halle 1848).

ich nicht überflüssig finden, ausdrücklich an sie zu erinnern und
deren weitere Beachtung von neuem zu fordern, da ihr Ergebniß
hier nur unvollständig angedeutet werden konnte.

Mit allem Bishergesagten hängt nun aufs innigste die
Erziehungs- und Volksbildungsfrage zusammen, für welche
seit geraumer Zeit Deutschland gleichfalls die erste weltgeschichtliche
Anregung gegeben hat. Darum ist sie aber auch eine der Haupt-
aufgaben unserer nächsten Zukunft; denn kein gründlich denkender
Politiker verschließt sich mehr der Wahrheit, welche Fichte in den
„Reden" mit überzeugender Kraft ausgesprochen: daß der Ausgangspunkt und die Grundbedingung jedes gesicherten Cultur-
fortschrittes, die einzige Möglichkeit für ein Volk, vor dem Rück-
fall in die alte Barbarei bewahrt zu bleiben, lediglich in einer
tüchtigen Volkserziehung zu finden sei.

Deshalb ist es die erste Pflicht des Staates, wenigstens
des Staates im Frieden, dieser Aufgabe seine ganze Sorge
und die ausgiebigsten Mittel ihrer Befriedigung zuzuwenden.
Es muß ausgesprochen werden, daß die Volkserziehung und
Volksbildung nicht um des Staates willen (so konnte allenfalls
die antike Welt denken!), sondern umgekehrt der Staat um jener
Aufgabe willen dasei, indem er selbst werth- und zwecklos würde
in demselben Maße, als er jener Culturpflege sich entzöge oder
in verkehrter, eigensinniger Verblendung dabei falsche Wege ein-
schlüge. Was weiter durch diese allgemeine Forderung bedingt
ist, liegt am Tage, und nur das könnte gefragt werden, was die
nächsten praktischen Consequenzen davon seien. In diesem
Betreff dürfen wir hier jedoch uns kurz fassen, indem wir uns
auf eine Denkschrift beziehen, welche die allernächsten und dringendsten Aufgaben der Volkspädagogik zur Sprache bringt und
ausdrücklich dabei an die deutschen Regierungen und ihre Volksvertretung sich wendet.*)

---

*) J. H. Fichte, Die nächsten Aufgaben für die National-
erziehung der Gegenwart, mit Bezug auf Frdr. Fröbel's Erziehungssystem. Eine kritisch-pädagogische Studie (Berlin 1870).

Noch ist eine letzte und wichtigste Aufgabe zu bezeichnen, deren Lösung wir nur von deutscher Gemüthstiefe und von dem Ernste und der Gründlichkeit deutscher Wissenschaft erwarten kön= nen. Es ist die religiöse Reform, die Fortführung und Voll= endung der in ihren eigentlichen Zielen unterbrochenen und gehemmten deutschen Reformation. Und man beherzige wohl, welcher Sporn und welche ehrende Verpflichtung dadurch dem deutschen Geiste auferlegt werde, daß in der ganzen gegenwärtigen Menschheit erweislich kein anderes Culturelement sich findet, um jener größten und folgenreichsten Aufgabe gewachsen zu sein, als nur das deutsche. Worin endlich für uns die bestimmteste Auf= forderung liege, gerade jetzt jene unterbrochene und halbverfehlte Entwickelung wieder aufzunehmen, dies kann nicht zweifelhaft sein. Hat man doch schon oft auf den denkwürdigen Umstand hingewiesen, daß am gleichen Tage (den 18. Juli 1870) eine doppelte Kriegserklärung gegen den deutschen Geist geschleudert wurde: die eine wider Deutschlands staatliche Selbständigkeit durch den französischen Cäsarismus, die andere wider den deutschen Geist religiöser Duldung und freier Forschung durch Verkündigung des Infallibilitätsdogma, welches eine Denkschrift höchst zutreffend als „einen Act des frivolsten und verhängnißschwersten Ueber= muthes" bezeichnet, „wie die Weltgeschichte bisher keinen zweiten kannte".*) Jenen Angriff haben wir siegreich und vernichtend abgeschlagen; daß wir die Kraft dazu in solchem Maße und so energischer Wirkung besaßen, war uns selbst überraschend. Sicher dagegen und über allen Zweifel erhaben ist unsere Zuversicht, daß der Angriff auf die schon gewonnene religiöse Bildung unserer Nation wirkungslos an ihr abprallen werde. Aber es gilt nicht blos einer passiven Ablehnung jenes wahnwitzigen Beginnens, wie mit Einem Federstriche die Ergebnisse mühsam errungener Gesammtbildung zu ächten und den längst erloschenen Geist des blindesten Glaubensfanatismus wieder zu entzünden. Wir müssen, wie es dort das Ziel des Kampfes wurde, unsere nationalen Grenzen vor jedem neuen Angriff bleibend zu sichern, so auch hier eine positive Abwehr für immer finden, indem wir den

---

*) Georg Köberle, Deutsche Antwort auf welsche Projecte (3. Auf= lage. Stuttgart 1870), S. 150.

confessionellen Frieden nicht mehr blos wie bisher in einer gleich=
gültigen Toleranz bestehen lassen, welche den alten Streit nur
nicht fortsetzt, ohne doch den Gegensatz an sich selbst zu tilgen.
Vielmehr sollen wir, gestützt auf die tiefere Erkenntniß des Wesens
der Religion, uns zum Bewußtsein bringen, daß die Ueberein=
stimmung der drei christlichen Bekenntnisse im eigentlich Entschei=
denden und Wesentlichen so groß sei, um die bisherigen Unter=
schiede nicht mehr als trennende empfinden zu lassen.

Daß diese Erfrischung und Vertiefung unseres religiösen
Lebens gerade im gegenwärtigen Zeitpunkt das dringendste Be=
dürfniß sei, nicht als Waffe wider den Romanismus, sondern
durch die innere Lage der confessionellen Kirchen selber bedingt,
welcher aufrichtig Urtheilende dürfte dies leugnen? Denn es ist
ein offenes Geheimniß, daß der denkende, darum der bessere
Theil der Nation, die eigentlich Gebildeten längst gegen das spe=
cifisch Confessionelle gleichgültig geworden sind, eben weil sie, aus
besserer Einsicht oder aus religiösem Instinct, diesem Trennenden
keinen innern Werth mehr beilegen. Und so stehen sie mit Geist
und Gemüth eigentlich außerhalb der gegebenen Kirchen, ohne
darum irreligiös oder kirchenfeindlich zu sein; denn was
ihnen in der Confession, welcher sie meist durch Zufall angehören,
werthvoll und genießbar geblieben, ist eben das über den Con=
fessionen Stehende, gemeinsam Christliche und ewig Wahre in
jenen zeitweisen und unvollkommenen kirchlichen Gestaltungen.

Und so wäre die zunächst geforderte reformatorische That
nur die: jenes ewig Christliche tiefer zu begründen, als es aller=
dings bisher geschehen, um dadurch reiner, aber eben damit auch
stärker und überzeugender, den eigentlichen Glaubensmittelpunkt
darzulegen, auf welchem alles übrige ruht, vor allen Dingen
aber um einen bessern Begriff vom „Glauben" zu begründen,
der in keinem Sinne in der Anerkenntniß eines blos Historischen
besteht, sondern nur bezeichnen kann eine durchaus selbständige
und unerschütterlich gewisse, darum aber von aller historischen
Autorität unabhängige Zuversicht (fides) zu gewissen Heils=
wahrheiten.

Auch für diesen entscheidenden Wendepunkt unserer religiösen
Entwickelung können wir die erste Anregung von Fichte entnehmen,
sowol aus den „Reden", wo er auf die Nothwendigkeit einer re=

ligiösen Reform hindeutet als weitere Bedingung, um die deutsche Nationalität zu ihrer angestammten Würde zu erheben, noch bestimmter in seinem (bisher so gut als unbeachtet gebliebenen) politischen Fragmente: „Das Religionsbekenntniß der Deutschen", wo er mit höchster Klarheit und Schärfe den Grenzpunkt bezeichnet, welcher den wirklichen Glauben vom bloßen „Autoritätsglauben" bis auf die Wurzel scheidet, wo er weiter von jenem Begriffe aus die Grundzüge eines einfachen Glaubensbekenntnisses entwirft, welches, einem Keimpunkte vergleichbar, nur weiterer Entwickelung und bestimmterer Formung bedarf, um wirklich vereinigend zu wirken.*)

Und auch dies würde den Geist der neuen Zeit kennzeichnen, daß die geforderte reformatorische That nicht mehr eines einzelnen bedürfte, oder in einem plötzlichen Umschwung und einem förmlichen Constituirungsacte bestehen müßte, daß sie vielmehr das Ergebniß einer langsam sich bildenden Ueberzeugung wäre, welche still fortschreitend und immer tiefer sich befestigend aus dem esoterischen Kreise weniger stets weiter dränge in die christliche Gemeinde, und so nicht polemisch, sondern friedfertig das wahrhaft Gemeinschaftstiftende für sie würde. Dann ist die Einigung der Kirchen im Principe erreicht; was sie bisher entzweite, ist ein Gleichgültiges geworden, über welches man, wo es noch besteht, mit Liebe hinweggeht, weil es für die Erkenntniß keine trennende Bedeutung mehr besitzt. Und diese Reform kann sogleich beginnen; ja weit mehr noch, sie hat zur Stunde schon begonnen, und es gilt nur die Anerkenntniß davon in klarem Begriffe auszusprechen. Denn sie besteht nicht darin, etwas Neues oder Bestreitbares dem christlichen Bewußtsein aufzunöthigen, sondern von dem schon Vorhandenen, Tiefgeglaubten und jederzeit segensvoll Bewährten das Bestreitbare, Entbehrliche, Trennende nur hinwegzuthun.**)

---

*) Werke, VII, 533.

**) Daß diese Andeutungen nicht aufs entferntefte genügen, um den reichhaltigen Gegenstand auch nur annähernd zu erschöpfen, wissen wir wohl. Auch find wir des Widerspruchs gewärtig, und zwar ebenso von theologisch confessioneller Seite, welche im Aufgeben des Gegensatzes eine Preisgebung des Heiligsten sieht, wie von der

c*

Daß für Deutschland eine neue Epoche begonnen habe, da=
von durchdringt jeden eine tiefe Ueberzeugung. Aber diese Re=
gungen sollen nicht im Strohfeuer einer unbestimmten Begeisterung
sich verzehren. Einem Volke, welches, durch lange Erziehung und

jetzt tonangebenden religionsfeindlichen Partei, für welche dies alles
zum Veralteten, Werthlosen, gänzlich Ueberlebten gehört. Wir selbst
können in beiden nur Symptome finden, durch welche die Nothwendigkeit jener Reform am einleuchtendsten dargethan wird; denn
beide entgegengesetzte Parteien beweisen damit nur ihre tiefe Unkunde
vom eigentlichen Wesen der Religion und der Kirche, bei welcher sie,
freilich in entgegengesetzter Absicht, das Ewige derselben mit ihren
zeitlichen und vorübergehenden Formen unaufhörlich verwechseln. Bei
der Wichtigkeit des Gegenstandes ist es erlaubt, hier auf weitere Aus=
führungen, eigene und fremde, zu verweisen. Im „System der
Ethik" (Theil II, 2, 1853: „Die ewige und historische Kirche",
§ 176—178, S. 430—455) wird gezeigt, wie der Grund und die
Kraft des Glaubens (wobei unter „Glaube" freilich etwas weit
Tieferes und Innerlicheres verstanden wird, als was gewöhnlich dafür
gilt) eine schlechthin unaustilgbare Macht unsers Gemüthslebens sei,
welche darum, wie jede andere uns eingeborene ethische Idee, stets
auch ein Gemeinschaft („Kirche") Stiftendes sein müsse, indem sie den
jeweiligen Formen und Culturgraden des Gemüths= und Vorstellungs=
lebens der Völker und Individuen sich einsenkt. Darum sei die Kirche
ewig in ihrem Grunde, aber fortschreitend und perfectibel in ihren
äußern Formen, darin nämlich bedingt durch den Fortschritt des ge=
sammten Culturlebens. Deshalb sei „die fortdauernde Perfecti=
bilität des kirchlichen Symbols" das wahre und das einzig entschei=
dende Kennzeichen eines stetigen und normalen Lebens der Kirche,
welche eben nur in dieser Selbsterneuerung eine ewige und eine
allgemeine genannt werden kann. Darin sei auch der Gegensatz
zwischen dem Geiste des Protestantismus (im großen Unterschiede
von den jeweiligen „Kirchen", Confessionen, Sekten desselben) und
dem kirchlichen Absolutismus gegründet, der das Ewige der
Kirche in ebenso ewig geltenden äußern Formen fixiren will. Jener
soll das Princip unserer Zukunft werden, dieser gehört in all seinen
Gestalten unwiederbringlich der Vergangenheit an und ist der eigent=
liche Grund vom gegenwärtigen Verfall unsers kirchlichen Lebens in
allen Confessionen.

Diese philosophisch von uns begründete Ueberzeugung, zu der in
denkenden protestantischen Kreisen alles vorbereitet ist, hat nun jüngst=
hin auch von katholischer Seite den entschiedensten Ausdruck gefunden
im Proteste gegen das schon erwähnte widersinnige Infallibilitätsdogma.
Aber auch in wissenschaftlicher Weise und mit historischer Begründung

schmerzliche Zucht hindurchgeschritten, jetzt in seine politischen Mannesjahre tritt, geziemt am wenigsten, noch immer mit unreifen Entwürfen, mit falschen, unpraktischen Idealen sich abzumühen. Die höchsten Ziele seines eigentlichen Strebens sind ihm klar vor= gezeichnet und deutlich bestimmt durch seine ganze geschichtliche Entwickelung; es kann darin nicht fehlgreifen. Sie sind nur die dreifachen: die persönliche und die politische Freiheit, das „freie Bürgerthum", wie Fichte es bezeichnet, vollständig sich zu er= ringen; durch allgemeine Nationalerziehung eine immer erhöhtere Volksbildung zu erstreben, deren sichere Begleiter Nationalwohlstand und Volkskraft sind; endlich, als den höchsten, versöhnenden Ab= schluß von allem, Tilgung des kirchlichen Zwiespalts durch eine religiöse Reform, welche zunächst zu einer „deutschen National=

---

ist schon längst der Anstoß in dieser großen Wendung dort gegeben worden durch einen der tiefsinnigsten und scharfblickendsten deutschen Denker. Franz von Baader hat in einer Reihe kleinerer Aufsätze (aus den Jahren 1838—40) jenen Grundirrthum einer Uebertragung des innerlich Ewigen und Unaustilgbaren der Kirche auf die Geltung blos historischer Formen in scharfen, zutreffenden Zügen aufgedeckt und ebenso klar die Radicalreform dafür bezeichnet. Höchst zeitgemäß hat jetzt sein berühmter Schüler und Freund, Franz Hoffmann, diese Aufsätze gesammelt unter dem Titel: „Die Verfassung der christlichen Kirche und der Geist des Christenthums, ein Blitzstrahl wider Rom" (Erlangen 1870) und mit einem „Vorworte" versehen, welches wir als einen wichtigen Beitrag zur Orientirung in dieser großen Zeitfrage bezeichnen müssen. In diesen zusammentreffenden Erscheinungen können wir nun nicht umhin einen entschiedenen Schritt zur Ausführbarkeit einer deutschen Kirchenvereinigung zu sehen, die auf einer dauerhaftern Grundlage ruhen würde als die bisherigen Versuche, selbst der von Leibniz angebahnte, weil sie den Geist freier Forschung und reiner, autoritätsfreier Ueberzeugung nicht blos zu seinem Rechte kommen, gleichsam mitreden läßt, sondern weil sie gerade aus ihm hervorgeht und sein gemeinsamer Ausdruck sein will. Es kommt nur auf den Entschluß an, daß namhafte Männer der Wissenschaft und der Kirche aus beiden Confessionen zu diesem Principe sich bekennen, etwa da= durch, daß sie (mit Absehen von ihren Differenzen im einzelnen) zu= nächst über den Fundamentalbegriff des „Glaubens" sich einigten, was unter den Denkern und denkenden Religiosen, welche sich über= haupt zum Principe des Theismus bekennen, so gar nicht schwer sein dürfte. Vielleicht gelingt es uns, dies bei einer andern Gelegenheit näher und überzeugender zu begründen.

kirche" führen möge, obwol an sich selbst das Religiös-Kirchliche
über alles blos Nationale hinausliegt.

Diese Aufgaben nun, mit deren Lösung wir die neue Zeit
zu begründen haben, sind keine unausführbaren Postulate oder
die excentrischen Wünsche einer einzelnen Partei. Denn die An-
fänge ihrer Verwirklichung haben schon begonnen; sie liegen
deutlich erkennbar uns vor Augen, und hohe Geister unserer Vergangenheit haben die Keime dazu gelegt und die letzten Ziele
gezeigt. Für uns gilt es nur, klar zu erkennen, was schon
vorbereitet sei, und den rechten Punkt zu treffen, in welchem
weiter fortzuschreiten. Und um zu dieser jetzt besonders nöthigen
Einsicht wie zum Muthe und zur Stetigkeit der Ausführung zu
befeuern, bieten die „Reden" von neuem sich dar. Vor allem
aber möge aus ihnen jeder deutsche Staatsmann und Volksvertreter, überhaupt ein jeglicher, der sich berufen weiß, rathend
oder beschließend zum Wiederaufbau unseres Vaterlandes mitzu-
wirken, von dem begeisternden Gedanken sich durchdringen lassen,
daß was jetzt in Deutschland erreicht und geleistet wird, bei der
hohen Weltstellung unserer Nation, nicht blos für uns, sondern
für die ganze Menschheit erreicht sei!

Im ersten Monat des neuen Deutschen Reichs,
18. Januar 1871.

Immanuel Hermann Fichte.

Inhalt.

Reden

an die deutsche Nation.

Erste Rede.

Vorerinnerungen und Uebersicht des Ganzen.

Als eine Fortsetzung der Vorlesungen, die ich im Winter vor drei Jahren allhier an derselben Stätte gehalten, und welche unter dem Titel: „Grundzüge des gegenwärtigen Zeitalters" gedruckt sind, habe ich die Reden, die ich hiermit beginne, angekündigt. Ich hatte in jenen Vorlesungen gezeigt, daß unsere Zeit in dem dritten Haupt= abschnitte der gesammten Weltzeit stehe, welcher Abschnitt den bloßen sinnlichen Eigennuß zum Antriebe aller seiner lebendigen Regungen und Bewegungen habe; daß diese Zeit in der einzigen Möglichkeit des genannten Antriebes sich selbst auch vollkommen verstehe und be= greife; und daß sie durch diese klare Einsicht ihres Wesens in diesem ihrem lebendigen Wesen tief begründet und unerschütterlich befestigt werde.

Mit uns geht, mehr als mit irgendeinem Zeitalter seitdem es eine Weltgeschichte gab, die Zeit Riesenschritte. Innerhalb der drei Jahre, welche seit dieser meiner Deutung des laufenden Zeitabschnitts verflossen sind, ist irgendwo dieser Abschnitt vollkommen abgelaufen und beschlossen. Irgendwo hat die Selbstsucht durch ihre vollständige Entwickelung sich selbst vernichtet, indem sie darüber ihr Selbst und dessen Selbständigkeit verloren und ihr, da sie gutwillig keinen andern Zweck denn sich selbst sich setzen wollte, durch äußerliche Gewalt ein solcher anderer und fremder Zweck aufgedrungen worden. Wer es einmal unternommen hat, seine Zeit zu deuten, der muß mit seiner Deutung auch ihren Fortgang begleiten, falls sie einen solchen Fortgang gewinnt; und so wird es mir denn zur Pflicht, vor dem= selben Publikum, vor welchem ich etwas als Gegenwart bezeichnete, dasselbe als vergangen anzuerkennen, nachdem es aufgehört hat die Gegenwart zu sein.

1*

Was ſeine Selbſtändigkeit verloren hat, hat zugleich verloren das Vermögen, einzugreifen in den Zeitfluß und den Inhalt deſſelben frei zu beſtimmen; es wird ihm, wenn es in dieſem Zuſtande verharrt, ſeine Zeit, und es ſelber mit dieſer ſeiner Zeit, abgewickelt durch die fremde Gewalt, die über ſein Schickſal gebietet; es hat von nun an gar keine eigene Zeit mehr, ſondern zählt ſeine Jahre nach den Begebenheiten und Abſchnitten fremder Völkerſchaften und Reiche. Es könnte ſich erheben aus dieſem Zuſtande, in welchem die ganze bisherige Welt ſeinem ſelbſtthätigen Eingreifen entrückt iſt und in dieſer ihm nur der Ruhm des Gehorchens übrig bleibt, lediglich unter der Bedingung, daß ihm eine neue Welt aufginge, mit deren Erſchaffung es einen neuen und ihm eigenen Abſchnitt in der Zeit begönne, und mit ihrer Fortbildung ihn ausfüllte; doch müßte, da es einmal unterworfen iſt fremder Gewalt, dieſe neue Welt alſo beſchaffen ſein, daß ſie unvernommen bliebe jener Gewalt und ihre Eiferſucht auf keine Weiſe erregte, ja, daß dieſe durch ihren eigenen Vortheil bewegt würde, der Geſtaltung einer ſolchen kein Hinderniß in den Weg zu legen. Falls es nun eine alſo beſchaffene Welt, als Erzeugungsmittel eines neuen Selbſt und einer neuen Zeit, geben ſollte für ein Geſchlecht, das ſein bisheriges Selbſt und ſeine bisherige Zeit und Welt verloren hat, ſo käme es einer allſeitigen Deutung ſelbſt der möglichen Zeit zu, dieſe alſo beſchaffene Welt anzugeben.

Nun halte ich meines Orts dafür, daß es eine ſolche Welt gebe, und es iſt der Zweck dieſer Reden, Ihnen das Daſein und den wahren Eigenthümer derſelben nachzuweiſen, ein lebendiges Bild derſelben vor Ihre Augen zu bringen, und die Mittel ihrer Erzeugung anzugeben. In dieſer Weiſe demnach werden dieſe Reden eine Fortſetzung der ehemals gehaltenen Vorleſungen über die damals gegenwärtige Zeit ſein, indem ſie enthüllen werden das neue Zeitalter, das der Zerſtörung des Reichs der Selbſtſucht durch fremde Gewalt unmittelbar folgen kann und ſoll.

Bevor ich jedoch dieſes Geſchäft beginne, muß ich Sie erſuchen vorauszuſetzen, alſo daß es Ihnen niemals entfalle, und einverſtanden zu ſein mit mir, wo und inwieferne dies nöthig iſt, über die folgenden Punkte:

1) Ich rede für Deutſche ſchlechtweg, von Deutſchen ſchlechtweg, nicht anerkennend ſondern durchaus beiſeiteſetzend und wegwerfend alle die trennenden Unterſcheidungen, welche unſelige Ereigniſſe ſeit Jahrhunderten in der einen Nation gemacht haben. Sie, E. V., ſind zwar meinem leiblichen Auge die erſten und unmittelbaren Stellvertreter, welche die geliebten Nationalzüge mir vergegenwärtigen, und der ſichtbare Brennpunkt, in welchem die Flamme meiner Rede ſich entzündet; aber mein Geiſt verſammelt den gebildeten Theil der

ganzen deutschen Nation aus allen den Ländern, über welche er
verbreitet ist, um sich her, bedenkt und beachtet unser aller gemeinsame
Lage und Verhältnisse, und wünscht daß ein Theil der lebendigen
Kraft, mit welcher diese Reden vielleicht sie ergreifen, auch in dem
stummen Abdrucke, welcher allein unter die Augen der Abwesenden
kommen wird, verbleibe, und aus ihm athme, und an allen Orten
deutsche Gemüther zu Entschluß und That entzünde. Blos von
Deutschen und für Deutsche schlechtweg, sagte ich. Wir werden zu
seiner Zeit zeigen, daß jedwede andere Einheitsbezeichnung oder
Nationalband entweder niemals Wahrheit und Bedeutung hatte, oder
falls es sie gehabt hätte, daß diese Vereinigungspunkte durch unsere
dermalige Lage vernichtet und uns entrissen sind, und niemals wieder=
kehren können; und daß es lediglich der gemeinsame Grundzug der
Deutschheit ist, wodurch wir den Untergang unserer Nation im Zu=
sammenfließen derselben mit dem Auslande abwehren, und worin
wir ein auf ihm selber ruhendes und aller Abhängigkeit durchaus
unfähiges Selbst wiederum gewinnen können. Es wird, sowie wir
dieses letztere einsehen werden, zugleich der scheinbare Widerspruch
dieser Behauptung mit anderweitigen Pflichten und für heilig ge=
haltenen Angelegenheiten, den vielleicht dermalen mancher fürchtet,
vollkommen verschwinden.

Ich werde darum, da ich ja nur von Deutschen überhaupt rede,
manches, das von den allhier versammelten nicht zunächst gilt, aus=
sprechen als dennoch von uns geltend, sowie ich anderes, das zunächst
nur von uns gilt, aussprechen werde als für alle Deutschen geltend.
Ich erblicke in dem Geiste, dessen Ausfluß diese Reden sind, die
durcheinander verwachsene Einheit, in der kein Glied irgendeines
andern Gliedes Schicksal für ein ihm fremdes Schicksal hält, die da
entstehen soll und muß, wenn wir nicht ganz zu Grunde gehen sollen
— ich erblicke diese Einheit schon als entstanden, vollendet und
gegenwärtig dastehend.

2) Ich setze voraus solche deutsche Zuhörer, welche nicht etwa
mit allem was sie sind rein aufgehen in dem Gefühle des Schmerzes
über den erlittenen Verlust, und in diesem Schmerze sich wohlgefallen,
und an ihrer Untröstlichkeit sich weiden, und durch dieses Gefühl
sich abzufinden gedenken mit der an sie ergehenden Aufforderung zur
That; sondern solche, die selbst über diesen gerechten Schmerz zu
klarer Besonnenheit und Betrachtung sich schon erhoben haben, oder
wenigstens fähig sind sich dazu zu erheben. Ich kenne jenen Schmerz,
ich habe ihn gefühlt wie einer, ich ehre ihn; die Dumpfheit, welche
zufrieden ist wenn sie Speise und Trank findet und kein körperlicher
Schmerz ihr zugefügt wird, und für welche Ehre, Freiheit, Selb=
ständigkeit leere Namen sind, ist seiner unfähig: aber auch er ist
lediglich dazu da, um zu Besinnung, Entschluß und That uns anzu=

spornen; dieses Endzwecks verfehlend, beraubt er uns der Besinnung
und aller uns noch übriggebliebenen Kräfte, und vollendet so unser
Elend, indem er noch überdies, als Zeugniß von unserer Trägheit
und Feigheit, den sichtbaren Beweis gibt, daß wir unser Elend ver=
dienen. Keineswegs aber gedenke ich Sie zu erheben über diesen
Schmerz durch Vertröstungen auf eine Hülfe, die von außen her
kommen solle, und durch Verweisungen auf allerlei mögliche Ereig=
nisse und Veränderungen, die etwa die Zeit herbeiführen könne:
denn, falls auch nicht diese Denkart, die lieber in der wankenden
Welt der Möglichkeiten schweifen als auf das Nothwendige sich
heften mag, und die ihre Rettung lieber dem blinden Ohngefähr
als sich selber verdanken will, schon an sich von dem sträflichsten
Leichtsinne und der tiefsten Verachtung seiner selbst zeugte, so wie
sie es thut, so haben auch noch überdies alle Vertröstungen und Ver=
weisungen dieser Art durchaus keine Anwendung auf unsere Lage.
Es läßt sich der strenge Beweis führen, und wir werden ihn zu
seiner Zeit führen, daß kein Mensch, und kein Gott, und keins von
allen im Gebiete der Mögligkeit liegenden Ereignissen uns helfen
kann, sondern daß allein wir selber uns helfen müssen, falls uns
geholfen werden soll. Vielmehr werde ich Sie zu erheben suchen über
den Schmerz durch klare Einsicht in unsere Lage, in unsere noch
übriggebliebene Kraft, in die Mittel unserer Rettung. Ich werde
darum allerdings einen gewissen Grad der Besinnung, eine gewisse
Selbstthätigkeit und einige Aufopferung anmuthen und rechne darum
auf Zuhörer, denen sich so viel anmuthen läßt. Uebrigens sind die
Gegenstände dieser Anmuthung insgesammt leicht und setzen kein
größeres Maß von Kraft voraus, als man, wie ich glaube, unserm
Zeitalter zutrauen kann; was aber die Gefahr betrifft, so ist dabei
durchaus keine.

3) Indem ich eine klare Einsicht der Deutschen, als solcher, in
ihre gegenwärtige Lage hervorzubringen gedenke, setze ich voraus
Zuhörer, die da geneigt sind mit eigenen Augen die Dinge dieser
Art zu sehen, keineswegs aber solche, die es bequemer finden, ein
fremdes und ausländisches Sehwerkzeug, das entweder absichtlich
auf Täuschung berechnet ist, oder das auch natürlich, durch seinen
andern Standpunkt und durch das geringere Maß von Schärfe,
niemals auf ein deutsches Auge paßt, bei Betrachtung dieser Gegen=
stände sich unterschieben zu lassen. Ferner setze ich voraus, daß diese
Zuhörer in dieser Betrachtung mit eigenen Augen den Muth haben
redlich hin zu sehen auf das, was da ist, und redlich sich zu ge=
stehen, was sie sehen, und daß sie jene häufig sich zeigende Neigung,
über die eigenen Angelegenheiten sich zu täuschen und ein weniger
unerfreuliches Bild von denselben, als mit der Wahrheit bestehen
kann, sich vorzuhalten, entweder schon besiegt haben, oder doch fähig

sind sie zu besiegen. Jene Neigung ist ein feiges Entfliehen vor seinen eigenen Gedanken und kindischer Sinn, der da zu glauben scheint, wenn er nur nicht sehe sein Elend, oder wenigstens sich nicht gestehe daß er es sehe, so werde dieses Elend dadurch auch in der Wirklichkeit aufgehoben, wie es aufgehoben ist in seinem Denken. Dagegen ist es mannhafte Kühnheit, das Uebel fest ins Auge zu fassen, es zu nöthigen standzuhalten, es ruhig, kalt und frei zu durchdringen und es aufzulösen in seine Bestandtheile. Auch wird man nur durch diese klare Einsicht des Uebels Meister und geht in der Bekämpfung desselben einher mit sicherm Schritte, indem man, in jedem Theile das Ganze übersehend, immer weiß wo man sich befinde und durch die einmal erlangte Klarheit seiner Sache gewiß ist, dagegen der andere, ohne festen Leitfaden und ohne sichere Ge- wißheit, blind und träumend herumtappt.

Warum sollten wir denn auch uns scheuen vor dieser Klarheit? Das Uebel wird durch die Unbekanntschaft damit nicht kleiner, noch durch die Erkenntniß größer; es wird nur heilbar durch die letztere; die Schuld aber soll hier gar nicht vorgerückt werden. Züchtige man durch bittere Strafrede, durch beißenden Spott, durch schneidende Verachtung die Trägheit und die Selbstsucht, und reize sie, wenn auch zu nichts besserm, doch wenigstens zum Hasse und zur Er- bitterung gegen den Erinnerer selbst, als doch auch einer kräftigen Regung, an, solange die nothwendige Folge, das Uebel, noch nicht vollendet ist und von der Besserung noch Rettung oder Mil- derung sich erwarten läßt. Nachdem aber dieses Uebel also vollendet ist, daß es uns auch die Möglichkeit auf diese Weise fortzusündigen benimmt, wird es zwecklos und sieht aus wie Schadenfreude, gegen die nicht mehr zu begehende Sünde noch ferner zu schelten; und die Betrachtung fällt sodann aus dem Gebiete der Sittenlehre in das der Geschichte, für welche die Freiheit vorüber ist und die das Geschehene als nothwendigen Erfolg aus dem Vorhergegangenen ansieht. Es bleibt für unsere Reden keine andere Ansicht der Gegenwart übrig als diese letzte, und wir werden darum niemals eine andere nehmen.

Diese Denkart also, daß man sich als Deutschen schlechtweg denke, daß man nicht gefesselt sei selbst durch den Schmerz, daß man die Wahrheit sehen wolle und den Muth habe ihr ins Auge zu blicken, setze ich voraus und rechne auf sie bei jedem Worte, das ich sagen werde; und so jemand eine andere in diese Versammlung mitbrächte, so würde derselbe die unangenehmen Empfindungen, die ihm hier gemacht werden könnten, lediglich sich selbst zuzuschreiben haben. Dies sei hiemit gesagt für immer und abgethan; und ich gehe nun an das andere Geschäft, Ihnen den Grundinhalt aller folgenden Reden in einer allgemeinen Uebersicht vorzulegen.

Irgendwo, ſagte ich im Eingange meiner Rede, habe die Selbſt=
ſucht durch ihre vollſtändige Entwickelung ſich ſelbſt vernichtet, indem
ſie darüber ihr Selbſt, und das Vermögen ſich ſelbſtändig ihre
Zwecke zu ſetzen, verloren habe. Dieſe nunmehr erfolgte Vernichtung
der Selbſtſucht war der von mir angegebene Fortgang der Zeit
und das durchaus neue Ereigniß in derſelben, das nach mir eine
Fortſetzung meiner ehemaligen Schilderung der Zeit ſo möglich wie
nothwendig machte; dieſe Vernichtung wäre ſomit unſere eigentliche
Gegenwart, an welche unſer neues Leben in einer neuen Welt, deren
Daſein ich gleichfalls behauptete, unmittelbar angeknüpft werden
müßte, ſie wäre daher auch der eigentliche Ausgangspunkt meiner
Reden; und ich hätte vor allen Dingen zu zeigen, wie und warum
eine ſolche Vernichtung der Selbſtſucht aus ihrer höchſten Entwickelung
nothwendig erfolge.

Bis zu ihrem höchſten Grade entwickelt iſt die Selbſtſucht, wenn,
nachdem ſie erſt mit unbedeutender Ausnahme die Geſammtheit der
Regierten ergriffen, ſie von dieſen aus ſich auch der Regierenden
bemächtigt und deren alleiniger Lebenstrieb wird. Es entſteht einer
ſolchen Regierung zuvörderſt nach außen die Vernachläſſigung aller
Bande, durch welche ihre eigene Sicherheit an die Sicherheit anderer
Staaten geknüpft iſt, das Aufgeben des Ganzen, deſſen Glied ſie iſt,
lediglich darum, damit ſie nicht aus ihrer trägen Ruhe aufgeſtört
werde, und die traurige Täuſchung der Selbſtſucht, daß ſie Frieden
habe, ſolange nur die eigenen Grenzen nicht angegriffen ſind; ſodann
nach innen jene weichliche Führung der Zügel des Staats, die mit
ausländiſchen Worten ſich Humanität, Liberalität und Popularität
nennt, die aber richtiger in deutſcher Sprache Schlaffheit und ein
Betragen ohne Würde zu nennen iſt.

Wenn ſie auch der Regierenden ſich bemächtigt, habe ich geſagt.
Ein Volk kann durchaus verdorben ſein, d. i. ſelbſtſüchtig, denn die
Selbſtſucht iſt die Wurzel aller andern Verderbtheit, und dennoch
dabei nicht nur beſtehen, ſondern ſogar äußerlich glänzende Thaten
verrichten, wenn nur nicht ſeine Regierung eben alſo verdirbt; ja
die letztere ſogar kann auch nach außen treulos und pflicht= und ehr=
vergeſſen handeln, wenn ſie nur nach innen den Muth hat die Zügel
des Regiments mit ſtraffer Hand anzuhalten und die größere Furcht
für ſich zu gewinnen. Wo aber alles eben Genannte ſich vereinigt,
da geht das gemeine Weſen bei dem erſten ernſtlichen Angriff,
der auf daſſelbe geſchieht, zu Grunde, und ſo wie es ſelbſt erſt
treulos ſich ablöſte von dem Körper, deſſen Glied es war, ſo löſen
jetzt ſeine Glieder, die keine Furcht vor ihm hält und die die größere
Furcht vor dem Fremden treibt, mit derſelben Treuloſigkeit ſich ab
von ihm und gehen hin, ein jeder in das Seine. Hier ergreift die
nun vereinzelt Stehenden abermals die größere Furcht, und ſie geben

in reichlicher Spende und mit erzwungen fröhlichem [Gesichte dem Feinde, was sie kärglich und äußerst unwillig dem Vertheidiger des Vaterlandes geben; bis späterhin auch die von allen Seiten verlassenen und verrathenen Regierenden genöthigt werden, durch Unterwerfung und Folgsamkeit gegen fremde Plane ihre Fortdauer zu erkaufen, und so nun auch diejenigen, die im Kampfe für das Vaterland die Waffen wegwarfen, unter fremden Panieren lernen, dieselben gegen das Vaterland tapfer zu führen. So geschieht es, daß die Selbstsucht durch ihre höchste Entwickelung vernichtet, und denen, die gutwillig keinen andern Zweck denn sich selbst sich setzen wollten, durch fremde Gewalt ein solcher anderer Zweck aufgebrungen wird.

Keine Nation, die in diesen Zustand der Abhängigkeit herabgesunken, kann durch die gewöhnlichen und bisher gebrauchten Mittel sich aus demselben erheben. War ihr Widerstand fruchtlos, als sie noch im Besitze aller ihrer Kräfte war, was kann derselbe sodann fruchten, nachdem sie des größten Theils derselben beraubt ist? Was vorher hätte helfen können, nämlich wenn die Regierung derselben die Zügel kräftig und straff angehalten hätte, ist nun nicht mehr anwendbar, nachdem diese Zügel nur noch zum Scheine in ihrer Hand ruhen und diese ihre Hand selbst durch eine fremde Hand gelenkt und geleitet wird. Auf sich selbst kann eine solche Nation nicht länger rechnen; und ebenso wenig kann sie auf den Sieger rechnen. Dieser müßte ebenso unbesonnen und ebenso feige und verzagt sein, als jene Nation selbst erst war, wenn er die errungenen Vortheile nicht festhielte und sie nicht auf alle Weise verfolgte. Oder wenn er einst im Verlauf der Zeiten doch so unbesonnen und feige würde, so würde er zwar eben also zu Grunde gehen wie wir, aber nicht zu unserm Vortheile, sondern er würde die Beute eines neuen Siegers, und wir würden die sich von selbst verstehende, wenig bedeutende Zugabe zu dieser Beute. Sollte eine so gesunkene Nation dennoch sich retten können, so müßte dieß durch ein ganz neues bisher noch niemals gebrauchtes Mittel, vermittels der Erschaffung einer ganz neuen Ordnung der Dinge, geschehen. Lassen Sie uns also sehen, welches in der bisherigen Ordnung der Dinge der Grund war, warum es mit dieser Ordnung irgendeinmal nothwendig ein Ende nehmen mußte, damit wir an dem Gegentheile dieses Grundes des Untergangs das neue Glied finden, welches in die Zeit eingefügt werden müßte, damit an ihm die gesunkene Nation sich aufrichte zu einem neuen Leben.

Man wird in Erforschung jenes Grundes finden, daß in allen bisherigen Verfassungen die Theilnahme am Ganzen geknüpft war an die Theilnahme des Einzelnen an sich selbst vermittels solcher Bande, die irgendwo so gänzlich zerrissen, daß es gar keine Theilnahme

für das Ganze mehr gab, durch die Bande der Furcht und Hoffnung
für die Angelegenheiten des Einzelnen aus dem Schicksale des
Ganzen, in einem künftigen und in dem gegenwärtigen Leben. Auf=
klärung des nur sinnlich berechnenden Verstandes war die Kraft,
welche die Verbindung eines künftigen Lebens mit dem gegenwärtigen
durch Religion aufhob, zugleich auch andere Ergänzungs= und stell=
vertretende Mittel der sittlichen Denkart, als da sind Liebe zum
Ruhm und Nationalehre, als täuschende Trugbilder begriff; die
Schwäche der Regierungen war es, welche die Furcht für die An=
gelegenheiten des Einzelnen aus seinem Betragen gegen das Ganze
selbst für das gegenwärtige Leben durch häufige Straflosigkeit der
Pflichtvergessenheit aufhob und ebenso auch die Hoffnung unwirksam
machte, indem sie dieselbe gar oft ohne alle Rücksicht auf Verdienste
um das Ganze, nach ganz andern Regeln und Bewegungsgründen
befriedigte. Bande solcher Art waren es, die irgendwo gänzlich
zerrissen, und durch deren Zerreißung das gemeine Wesen sich auflöste.

Immerhin mag von nun an der Sieger das, was allein auch
er kann, emsiglich thun, nämlich den letzten Theil des Bindungs=
mittels, die Furcht und Hoffnung für das gegenwärtige Leben,
wiederum anknüpfen und verstärken: damit ist nur ihm geholfen,
keineswegs aber uns; denn so gewiß er seinen Vortheil versteht,
knüpft er an dieses erneute Band zuallererst nur seine Angelegenheit,
die unsrige aber nur in so weit, inwiefern die Erhaltung unserer
als Mittel für seine Zwecke ihm selbst zur Angelegenheit wird. Für
eine so verfallene Nation ist von nun an Furcht und Hoffnung völlig
aufgehoben, indem deren Leitung ihrer Hand entfallen ist und sie
zwar selber zu fürchten hat und zu hoffen, vor ihr aber von nun an
kein Mensch sich weiter fürchtet oder von ihr etwas hofft; und es
bleibt ihr nichts übrig, als ein ganz anderes und neues, über Furcht
und Hoffnung erhabenes Bindungsmittel zu finden, um die Ange=
legenheiten ihrer Gesammtheit an die Theilnahme eines jeden aus
ihr für sich selber anzuknüpfen.

Ueber den sinnlichen Antrieb der Furcht oder Hoffnung hinaus,
und zunächst an ihn angrenzend, liegt der geistige Antrieb der sitt=
lichen Billigung oder Mißbilligung oder der höhere Affect des Wohl=
gefallens oder Mißfallens an unserm und anderer Zustande. So wie
das an Reinlichkeit und Ordnung gewöhnte äußere Auge durch einen
Flecken, der ja unmittelbar dem Leibe keinen Schmerz zufügt, oder
durch den Anblick verworren durcheinander liegender Gegenstände
dennoch gepeinigt und geängstet wird wie vom unmittelbaren
Schmerze, indeß der des Schmuzes und der Unordnung Gewohnte sich
in denselben recht wohl befindet: eben also kann auch das innere
geistige Auge des Menschen so gewöhnt und gebildet werden, daß
der bloße Anblick eines verworrenen und unordentlichen, eines un=

würdigen und ehrlosen Daseins seiner selbst und seines verbrüderten
Stammes, ohne Rücksicht auf das was davon für sein sinnliches
Wohlsein zu fürchten oder zu hoffen sei, ihm innig weh thue, und
daß dieser Schmerz dem Besitzer eines solchen Auges, abermals ganz
unabhängig von sinnlicher Furcht oder Hoffnung, keine Ruhe lasse
bis er, soviel an ihm ist, den ihm mißfälligen Zustand aufgehoben
und den, der ihm allein gefallen kann, an seine Stelle gesetzt habe.
Im Besitzer eines solchen Auges ist die Angelegenheit des ihn umgebenden Ganzen durch das treibende Gefühl der Billigung oder
Mißbilligung an die Angelegenheit seines eigenen erweiterten Selbst,
das nur als Theil des Ganzen sich fühlt und nur im gefälligen
Ganzen sich ertragen kann, unabtrennbar angeknüpft; die Sichbildung
zu einem solchen Auge wäre somit ein sicheres und das einzige
Mittel, das einer Nation, die ihre Selbständigkeit und mit ihr
allen Einfluß auf die öffentliche Furcht und Hoffnung verloren hat,
übrigbliebe, um aus der erduldeten Vernichtung sich wieder ins
Dasein zu erheben, um dem entstandenen neuen und höhern Gefühle
ihre Nationalangelegenheiten, die seit ihrem Untergange kein Mensch
und kein Gott weiter bedenkt, sicher anzuvertrauen. So ergibt sich
denn also, daß das Rettungsmittel, dessen Anzeige ich versprochen,
bestehe in der Bildung zu einem durchaus neuen und bisher vielleicht
als Ausnahme bei einzelnen, niemals aber als allgemeines und
nationales Selbst dagewesenen Selbst, und in der Erziehung der
Nation, deren bisheriges Leben erloschen und Zugabe eines fremden
Lebens geworden, zu einem ganz neuen Leben, das entweder ihr
ausschließendes Besitzthum bleibt, oder, falls es auch von ihr aus
an andere kommen sollte, ganz und unverringert bleibt bei unendlicher Theilung; mit einem Worte, eine gänzliche Veränderung des
bisherigen Erziehungswesens ist es, was ich, als das einzige Mittel
die deutsche Nation im Dasein zu erhalten, in Vorschlag bringe.

Daß man den Kindern eine gute Erziehung geben müsse, ist
auch in unserm Zeitalter oft genug gesagt und bis zum Ueberdrusse
wiederholt worden, und es wäre ein Geringes, wenn auch wir unseres
Orts dies gleichfalls einmal sagen wollten. Vielmehr wird uns,
so wir ein anderes zu vermögen glauben, obliegen, genau und bestimmt zu untersuchen, was eigentlich der bisherigen Erziehung gefehlt habe, und anzugeben, welches durchaus neue Glied die ver-
änderte Erziehung der bisherigen Menschenbildung hinzufügen müsse.

Man muß nach einer solchen Untersuchung der bisherigen
Erziehung zustehen, daß sie nicht ermangelt, irgendein Bild von
religiöser, sittlicher, gesetzlicher Denkart und von allerhand Ordnung
und guter Sitte vor das Auge ihrer Zöglinge zu bringen, auch daß
sie hier und da dieselben getreulich ermahnt habe, jenen Bildern
in ihrem Leben einen Abdruck zu geben. Aber mit höchst seltenen

Ausnahmen, die somit nicht durch diese Erziehung begründet waren,
indem sie sodann an allen durch diese Bildung Hindurchgegangenen
und als die Regel hätten eintreten müssen, sondern die durch andere
Ursachen herbeigeführt worden, mit diesen höchst seltenen Aus=
nahmen, sage ich, sind die Zöglinge dieser Erziehung insgesammt
nicht jenen sittlichen Vorstellungen und Ermahnungen, sondern sie
sind den Antrieben ihrer ihnen natürlich und ohne alle Beihülfe
der Erziehungskunst erwachsenden Selbstsucht gefolgt: zum unwider=
sprechlichen Beweise, daß diese Erziehungskunst zwar wol das Ge=
dächtniß mit einigen Worten und Redensarten, und die kalte und
theilnehmungslose Phantasie mit einigen matten und blassen Bildern
anzufüllen vermocht, daß es ihr aber niemals gelungen, ihr Gemälde
einer sittlichen Weltordnung bis zu der Lebhaftigkeit zu steigern,
daß ihr Zögling von der heißen Liebe und Sehnsucht dafür, und
von dem glühenden Affecte, der zur Darstellung im Leben treibt
und vor welchem die Selbstsucht abfällt wie welkes Laub, ergriffen
worden; daß somit diese Erziehung weit davon entfernt gewesen sei,
bis zur Wurzel der wirklichen Lebensregung und =Bewegung durch=
zugreifen und diese zu bilden, indem diese vielmehr unbeachtet von
der blinden und ohnmächtigen allenthalben wild aufgewachsen sei
wie sie gekonnt habe, zu guter Frucht bei wenigen durch Gott Be=
geisterten, zu schlechter bei der großen Mehrzahl. Auch ist es der=
malen vollkommen hinlänglich, diese Erziehung durch diesen ihren
Erfolg zu zeichnen, und kann man für unsern Behuf sich des müh=
samen Geschäfts überheben, die innern Säfte und Adern eines
Baumes zu zergliedern, dessen Frucht dermalen vollständig reif ist
und abgefallen, und vor aller Welt Augen liegt, und höchst deutlich
und verständlich ausspricht die innere Natur ihres Erzeugers. Der
Strenge nach wäre, dieser Ansicht zufolge, die bisherige Erziehung
auf keine Weise die Kunst der Bildung zum Menschen gewesen, wie
sie sich denn dessen auch eben nicht gerühmt, sondern gar oft ihre
Ohnmacht durch die Forderung, ihr ein natürliches Talent, oder
Genie, als Bedingung ihres Erfolgs voraus zu geben, freimüthig
gestanden; sondern es wäre eine solche Kunst erst zu erfinden, und
die Erfindung derselben wäre die eigentliche Aufgabe der neuen
Erziehung. Das ermangelnde Durchgreifen bis in die Wurzel der
Lebensregung und =Bewegung hätte diese neue Erziehung der bis=
herigen hinzuzufügen, und wie die bisherige höchstens etwas am
Menschen, so hätte diese den Menschen selbst zu bilden und ihre
Bildung keineswegs, wie bisher, zu einem Besitzthume, sondern
vielmehr zu einem persönlichen Bestandtheile des Zöglings zu machen.

Ferner wurde bisher diese also beschränkte Bildung nur an
die sehr geringe Minderzahl der eben daher gebildet genannten Stände
gebracht, die große Mehrzahl aber, auf welcher das gemeine Wesen

recht eigentlich ruht, das Volk, wurde von der Erziehungskunſt faſt ganz vernachläſſigt und dem blinden Ohngefähr übergeben. Wir wollen durch die neue Erziehung die Deutſchen zu einer Geſammtheit bilden, die in allen ihren einzelnen Gliedern getrieben und belebt ſei durch dieſelbe Eine Angelegenheit; ſo wir aber etwa hierbei abermals einen gebildeten Stand, der etwa durch den neu entwickelten Antrieb der ſittlichen Billigung belebt würde, abſondern wollten von einem ungebildeten, ſo würde dieſer letzte, da Hoffnung und Furcht, durch welche allein noch auf ihn gewirkt werden könnte, nicht mehr für uns, ſondern gegen uns dienen, von uns abfallen und uns verloren gehen. Es bleibt ſonach uns nichts übrig, als ſchlechthin an alles ohne Ausnahme, was deutſch iſt, die neue Bildung zu bringen, ſodaß dieſelbe nicht Bildung eines beſondern Standes, ſondern daß ſie Bildung der Nation ſchlechthin als ſolcher und ohne alle Ausnahme einzelner Glieder derſelben werde, in welcher, in der Bildung zum innigen Wohlgefallen am Rechten nämlich, aller Unterſchied der Stände, der in andern Zweigen der Entwickelung auch fernerhin ſtattfinden mag, völlig aufgehoben ſei und verſchwinde; und daß auf dieſe Weiſe unter uns keinesweges Volks-Erziehung, ſondern eigenthümliche deutſche National-Erziehung entſtehe.

Ich werde Ihnen darthun, daß eine ſolche Erziehungskunſt, wie wir ſie begehren, wirklich ſchon erfunden iſt und ausgeübt wird, ſodaß wir nichts mehr zu thun haben als das ſich uns Darbietende anzunehmen, welches, ſowie ich dies oben von dem vorzuſchlagenden Rettungsmittel verſprach, ohne Zweifel kein größeres Maß von Kraft erfordert, als man bei unſerm Zeitalter billig vorausſetzen kann. Ich ſügte dieſem Verſprechen noch ein anderes bei, daß nämlich, was die Gefahr anbelange, bei unſerm Vorſchlage durchaus keine ſei, indem es der eigene Vortheil der über uns gebietenden Gewalt erfordere, die Ausführung jenes Vorſchlags eher zu befördern als zu hindern. Ich finde zweckmäßig, ſogleich in dieſer erſten Rede über dieſen Punkt mich deutlich auszuſprechen.

Zwar ſind, ſo in alter wie in neuer Zeit, gar häufig die Künſte der Verführung und der ſittlichen Herabwürdigung der Unterworfenen als ein Mittel der Herrſchaft mit Erfolg gebraucht worden; man hat durch lügenhafte Erdichtungen und durch künſtliche Verwirrung der Begriffe und der Sprache die Fürſten vor den Völkern, und dieſe vor jenen verleumdet, um die Entzweiten ſicherer zu beherrſchen, man hat alle Antriebe der Eitelkeit und des Eigennutzes liſtig aufgereizt und entwickelt, um die Unterworfenen verächtlich zu machen und ſo mit einer Art von gutem Gewiſſen ſie zu zertreten: aber man würde einen ſicher zum Verderben führenden Irrthum begehen, wenn man mit uns Deutſchen dieſen Weg einſchlagen wollte. Das Band der Furcht und der Hoffnung abgerechnet, beruht der

Zusammenhang desjenigen Theils des Auslandes, mit dem wir dermalen in Berührung kommen, auf den Antrieben der Ehre und des Nationalruhms; aber die deutsche Klarheit hat vorlängst bis zur unerschütterlichen Ueberzeugung eingesehen, daß dieses leere Trug=bilder sind, und daß keine Wunde und keine Verstümmelung des einzelnen durch den Ruhm der ganzen Nation geheilt wird; und wir dürften wol, so nicht eine höhere Ansicht des Lebens an uns gebracht wird, gefährliche Prediger dieser sehr begreiflichen und manchen Reiz bei sich führenden Lehre werden. Ohne darum noch neues Verderben an uns zu nehmen, sind wir schon in unserer natürlichen Beschaffenheit eine unheilbringende Beute; nur durch die Ausführung des gemachten Vorschlags können wir eine heilbringende werden: und so wird denn, so gewiß das Ausland seinen Vortheil versteht, dasselbe, durch diesen selbst bewegt, uns lieber auf letzte Weise haben wollen, denn auf die erste.

Insbesondere nun wendet mit diesem Vorschlage meine Rede sich an die gebildeten Stände Deutschlands, indem sie diesen noch am ersten verständlich zu werden hofft, und trägt zu allernächst ihnen an, sich zu den Urhebern dieser neuen Schöpfung zu machen und dadurch theils mit ihrer bisherigen Wirksamkeit die Welt auszusöhnen, theils ihre Fortdauer in der Zukunft zu verdienen. Wir werden im Fortgange dieser Reden ersehen, daß bis hierher alle Fortentwickelung der Menschheit in der deutschen Nation vom Volke ausgegangen, und daß an dieses immer zuerst die großen Nationalangelegenheiten gebracht und von ihm besorgt und weiter befördert worden; daß es somit jetzt zum ersten male geschieht, daß den gebildeten Ständen die ursprüngliche Fortbildung der Nation angetragen wird, und daß, wenn sie diesen Antrag wirklich ergriffen, auch dies das erste mal geschehen würde. Wir werden ersehen, daß diese Stände nicht be=rechnen können, auf wie lange Zeit es noch in ihrer Gewalt stehen werde sich an die Spitze dieser Angelegenheit zu stellen, indem die=selbe bis zum Vortrage an das Volk schon beinahe vorbereitet und reif sei und an Gliedern aus dem Volke geübt werde, und dieses nach kurzer Zeit ohne alle unsere Beihülfe sich selbst werde helfen können, woraus für uns blos das erfolgen werde, daß die jetzigen Gebildeten und ihre Nachkommen zum Volke werden, aus dem bis=herigen Volke aber ein anderer, höherer gebildeter Stand emporkomme.

Nach allem ist es der allgemeine Zweck dieser Reden, Muth und Hoffnung zu bringen in die Zerschlagenen, Freude zu verkünden in die tiefe Trauer, über die Stunde der größten Bedrängniß leicht und sanft hinüberzuleiten. Die Zeit erscheint mir wie ein Schatten, der über seinem Leichname, aus dem soeben ein Heer von Krank=heiten ihn herausgetrieben, steht und jammert, und seinen Blick nicht loszureißen vermag von der ehedem so geliebten Hülle, und verzweifelnd alle Mittel versucht, um wieder hineinzukommen in die Behausung der Seuchen. Zwar haben schon die belebenden Lüfte der andern Welt, in die die abgeschiedene eingetreten, sie aufge= nommen in sich und umgeben sie mit warmem Liebeshauche, zwar begrüßen sie schon freudig heimliche Stimmen der Schwestern und heißen sie willkommen, zwar regt es sich schon und dehnt sich in ihrem Innern nach allen Richtungen hin, um die herrlichere Gestalt, zu der sie erwachsen soll, zu entwickeln; aber noch hat sie kein Gefühl für diese Lüfte oder Gehör für diese Stimmen, oder wenn sie es hätte, so ist sie aufgegangen in Schmerz über ihren Verlust, mit welchem sie zugleich sich selbst verloren zu haben glaubt. Was ist mit ihr zu thun? Auch die Morgenröthe der neuen Welt ist schon angebrochen, und vergoldet schon die Spitzen der Berge, und bildet vor den Tag, der da kommen soll. Ich will, so ich es kann, die Strahlen dieser Morgenröthe fassen und sie verdichten zu einem Spiegel, in welchem die trostlose Zeit sich erblicke, damit sie glaube daß sie noch da ist, und in ihm ihr wahrer Kern sich ihr darstelle und die Entfaltungen und Gestaltungen desselben in einem weissagenden Gesichte vor ihr vorübergehen. In diese Anschauung hinein wird ihr denn ohne Zweifel auch das Bild ihres bisherigen Lebens versinken und ver= schwinden, und der Todte wird ohne übermäßiges Wehklagen zu seiner Ruhestätte gebracht werden können.

Zweite Rede.

Vom Wesen der neuen Erziehung im allgemeinen.

Das von mir vorgeschlagene Erhaltungsmittel einer deutschen Nation überhaupt, zu dessen klarer Einsicht diese Reden zunächst Sie und nebst ihnen die ganze Nation führen möchten, geht als ein solches Mittel hervor aus der Beschaffenheit der Zeit sowie der deutschen Nationaleigenthümlichkeiten, sowie dieses Mittel wiederum eingreifen soll in Zeit und Bildung der Nationaleigenthümlichkeiten. Es ist somit dieses Mittel nicht eher vollkommen klar und verständlich gemacht, als bis es mit diesen und diese mit ihm zusammengehalten, und beide in vollkommener gegenseitiger Durchdringung dargestellt sind, welche Geschäfte einige Zeit erfordern, und so die vollkommene Klarheit nur am Ende unserer Reden zu erwarten ist. Da wir jedoch bei irgendeinem einzelnen Theile anfangen müssen, so wird es am zweckmäßigsten sein, zuvörderst jenes Mittel selbst, abgesondert von seinen Umgebungen in Zeit und Raum, für sich in seinem innern Wesen zu betrachten: und so soll denn diesem Geschäfte unsere heutige und nächstfolgende Rede gewidmet sein.

Das angegebene Mittel war: eine durchaus neue und vorher noch nie also bei irgendeiner Nation dagewesene Nationalerziehung der Deutschen. Diese neue Erziehung wurde schon in der vorigen Rede zur Unterscheidung von der bisher üblichen also bezeichnet: die bisherige Erziehung habe zu guter Ordnung und Sittlichkeit höchstens nur ermahnt, aber diese Ermahnungen seien unfruchtbar gewesen für das wirkliche Leben, welches nach ganz andern, dieser Erziehung durchaus unzugänglichen Gründen sich gebildet habe; im Gegensatze mit dieser müsse die neue Erziehung die wirkliche Lebensregung und Bewegung ihrer Zöglinge, nach Regeln, sicher und unfehlbar bilden und bestimmen können.

So nun etwa hierauf jemand also gesagt hätte, wie denn auch wirklich diejenigen, welche die bisherige Erziehung leiten, fast ohne Ausnahme also sagen: Wie könnte man denn auch irgendeiner Erziehung mehr anmuthen, als daß sie dem Zöglinge das Rechte zeige und ihn getreulich zu demselben anmahne; ob er diesen Ermahnungen folgen wolle, das sei seine eigene Sache, und wenn er es nicht thue, seine eigene Schuld; er habe freien Willen, den keine Erziehung ihm nehmen könne — so würde ich hierauf, um die von mir gedachte neue Erziehung noch schärfer zu bezeichnen, antworten: daß gerade in diesem Anerkennen und in diesem Rechnen _auf_ einen freien Willen des Zöglings der erste Irrthum der bisherigen Erziehung und das deutliche Bekenntniß ihrer Ohnmacht und Nichtigkeit liege. Denn indem sie bekennt, daß nach aller ihrer kräftigsten Wirksamkeit der Wille dennoch frei, d. i. unentschieden schwankend zwischen Gutem und Bösem bleibe, bekennt sie, daß sie den Willen, und da dieser die eigentliche Grundwurzel des Menschen selbst ist, den Menschen selbst zu bilden durchaus weder vermöge noch wolle oder begehre, und daß sie dies überhaupt für unmöglich halte. Dagegen würde die neue Erziehung gerade darin bestehen müssen, daß sie auf dem Boden, dessen Bearbeitung sie übernähme, die Freiheit_des_Willens_gänzlich_vernichtete_und dagegen strenge Nothwendigkeit der Entschließungen und die Unmöglichkeit des Entgegengesetzten in dem Willen hervorbrächte, auf welchen Willen man nunmehr sicher rechnen und auf ihn sich verlassen könnte.

Alle Bildung strebt an: die Hervorbringung eines festen bestimmten und beharrlichen Seins, das nun nicht mehr wird, sondern ist, und nicht anders sein kann denn so, wie es ist. Strebte sie nicht an ein solches Sein, so wäre sie nicht Bildung, sondern irgendein zweckloses Spiel; hätte sie ein solches Sein nicht hervorgebracht, so wäre sie eben noch nicht vollendet. Wer sich noch ermahnen muß und ermahnt werden, das Gute zu wollen, der hat noch kein bestimmtes und stets bereitstehendes Wollen, sondern er will sich dieses erst jedesmal im Falle des Gebrauchs machen; wer ein solches festes Wollen hat, der will, was er will, für alle Ewigkeit, und er kann in keinem möglichen Falle anders wollen denn also, wie er eben immer will; für ihn ist die Freiheit des Willens vernichtet und aufgegangen in der Nothwendigkeit. Dadurch eben hat die bisherige Zeit gezeigt, daß sie von Bildung zum Menschen weder einen rechten Begriff, noch die Kraft hatte diesen Begriff darzustellen, daß sie durch ermahnende Predigten die Menschen bessern wollte, und verdrießlich ward und schalt wenn diese Predigten nichts fruchteten. Wie konnten sie doch fruchten? Der Wille des Menschen hat schon vor der Ermahnung vorher und unabhängig von ihr seine feste Richtung. Stimmt diese zusammen mit deiner Ermahnung, so kommt

die Ermahnung zu spät, und der Mensch hätte auch ohne dieselbe
gethan wozu du ihn ermahnst; steht sie mit derselben im Widerspruche,
so magst du ihn höchstens einige Augenblicke betäuben: wie die Ge=
legenheit kommt, vergißt er sich selbst und deine Ermahnung und
folgt seinem natürlichen Hange. Willst du etwas über ihn vermögen,
so mußt du mehr thun als ihn bloß anreden, du mußt ihn machen,
ihn also machen, daß er gar nicht anders wollen könne als du willst,
daß er wolle. Es ist vergebens zu sagen: Fliege! dem der keine
Flügel hat, und er wird durch alle deine Ermahnungen nie zwei
Schritte über den Boden emporkommen; aber entwickle, wenn du
kannst, seine geistigen Schwungfedern und lasse ihn dieselben üben
und kräftig machen, und er wird ohne alle dein Ermahnen gar nicht
anders mehr wollen oder können denn fliegen.

Diesen festen und nicht weiter schwankenden Willen muß die
neue Erziehung hervorbringen nach einer sichern und ohne Ausnahme
wirksamen Regel; sie muß selber mit Nothwendigkeit erzeugen die
Nothwendigkeit, die sie beabsichtigt. Was bisher gut geworden ist,
ist gut geworden durch seine natürliche Anlage, durch welche die Ein=
wirkung der schlechten Umgebung überwogen wurde, keineswegs aber
durch die Erziehung; denn sonst hätte alles durch dieselbe Hindurch=
gegangene gut werden müssen. Was da verdarb, verdarb ebenso wenig
durch die Erziehung, denn sonst hätte alles durch sie Hindurchgehende
verderben müssen, sondern durch sich selber und seine natürliche An=
lage. Die Erziehung war in dieser Rücksicht nur nichtig, keineswegs
verderblich; das eigentliche bildende Mittel war die geistige Natur.
Aus den Händen dieser dunkeln und nicht zu berechnenden Kraft nun
soll hinfür die Bildung zum Menschen unter die Botmäßigkeit einer
besonnenen Kunst gebracht werden, die an allem ohne Ausnahme,
was ihr anvertraut wird, ihren Zweck sicher erreiche oder, wo sie
ihn etwa nicht erreichte, wenigstens weiß, daß sie ihn nicht erreicht
hat und daß somit die Erziehung noch nicht geschlossen ist. Eine
sichere und besonnene Kunst, einen festen und unfehlbaren guten Willen
im Menschen zu bilden, soll also die von mir vorgeschlagene Erziehung
sein, und dieses ist ihr erstes Merkmal.

Weiter: der Mensch kann nur dasjenige wollen, was er liebt;
seine Liebe ist der einzige, zugleich auch der unfehlbare Antrieb seines
Wollens und aller seiner Lebensregung und =Bewegung. Die bis=
herige Staatskunst, als die Erziehung des gesellschaftlichen Men=
schen, setzte als sichere und ohne Ausnahme geltende Regel voraus,
daß jedermann sein eigenes sinnliches Wohlsein liebe und wolle, und
sie knüpfte an diese natürliche Liebe durch Furcht und Hoffnung künst=
lich den guten Willen, den sie wollte, das Interesse für das gemeine
Wesen. Abgerechnet daß bei dieser Erziehungsweise der äußerlich
zum unschädlichen oder brauchbaren Bürger Gewordene dennoch inner=

lich ein schlechter Mensch bleibt, denn darin eben besteht die Schlech=
tigkeit, daß man nur sein sinnliches Wohlsein liebe und nur durch
Furcht oder Hoffnung für dieses, sei es nun im gegenwärtigen oder
in einem künftigen Leben, bewegt werden könne; dieses abgerechnet,
haben wir schon oben ersehen, daß diese Maßregel für uns nicht mehr
anwendbar ist, indem Furcht und Hoffnung nicht mehr für uns, son=
dern gegen uns dienen, und die sinnliche Selbstliebe auf keine Weise
in unsern Vortheil gezogen werden kann. Wir sind daher sogar durch
die Noth gedrungen, innerlich und im Grunde gute Menschen bilden
zu wollen, indem nur in solchen die deutsche Nation noch fortdauern
kann, durch schlechte aber nothwendig mit dem Auslande zusammen=
fließt. Wir müssen darum an die Stelle jener Selbstliebe, an welche
nichts Gutes für uns sich länger knüpfen läßt, eine andere Liebe,
die unmittelbar auf das Gute, schlechtweg als solches, und um sein
selbst willen gehe, in den Gemüthern aller, die wir zu unserer Na=
tion rechnen, setzen und begründen.

Die Liebe für das Gute schlechtweg als solches, und nicht etwa
um seiner Nützlichkeit willen für uns selber, trägt, wie wir schon er=
sehen haben, die Gestalt des Wohlgefallens an demselben, eines so
innigen Wohlgefallens, daß man dadurch getrieben werde es in seinem
Leben darzustellen. Dieses innige Wohlgefallen also wäre es, was
die neue Erziehung als festes und unwandelbares Sein ihres Zög=
lings hervorbringen müßte; worauf denn dieses Wohlgefallen durch
sich selbst den unwandelbar guten Willen desselben Zöglings als noth=
wendig begründen würde.

Ein Wohlgefallen, das da treibt einen gewissen Zustand der
Dinge, der in der Wirklichkeit nicht vorhanden ist, hervorzubringen
in derselben, setzt voraus ein Bild dieses Zustandes, das vor dem
wirklichen Sein desselben vorher dem Geiste vorschwebt und jenes
zur Ausführung treibende Wohlgefallen auf sich zieht. Somit setzt
dieses Wohlgefallen in der Person, die von ihm ergriffen werden soll,
voraus das Vermögen, selbstthätig dergleichen Bilder, die unabhängig
seien von der Wirklichkeit und keinesweges Nachbilder derselben, son=
dern vielmehr Vorbilder, zu entwerfen. Ich habe jetzt zu allernächst
von diesem Vermögen zu sprechen, und ich bitte, während dieser Be=
trachtung ja nicht zu vergessen, daß ein durch dieses Vermögen her=
vorgebrachtes Bild eben als bloßes Bild, und als dasjenige worin
wir unsere bildende Kraft fühlen, gefallen könne, ohne doch darum
genommen zu werden als Vorbild einer Wirklichkeit, und ohne in
dem Grade zu gefallen daß es zur Ausführung treibe; daß dies
letztere ein ganz anderes und unser eigentlicher Zweck ist, von dem
wir später zu reden nicht unterlassen werden, jenes nächste aber le=
diglich die vorläufige Bedingung enthält zur Erreichung des wahren
letzten Zwecks der Erziehung.

2*

Jenes Vermögen, Bilder, die keineswegs bloße Nachbilder der Wirklichkeit seien, sondern die da fähig sind Vorbilder derselben zu werden, selbstthätig zu entwerfen, wäre das Erste, wovon die Bildung des Geschlechts durch die neue Erziehung ausgehen müßte. Selbstthätig zu entwerfen, habe ich gesagt, und also daß der Zögling durch eigene Kraft sie sich erzeuge, keineswegs etwa, daß er nur fähig werde das durch die Erziehung ihm hingegebene Bild leidend aufzufassen, es hinlänglich zu verstehen, und es also wie es ihm gegeben ist zu wiederholen, als ob es nur um das Vorhandensein eines solchen Bildes zu thun wäre. Der Grund dieser Forderung der eigenen Selbstthätigkeit in diesem Bilden ist folgender: nur unter dieser Bedingung kann das entworfene Bild das thätige Wohlgefallen des Zöglings an sich ziehen. Es ist nämlich ganz etwas anderes, sich etwas nur gefallen zu lassen und nichts dagegen zu haben, dergleichen leidendes Gefallenlassen allein höchstens aus einem leidenden Hingeben entstehen kann; wiederum aber etwas anderes, von dem Wohlgefallen an etwas also ergriffen werden, daß dasselbe schöpferisch werde und alle unsere Kraft zum Bilden anrege. Von dem ersten, das in allewege in der bisherigen Erziehung wol auch vorkam, sprechen wir nicht, sondern von dem letzten. Dieses letzte Wohlgefallen aber wird allein dadurch angezündet, daß die Selbstthätigkeit des Zöglings zugleich angereizt und an dem gegebenen Gegenstande ihm offenbar werde, und so dieser Gegenstand nicht blos für sich, sondern zugleich auch als ein Gegenstand der geistigen Kraftäußerung gefalle, welche letztere unmittelbar, nothwendig, und ohne alle Ausnahme wohlgefällt.

Diese im Zöglinge zu entwickelnde Thätigkeit des geistigen Bildens ist ohne Zweifel eine Thätigkeit nach Regeln, welche Regeln dem Thätigen kund werden bis zur Einsicht ihrer einzigen Möglichkeit in unmittelbarer Erfahrung an sich selber; also, diese Thätigkeit bringt hervor Erkenntniß, und zwar allgemeiner und ohne Ausnahme geltender Gesetze. Auch in dem von diesem Punkte aus sich anhebenden freien Fortbilden ist unmöglich was gegen das Gesetz unternommen wird, und es erfolgt keine That bis das Gesetz befolgt ist; wenn daher auch diese freie Fortbildung anfangs von blinden Versuchen ausginge, so müßte sie doch enden mit erweiterter Erkenntniß des Gesetzes. Diese Bildung ist daher in ihrem letzten Erfolge Bildung des Erkenntnißvermögens des Zöglings, und zwar keineswegs die historische an den stehenden Beschaffenheiten der Dinge, sondern die höhere und philosophische an den Gesetzen, nach denen eine solche stehende Beschaffenheit der Dinge nothwendig wird. Der Zögling lernt.

Ich setze hinzu: der Zögling lernt gern und mit Lust, und er mag, solange die Spannung der Kraft vorhält, gar nichts lieber thun denn lernen, denn er ist selbstthätig indem er lernt, und dazu

hat er unmittelbar die allerhöchste Lust. Wir haben hieran ein äußeres
theils unmittelbar ins Auge fallendes, theils untrügliches Kennzeichen
der wahren Erziehung gefunden, dies, daß ohne alle Rücksicht auf
die Verschiedenheit der natürlichen Anlagen und ohne alle Ausnahme
jedweder Zögling, an den diese Erziehung gebracht wird, rein um
des Lernens selbst willen, und aus keinem andern Grunde, mit Lust
und Liebe lerne. Wir haben das Mittel gefunden diese reine Liebe
zum Lernen anzuzünden, dies, die unmittelbare Selbstthätigkeit des
Zöglings anzuregen und diese zur Grundlage aller Erkenntniß zu
machen, also daß an ihr gelernt werde was gelernt wird.

Diese eigene Thätigkeit des Zöglings in irgendeinem uns bekannten Punkte nur erst anzuregen, ist das erste Hauptstück der Kunst.
Ist dieses gelungen, so kommt es nur noch darauf an, die angeregte
von diesem Punkte aus immer im frischen Leben zu erhalten, welches allein durch regelmäßiges Fortschreiten möglich ist, und wo jeder
Fehlgriff der Erziehung auf der Stelle durch Mißlingen des Beabsichtigten sich entdeckt. Wir haben also auch das Band gefunden,
wodurch der beabsichtigte Erfolg unabtrennlich angeknüpft wird an
die angegebene Wirkungsweise, das ewige und ohne alle Ausnahme
waltende Grundgesetz der geistigen Natur des Menschen, daß er
geistige Thätigkeit unmittelbar anstrebe.

Sollte jemand, durch die gewöhnliche Erfahrung unserer Tage
irregeleitet, sogar gegen das Vorhandensein eines solchen Grund-
gesetzes Zweifel hegen, so merken wir für einen solchen zum Ueberflusse an, daß der Mensch von Natur allerdings blos sinnlich und
selbstsüchtig ist solange die unmittelbare Noth und das gegenwärtige
sinnliche Bedürfniß ihn treibt, und daß er durch kein geistiges Bedürfniß oder irgendeine schonende Rücksicht sich abhalten läßt dieses
zu befriedigen; daß er aber, nachdem nur diesem abgeholfen ist,
wenig Neigung hat das schmerzhafte Bild desselben in seiner Phantasie zu bearbeiten und es sich gegenwärtig zu erhalten, sondern daß
er es weit mehr liebt den losgebundenen Gedanken auf die freie
Betrachtung dessen, was die Aufmerksamkeit seiner Sinne reizt, zu
richten, ja daß er auch einen dichterischen Ausflug in ideale Welten
gar nicht verschmäht, indem ihm von Natur ein leichter Sinn beiwohnt für das Zeitliche, damit sein Sinn für das Ewige einigen
Spielraum zur Entwickelung erhalte. Das letzte wird bewiesen durch
die Geschichte aller alten Völker und die mancherlei Beobachtungen
und Entdeckungen, die von ihnen auf uns gekommen sind; es wird
bewiesen bis auf unsere Tage durch die Beobachtung der noch übrigen
wilden Völker, falls nämlich sie von ihrem Klima nur nicht gar zu
stiefmütterlich behandelt werden, und durch die unserer eigenen Kinder; es wird sogar bewiesen durch das freimüthige Geständniß unserer Eiferer gegen Ideale, welche sich beklagen, daß es ein weit ver-

drießlicheres Geschäft sei Namen und Jahreszahlen zu lernen, denn
aufzufliegen in das, wie es ihnen vorkommt, leere Feld der Ideen,
welche sonach selber, wie es scheint, lieber das zweite thäten, wenn
sie sich's erlauben dürften, denn das erste. Daß an die Stelle die=
ses naturgemäßen Leichtsinns der schwere Sinn trete, wo auch dem
Gesättigten der künftige Hunger und die ganzen langen Reihen alles
möglichen künftigen Hungers als das einzige seine Seele Füllende
vorschweben und ihn immerfort stacheln und treiben, wird in unserm
Zeitalter durch Kunst bewirkt: beim Knaben durch Züchtigung seines
natürlichen Leichtsinns, beim Manne durch das Bestreben für einen
klugen Mann zu gelten, welcher Ruhm nur demjenigen zutheil wird,
der jenen Gesichtspunkt keinen Augenblick aus den Augen läßt; es
ist daher dies keineswegs Natur, auf die wir zu rechnen hätten, sondern
ein der widerstrebenden Natur mit Mühe aufgedrungenes Verderben,
das da wegfällt sowie nur jene Mühe nicht mehr angewendet wird.

Diese unmittelbar die geistige Selbstthätigkeit des Zöglings an=
regende Erziehung erzeugt Erkenntniß, sagten wir oben; und dies
gibt uns Gelegenheit, die neue Erziehung im Gegensatze mit der bis=
herigen noch tiefer zu bezeichnen. Eigentlich nämlich und unmittel=
bar geht die neue Erziehung nur auf Anregung regelmäßig fort=
schreitender Geistesthätigkeit; die Erkenntniß ergibt sich, wie wir
schon oben gesehen haben, nur nebenbei und als nicht außenbleibende
Folge. Ob es daher nun zwar wol diese Erkenntniß ist, in welcher
allein das Bild für das wirkliche Leben, das die künftige ernstliche
Thätigkeit unsers zum Manne gewordenen Zöglings anregen soll,
erfaßt werden kann, die Erkenntniß daher allerdings ein wesentlicher
Bestandtheil der zu erlangenden Bildung ist: so kann man dennoch
nicht sagen, daß die neue Erziehung diese Erkenntniß unmittelbar
beabsichtige, sondern die Erkenntniß fällt derselben nur zu. Im Gegen=
theil beabsichtigte die bisherige Erziehung geradezu Erkenntniß und
ein gewisses Maß eines Erkenntnißstoffes. Ferner ist ein großer
Unterschied zwischen der Art der Erkenntniß, welche der neuen Er=
ziehung nebenbei entsteht, und derjenigen, welche die bisherige Er=
ziehung beabsichtigte. Jener entsteht die Erkenntniß der die Mög=
lichkeit aller geistigen Thätigkeit bedingenden Gesetze dieser Thätig=
keit. Z. B. wenn der Zögling in freier Phantasie durch gerade Li=
nien einen Raum zu begrenzen versucht, so ist dies die zuerst an=
geregte geistige Thätigkeit desselben. Wenn er in diesen Versuchen
findet, daß er mit weniger denn drei geraden Linien keinen Raum
begrenzen könne, so ist dieses letztere die nebenbei entstehende Er=
kenntniß einer zweiten ganz andern Thätigkeit des das zuerst an=
geregte freie Vermögen beschränkenden Erkenntnißvermögens. Dieser
Erziehung entsteht sonach gleich bei ihrem Beginnen eine wahrhaft
über alle Erfahrung erhabene, übersinnliche, streng nothwendige und

allgemeine Erkenntniß, die alle nachher mögliche Erfahrung schon im
voraus unter sich befaßt. Dagegen ging der bisherige Unterricht in
der Regel nur auf die stehenden Beschaffenheiten der Dinge, wie sie
eben, ohne daß man dafür einen Grund angeben könne, seien und
geglaubt und gemerkt werden müßten; also auf ein bloß leidendes
Auffassen durch das lediglich im Dienste der Dinge stehende Ver=
mögen des Gedächtnisses, wodurch es überhaupt gar nicht zur Ahnung
des Geistes als eines selbständigen und uranfänglichen Princips der
Dinge selber kommen konnte. Es vermeine die neuere Pädagogik
ja nicht, durch die Berufung auf ihren oft bezeugten Abscheu gegen
mechanisches Auswendiglernen und auf ihre bekannten Meisterstücke
in sokratischer Manier gegen diesen Vorwurf sich zu decken; denn
hierauf hat sie schon längst woanders den gründlichen Bescheid er=
halten, daß diese sokratischen Raisonnements gleichfalls nur mecha=
nisch auswendig gelernt werden, und daß dies ein um so gefähr=
licheres Auswendiglernen ist, da es dem Zöglinge, der nicht denkt,
dennoch den Schein gibt daß er denken könne; daß dies bei dem
Stoffe, den sie zur Entwickelung des Selbstdenkens anwenden wollte,
nicht anders erfolgen konnte, und daß man für diesen Zweck mit
einem ganz andern Stoffe anheben müsse. Aus dieser Beschaffenheit
des bisherigen Unterrichts erhellt, theils warum in der Regel der
Zögling bisher ungern, und darum langsam und spärlich lernte, und
in Ermangelung des Reizes aus dem Lernen selber fremdartige An=
triebe untergelegt werden mußten, theils geht daraus hervor der
Grund von bisherigen Ausnahmen von der Regel. Das Gedächt=
niß, wenn es allein, und ohne irgendeinem andern geistigen Zwecke
dienen zu sollen, in Anspruch genommen wird, ist vielmehr ein Lei=
den des Gemüths als eine Thätigkeit desselben, und es läßt sich ein=
sehen daß der Zögling dieses Leiden höchst ungern übernehmen werde.
Auch ist die Bekanntschaft mit ganz fremden und nicht das mindeste
Interesse für ihn habenden Dingen, und mit ihren Eigenschaften, ein
schlechter Ersatz für jenes ihm zugefügte Leiden; deswegen mußte
seine Abneigung durch die Vertröstung auf die künftige Nützlichkeit
dieser Erkenntnisse, und daß man nur vermittels ihrer Brot und
Ehre finden könne, und sogar durch unmittelbar gegenwärtige Strafe
und Belohnung überwunden werden; — daß somit die Erkenntniß
gleich von vornherein als Dienerin des sinnlichen Wohlseins auf=
gestellt wurde, und diese Erziehung, welche in Absicht ihres Inhalts
oben als bloß unkräftig für Entwickelung einer sittlichen Denkart auf=
gestellt wurde, um nur an den Zögling zu gelangen das moralische
Verderben desselben sogar pflanzen und entwickeln, und ihr Interesse
an das Interesse dieses Verderbens anknüpfen mußte. Man wird
ferner finden, daß das natürliche Talent, welches als Ausnahme von
der Regel in der Schule dieser bisherigen Erziehung gern lernte, und

deswegen gut, und durch diese in ihm waltende höhere Liebe das
moralische Verderben der Umgebung überwand und seinen Sinn rein
erhielt, durch seinen natürlichen Hang jenen Gegenständen ein prak=
tisches Interesse abgewann, und daß es, von seinem glücklichen In=
stincte geleitet, vielmehr darauf ausging dergleichen Erkenntnisse selbst
hervorzubringen, denn darauf, sie bloß aufzufassen; sodann, daß in
Absicht der Lehrgegenstände, mit denen, als Ausnahme von der Regel,
es dieser Erziehung noch am allgemeinsten und glücklichsten gelang,
dieses insgesammt solche sind, die sie thätig ausüben ließ: so wie z. B.
diejenige gelehrte Sprache, in der bis aufs Schreiben und Reden der=
selben ausgegangen wurde, beinah allgemein ziemlich gut, dagegen
diejenige andere, in der die Schreibe= und Redeübungen vernach=
lässigt wurden, in der Regel sehr schlecht und oberflächlich gelernt
und in reifern Jahren vergessen worden; daß daher auch aus der
bisherigen Erfahrung hervorgeht, daß es allein die Entwickelung der
geistigen Thätigkeit durch den Unterricht sei, die da Lust an der Er=
kenntniß, rein als solcher, hervorbringe und so auch das Gemüth
der sittlichen Bildung offen erhalte, dagegen das bloß leidende Em=
pfangen ebenso die Erkenntniß lähme und tödte, wie es ihr Bedürf=
niß sei den sittlichen Sinn in Grund und Boden hinein zu verderben.

Um wieder zurückzukehren zum Zöglinge der neuen Erziehung:
es ist klar, daß derselbe, von seiner Liebe getrieben, viel, und da er
alles in seinem Zusammenhange faßt und das Gefaßte unmittelbar
durch ein Thun übt, dieses Viele richtig und unvergeßlich lernen werde.
Doch ist dieses nur Nebensache. Bedeutender ist, daß durch diese
Liebe sein Selbst erhöht und in eine ganz neue Ordnung der Dinge,
in welche bisher nur wenige von Gott Begünstigte von ungefähr
kamen, besonnen und nach einer Regel eingeführt wird. Ihn treibt
eine Liebe, die durchaus nicht auf irgendeinen sinnlichen Genuß aus=
geht, indem dieser als Antrieb für ihn gänzlich schweigt, sondern
auf geistige Thätigkeit um der Thätigkeit willen, und auf das Ge=
setz derselben um des Gesetzes willen. Ob nun zwar nicht diese
geistige Thätigkeit überhaupt es ist, auf welche die Sittlichkeit
geht, sondern dazu noch eine besondere Richtung jener Thätigkeit
kommen muß, so ist dennoch jene Liebe die allgemeine Beschaffen=
heit und Form des sittlichen Willens; und so ist denn diese Weise
der geistigen Bildung die unmittelbare Vorbereitung zu der sittlichen;
die Wurzel der Unsittlichkeit aber rottet sie, indem sie den sinnlichen
Genuß durchaus niemals Antrieb werden läßt, gänzlich aus. Bis=
her war dieser Antrieb der erste, der da angeregt und ausgebildet
wurde, weil man außerdem den Zögling gar nicht bearbeiten und
einigen Einfluß auf denselben gewinnen zu können glaubte; sollte
hinterher der sittliche Antrieb entwickelt werden, so kam derselbe zu
spät und fand das Herz schon eingenommen und angefüllt von einer

andern Liebe. Durch die neue Erziehung soll umgekehrt die Bildung zum reinen Wollen das erste werden, damit, wenn späterhin doch die Selbstsucht innerlich erwachen oder von außen angeregt werden sollte, diese zu spät komme und in dem schon von etwas anderm eingenommenen Gemüthe keinen Platz für sich finde.

Wesentlich ist schon für diesen ersten, sowie für den demnächst anzugebenden zweiten Zweck, daß der Zögling von Anbeginn an ununterbrochen und ganz unter dem Einflusse dieser Erziehung stehe, und daß er von dem Gemeinen gänzlich abgesondert und vor aller Berührung damit verwahrt werde. Daß man um seiner Erhaltung und seines Wohlseins willen im Leben sich regen und bewegen könne, muß er gar nicht hören, und ebenso wenig daß man um deswillen lerne, oder daß das Lernen dazu etwas helfen könne. Es folgt daraus, daß die geistige Entwickelung in der obenangegebenen Weise die einzige sein müsse, die an ihn gebracht werde, und daß er mit derselben ohne Unterlaß beschäftigt werden müsse, daß aber keineswegs diese Weise des Unterrichts mit demjenigen, der des entgegengesetzten sinnlichen Antriebs bedarf, abwechseln dürfe.

Ob nun aber wol diese geistige Entwickelung die Selbstsucht nicht zum Leben kommen läßt und die Form eines sittlichen Willens gibt, so ist dies doch darum noch nicht der sittliche Wille selbst; und falls die von uns vorgeschlagene neue Erziehung nicht weiter ginge, so würde sie höchstens treffliche Bearbeiter der Wissenschaften erziehen, deren es auch bisher gegeben hat, und deren es nur wenige bedarf, und die für unsern eigentlichen menschlichen und nationalen Zweck nicht mehr vermögen würden, als dergleichen Männer auch bisher vermocht haben: ermahnen und wieder ermahnen, und sich anstaunen und nach Gelegenheit schmähen zu lassen. Aber es ist klar, und ist auch schon oben gesagt, daß diese freie Thätigkeit des Geistes in der Absicht entwickelt worden, damit der Zögling mit derselben frei das Bild einer sittlichen Ordnung des wirklich vorhandenen Lebens entwerfe, dieses Bild mit der in ihm gleichfalls schon entwickelten Liebe fasse, und durch diese Liebe getrieben werde dasselbe in und durch sein Leben wirklich darzustellen. Es fragt sich, wie die neue Erziehung sich den Beweis führen könne, daß sie diesen ihren eigentlichen und letzten Zweck an ihrem Zöglinge erreicht habe.

Zuvörderst ist klar, daß die schon früher an andern Gegenständen geübte geistige Thätigkeit des Zöglings angeregt werden müsse, ein Bild von der gesellschaftlichen Ordnung der Menschen, so wie dieselbe nach dem Vernunftgesetze schlechthin sein soll, zu entwerfen. Ob dieses vom Zöglinge entworfene Bild richtig sei, ist von einer Erziehung, die nur selbst im Besitze dieses richtigen Bildes sich befindet, am leichtesten zu beurtheilen; ob dasselbe durch die eigene Selbstthätigkeit des Zöglings entworfen, keineswegs aber nur leidend aufgefaßt und der Schule gläubig nachgesagt werde, ferner ob es zur gehörigen Klarheit und Lebhaftigkeit gesteigert sei, wird die Erziehung auf dieselbe Weise beurtheilen können, wie sie früher in derselben Rücksicht bei andern Gegenständen ein treffendes Urtheil gefällt hat. Alles dies ist noch Sache der bloßen Erkenntniß und verbleibt auf dem in dieser Beziehung sehr zugänglichen Gebiete derselben. Eine ganz andere aber und höhere Frage ist die, ob der Zögling also von brennender Liebe für eine solche Ordnung der Dinge ergriffen sei, daß es ihm, der Leitung der Erziehung entlassen und selbständig hingestellt, schlechterdings unmöglich sein werde, diese Ordnung nicht zu wollen und nicht aus allen seinen Kräften für die Beförderung derselben zu arbeiten; über welche Frage ohne Zweifel nicht Worte und in Worten anzustellende Prüfungen, sondern allein der Anblick von Thaten entscheiden können.

Ich löse die durch diese letzte Betrachtung uns gestellte Aufgabe also: Ohne Zweifel werden doch die Zöglinge dieser neuen Erziehung, obwol abgesondert von der schon erwachsenen Gemeinheit, dennoch untereinander selbst in Gemeinschaft leben und so ein abgesondertes und für sich selbst bestehendes Gemeinwesen bilden, das seine genau bestimmte, in der Natur der Dinge gegründete und von der Vernunft durchaus geforderte Verfassung habe. Das allererste Bild einer geselligen Ordnung, zu dessen Entwerfung der Geist des Zöglings angeregt werde, sei dieses der Gemeinde in der er selber lebt, also, daß er innerlich gezwungen sei diese Ordnung Punkt für Punkt gerade also sich zu bilden, wie sie wirklich vorgezeichnet ist, und daß er dieselbe in allen ihren Theilen als durchaus nothwendig aus ihren Gründen verstehe. Dies ist nun abermals bloßes Werk der Erkenntniß. In dieser gesellschaftlichen Ordnung muß nun im wirklichen Leben jeder einzelne um des Ganzen willen immerfort gar vieles unterlassen, was er wenn er sich allein befände unbedenklich thun könnte; und es wird zweckmäßig sein, daß in der Gesetzgebung und in dem darauf zu bauenden Unterrichte über die Verfassung jedem einzelnen alle die übrigen mit einer zum Ideal gesteigerten Ordnungsliebe vorgestellt werden, welche also vielleicht kein einziger wirklich hat, die aber alle haben sollten, und daß somit diese Gesetzgebung einen hohen Grad von Strenge erhalte und der Unterlassungen gar viele auflege. Diese, als etwas das schlechthin sein muß und auf welchem das Bestehen der Gesellschaft beruht, sind auf den Nothfall sogar durch Furcht vor gegenwärtiger Strafe zu erzwingen, und muß dieses Strafgesetz schlechthin ohne Schonung oder Ausnahme vollzogen werden. Der Sittlichkeit des Zöglings geschieht durch diese Anwendung der Furcht als eines Triebes gar kein Eintrag, indem hier ja nicht zum Thun des Guten, sondern nur zur Unterlassung des in dieser Verfassung Bösen getrieben werden soll; überdies muß im Unterrichte über die Verfassung vollkommen verständlich gemacht werden, daß der, welcher der Vorstellung von der Strafe oder wol gar der Anfrischung dieser Vorstellung durch die Erduldung der Strafe selbst noch bedürfe, auf einer sehr niedrigen Stufe der Bildung stehe. Je= dennoch ist bei allem diesen klar, daß, da man niemals wissen kann, ob da wo gehorcht wird aus Liebe zur Ordnung oder aus Furcht vor der Strafe gehorcht werde, in diesem Umkreise der Zögling seinen guten Willen nicht äußerlich darthun, noch die Erziehung ihn ermessen könne.

Dagegen ist der Umkreis, wo ein solches Ermessen möglich ist, der folgende. Die Verfassung muß nämlich ferner also eingerichtet sein, daß der einzelne für das Ganze nicht blos unterlassen müsse, sondern daß er für dasselbe auch thun und handelnd leisten könne. Außer der geistigen Entwickelung im Lernen finden in diesem Gemein= wesen der Zöglinge auch noch körperliche Uebungen und die mecha= nischen, aber hier zum Ideal veredelten Arbeiten des Ackerbaues und die von mancherlei Handwerken statt. Es sei Grundregel der Verfassung, daß jedem, der in irgendeinem dieser Zweige sich hervor= thut, zugemuthet werde, die andern darin unterrichten zu helfen und mancherlei Aufsichten und Verantwortlichkeiten zu übernehmen, jedem, der irgendeine Verbesserung findet oder die von einem Lehrer vor= geschlagene zuerst und am klarsten begreift, dieselbe mit eigener Mühe auszuführen, ohne daß er doch darum von seinen ohnedies sich ver= stehenden persönlichen Aufgaben des Lernens und Arbeitens losge= sprochen sei; daß jeder dieser Anmuthung freiwillig genüge, und nicht aus Zwang, indem es dem Nichtwollenden auch freisteht sie abzu= lehnen; daß er dafür keine Belohnung zu erwarten habe, indem in dieser Verfassung alle in Beziehung auf Arbeit und Genuß ganz gleich gesetzt sind, nicht einmal Lob, indem es die herrschende Denk= art ist in der Gemeinde, daß daran jeder eben nur seine Schuldig= keit thue; sondern daß er allein genieße die Freude an seinem Thun und Wirken für das Ganze und an dem Gelingen desselben, falls ihm dieses zutheil wird. In dieser Verfassung wird sonach aus er= worbener größerer Geschicklichkeit und aus der hierauf verwendeten Mühe nur neue Mühe und Arbeit folgen, und gerade der Tüchtigere wird oft wachen müssen wenn andere schlafen, und nachdenken müssen wenn andere spielen.

Die Zöglinge, welche, ohnerachtet ihnen dieses alles vollkommen klar und verständlich ist, dennoch fortgesetzt, und also daß man mit Sicherheit auf sie rechnen könne, jene erste Mühe und dies aus ihr folgende weitere Mühen freudig übernehmen und in dem Gefühle ihrer Kraft und Thätigkeit stark bleiben und stärker werden — diese kann die Erziehung ruhig entlassen in die Welt, an ihnen hat sie diesen ihren Zweck erreicht: in ihnen ist die Liebe angezündet und

brennt bis in die Wurzel ihrer lebendigen Regung hinein, und sie
wird von nun an weiter alles ohne Ausnahme ergreifen, was an
diese Lebensregung gelangen wird; und sie werden in dem größern
Gemeinwesen, in das sie von nun an eintreten, niemals etwas an=
deres zu sein vermögen denn dasjenige, was sie in dem kleinen Ge=
meinwesen, das sie jetzt verlassen, unverrückt und unwandelbar waren.
    Auf diese Weise ist der Zögling vollendet für die nächsten und
ohne Ausnahme eintretenden Anforderungen der Welt an ihn, und
es ist geschehen was die Erziehung im Namen dieser Welt von ihm
verlangt. Noch aber ist er nicht in sich und für sich selber vollendet,
und es ist noch nicht geschehen was er selbst von der Erziehung for=
dern kann. Sowie auch diese Forderung erfüllt wird, wird er zu=
gleich tüchtig, den Anforderungen die eine höhere Welt im Namen
der gegenwärtigen in besondern Fällen an ihn machen dürfte zu
genügen.

Dritte Rede.

Fortsetzung der Schilderung der neuen Erziehung.

Das eigentliche Wesen der in Vorschlag gebrachten neuen Erziehung, inwiefern dieselbe in der vorigen Rede beschrieben worden,
bestand darin, daß sie die besonnene und sichere Kunst sei, den
Zögling zu reiner Sittlichkeit zu bilden. Zu reiner Sittlichkeit,
sagte ich; die Sittlichkeit, zu der sie erzieht, steht als ein Erstes,
Unabhängiges und Selbständiges da, das aus sich selber lebt sein
eigenes Leben, keineswegs aber, sowie die bisher oft beabsichtigte
Gesetzmäßigkeit, angeknüpft ist und eingeimpft einem andern nicht sittlichen Triebe, dessen Befriedigung es diene. Sie ist die besonnene
und sichere Kunst dieser sittlichen Erziehung, sagte ich. Sie schreitet
nicht planlos und auf gutes Glück, sondern nach einer festen und
ihr wohlbekannten Regel einher und ist ihres Erfolges gewiß. Ihr
Zögling geht zu rechter Zeit als ein festes und unwandelbares
Kunstwerk dieser ihrer Kunst hervor, das nicht auch etwa anders geben
könne denn also wie es durch sie gestellt worden, und das nicht
etwa einer Nachhülfe bedürfe, sondern das durch sich selbst nach
seinem eigenen Gesetze fortgeht.

Zwar bildet diese Erziehung auch den Geist ihres Zöglings,
und diese geistige Bildung ist sogar ihr erstes, mit welchem sie ihr
Geschäft anhebt. Doch ist diese geistige Entwickelung nicht erster
und selbständiger Zweck, sondern nur das bedingende Mittel um
sittliche Bildung an den Zögling zu bringen. Inzwischen bleibt
auch diese nur gelegentlich erworbene geistige Bildung ein aus dem
Leben des Zöglings unaustilgbarer Besitz und die ewig fortbrennende
Leuchte seiner sittlichen Liebe. Wie groß auch, oder wie gering-
fügig die Summe der Erkenntnisse sein möge, die er aus der Erziehung mitgebracht: einen Geist der sein ganzes Leben hindurch

jedwede Wahrheit, deren Erkenntniß ihm nothwendig wird, zu faſſen vermag und welcher ebenſo der Belehrung durch andere empfänglich als des eigenen Nachdenkens fähig ohn Unterlaß bleibt, hat er von derſelben ſicherlich mit davongebracht.

So weit waren wir in der Beſchreibung dieſer neuen Erziehung in der vorigen Rede gekommen. Wir bemerkten am Schluſſe der= ſelben, daß durch dieſes alles ſie dennoch noch nicht vollendet ſei, ſondern noch eine andre, von den bis jetzt aufgeſtellten verſchiedene Aufgabe zu löſen habe, und wir gehen jetzt an das Geſchäft dieſe Aufgabe näher zu bezeichnen.

Der Zögling dieſer Erziehung iſt ja nicht blos Mitglied der menſchlichen Geſellſchaft hier auf dieſer Erde und für die kurze Spanne Lebens, die ihm auf derſelben vergönnt iſt, ſondern er iſt auch und wird ohne Zweifel von der Erziehung anerkannt für ein Glied in der ewigen Kette eines geiſtigen Lebens überhaupt unter einer höhern geſellſchaftlichen Ordnung. Ohne Zweifel muß auch zur Einſicht in dieſe höhere Ordnung eine Bildung, die ſein ganzes Weſen zu um= faſſen ſich vorgenommen hat, ihn anführen; und ſo wie ſie ihn leitete ein Bild jener ſittlichen Weltordnung, die da niemals iſt ſondern ewig werden ſoll, durch eigene Selbſtthätigkeit ſich vorzuzeichnen, ebenſo muß ſie ihn leiten ein Bild jener überſinnlichen Weltordnung, in der nichts wird und die auch niemals geworden iſt, ſondern die da ewig nur iſt, in dem Gedanken zu entwerfen, mit gleicher Selbſt= thätigkeit und alſo, daß er innig verſtehe und einſehe daß es nicht anders ſein könne. Er wird, richtig geleitet, mit den Verſuchen eines ſolchen Bildes zu Ende kommen und an dieſem Ende finden, daß nichts wahrhaftig daſei außer das Leben, und zwar das geiſtige Leben das da lebet in dem Gedanken, und daß alles übrige nicht wahrhaftig daſei, ſondern nur dazuſein ſcheine: welches Scheines aus dem Gedanken hervorgehenden Grund er gleichfalls, ſei es auch nur im allgemeinen, begreifen wird. Er wird ferner einſehen, daß jenes allein wahrhaft daſeiende geiſtige Leben in den mannichfaltigen Geſtaltungen, die es nicht durch ein Ohngefähr ſondern durch ein in Gott ſelber gegründetes Geſetz erhielt, wiederum Eins ſei, das göttliche Leben ſelber, welches göttliche Leben allein in dem lebendigen Gedanken daiſt und ſich offenbar macht. So wird er ſein Leben als ein ewiges Glied in der Kette der Offenbarung des göttlichen Lebens, und jedwedes andere geiſtige Leben als eben ein ſolches Glied erkennen und heilig halten lernen und nur in der unmittelbaren Berührung mit Gott und dem nicht vermittelten Ausſtrömen ſeines Lebens aus jenem Leben Licht und Seligkeit, in jeder Entfernung aber aus der Unmittelbarkeit Tod, Finſterniß und Elend finden. Mit einem Worte, dieſe Entwickelung wird ihn zur Religion bilden; und dieſe Religion des Einwohnens unſeres Lebens in Gott ſoll aller=

dings auch in der neuen Zeit herrſchen und in derſelben ſorgfältig
gebildet werden. Dagegen ſoll die Religion der alten Zeit, die das
geiſtige Leben von dem göttlichen abtrennte und dem erſtern nur
vermittels eines Abfalls von dem zweiten das abſolute Daſein zu
verſchaffen wußte das ſie ihm zugedacht hatte, und welche Gott als
Faden brauchte, um die Selbſtſucht noch über den Tod des ſterb-
lichen Leibes hinaus in andere Welten einzuführen und durch Furcht
und Hoffnung in dieſen die für die gegenwärtige Welt ſchwach ge-
bliebene zu verſtärken, — dieſe Religion, die offenbar eine Dienerin
der Selbſtſucht war, ſoll allerdings mit der alten Zeit zugleich zu
Grabe getragen werden; denn in der neuen Zeit bricht die Ewigkeit
nicht erſt jenſeit des Grabes an, ſondern ſie kommt ihr mitten in
ihre Gegenwart hinein, die Selbſtſucht iſt aber ſowol des Regiments
als des Dienſtes entlaſſen, und zieht demnach auch ihre Diener-
ſchaft mit ihr ab.

Die Erziehung zur wahren Religion iſt ſomit das letzte Geſchäft der neuen Erziehung. Ob in der Entwerfung eines hierzu
erforderlichen Bildes der überſinnlichen Weltordnung der Zögling
wahrhaft ſelbſtthätig verfahren ſei, und ob das entworfene Bild allenthalben richtig und durchaus klar und verſtändlich ſei, wird die Erziehung leicht auf dieſelbe Weiſe wie bei den übrigen Gegenſtänden
der Erkenntniß beurtheilen können; denn auch dies bleibt auf dem
Gebiete der Erkenntniß.

Bedeutender aber iſt auch hier die Frage, wie die Erziehung
ermeſſen und ſich die Gewährſchaft leiſten könne, daß dieſe Religions-
kenntniſſe nicht todt und kalt bleiben, ſondern daß ſie ſich ausdrücken
werden im wirklichen Leben ihres Zöglings; welcher Frage die Beantwortung einer andern Frage vorauszuſchicken iſt, der folgenden:
wie und auf welche Weiſe zeigt ſich die Religion überhaupt im Leben?

Unmittelbar im gewöhnlichen Leben und in einer wohlgeordneten
Geſellſchaft bedarf es der Religion durchaus nicht um das Leben
zu bilden, ſondern es reicht für dieſe Zwecke die wahre Sittlichkeit
vollkommen hin. In dieſer Rückſicht iſt alſo die Religion nicht
praktiſch und kann und ſoll gar nicht praktiſch werden, ſondern ſie iſt
lediglich Erkenntniß: ſie macht blos den Menſchen ſich ſelber vollkommen
klar und verſtändlich, beantwortet die höchſte Frage die er aufwerfen
kann, löſt ihm den letzten Widerſpruch auf, und bringt ſo vollkommene Einigkeit mit ſich ſelbſt und durchgeführte Klarheit in ſeinen
Verſtand. Sie iſt ſeine vollſtändige Erlöſung und Befreiung von
allem fremden Bande; und ſo iſt ſie ihm denn die Erziehung, als
etwas das ihm ſchlechtweg und ohne weitern Zweck gebührt, ſchuldig.
Ein Gebiet um als Antrieb zu wirken erhält die Religion nur entweder in einer höchſt unſittlichen und verdorbenen Geſellſchaft, oder
wenn die Wirkungsſphäre des Menſchen nicht innerhalb der geſell-

schaftlichen Ordnung, sondern über dieselbe hinaus liegt und dieselbe
vielmehr immerfort neu zu erschaffen und zu erhalten hat, wie beim
Regenten, welcher in vielen Fällen ohne Religion sein Amt gar nicht
mit gutem Gewissen führen könnte. Von dem letztern Falle ist in
einer auf alle und auf die ganze Nation berechneten Erziehung
nicht die Rede. Wo in der ersten Rücksicht bei klarer Einsicht des
Verstandes in die Unverbesserlichkeit des Zeitalters dennoch unab=
lässig fortgearbeitet wird an demselben; wo muthig der Schweiß
des Säens erduldet wird ohne einige Aussicht auf eine Ernte; wo
wohlgethan wird auch den Undankbaren, und gesegnet werden mit
Thaten und Gütern diejenigen die da fluchen, und in der klaren Vorher=
sicht daß sie abermals fluchen werden; wo nach hundertfältigem
Mißlingen dennoch ausgeharrt wird im Glauben und in der Liebe:
da ist es nicht die bloße Sittlichkeit die da treibt, denn diese will
einen Zweck, sondern es ist die Religion, die Ergebung in ein höheres
uns unbekanntes Gesetz, das demüthige Verstummen vor Gott, die
innige Liebe zu seinem in uns ausgebrochenen Leben, welches allein
und um sein selbst willen gerettet werden soll wo das Auge nichts
anderes zu retten sieht.

Auf diese Weise kann die erlangte Religionseinsicht der Zög=
linge der neuen Erziehung in ihrem kleinen Gemeinwesen, in dem
sie zunächst aufwachsen, nicht praktisch werden, noch soll sie es auch.
Dieses Gemeinwesen ist wohlgeordnet, und in ihm gelingt das geschickt
Unternommene immer; auch soll das noch zarte Alter des Menschen
erhalten werden in der Unbefangenheit und im ruhigen Glauben
an sein Geschlecht. Die Erkenntniß seiner Tücken bleibe vorbehalten
der eigenen Erfahrung des gereiften und befestigten Alters.

Nur in diesem gereiftern Alter sonach und in dem ernstlich
gemeinten Leben, nachdem die Erziehung längst ihn sich selber über=
lassen hat, könnte der Zögling derselben, falls seine gesellschaftlichen
Verhältnisse aus der Einfachheit zu höhern Stufen fortschreiten sollten,
seiner Religionskenntniß als eines Antriebes bedürfen. Wie soll
nun die Erziehung, welche über diesen Punkt den Zögling solange
er unter ihren Händen ist nicht prüfen kann, dennoch sicher sein
können, daß wenn nur dieses Bedürfniß eintreten werde, auch dieser
Antrieb unfehlbar wirken werde? Ich antworte: dadurch daß ihr
Zögling überhaupt so gebildet ist, daß keine Erkenntniß die er hat
in ihm todt und kalt bleibt, wenn die Möglichkeit eintritt daß sie ein
Leben bekomme, sondern jedwede nothwendig sogleich eingreift in das
Leben, sowie das Leben derselben bedarf. Ich werde diese Behauptung
sogleich noch tiefer begründen und dadurch den ganzen in dieser
und der vorigen Rede behandelten Begriff erheben und einfügen in
ein größeres Ganzes der Erkenntniß, welchem größeren Ganzen
selber ich aus diesem Begriffe ein neues Licht und eine höhere Klarheit

geben werde, nachdem ich nur vorher das wahre Weſen der neuen
Erziehung, deren allgemeine Beſchreibung ich ſoeben geſchloſſen habe,
beſtimmt werde angegeben haben.

Dieſe Erziehung erſcheint nun nicht mehr ſo wie im Anfange
unſerer heutigen Rede, blos als die Kunſt den Zögling zu reiner
Sittlichkeit zu bilden, ſondern ſie leuchtet vielmehr ein als die Kunſt
den ganzen Menſchen durchaus und vollſtändig zum Menſchen zu
bilden. Hierzu gehören zwei Hauptſtücke: zuerſt in Abſicht der Form,
daß der wirkliche lebendige Menſch bis in die Wurzel ſeines Lebens
hinein, keineswegs aber der bloße Schatten und Schemen eines
Menſchen gebildet werde; ſodann in Abſicht des Inhalts, daß alle
nothwendigen Beſtandtheile des Menſchen ohne Ausnahme und gleichmäßig ausgebildet werden. Dieſe Beſtandtheile ſind Verſtand und
Wille, und die Erziehung hat zu beabſichtigen die Klarheit des
erſten und die Reinheit des zweiten. Zur Klarheit des erſten aber
ſind zu erheben zwei Hauptfragen: zuerſt, was es ſei das der reine
Wille eigentlich wolle, und durch welche Mittel dieſes Gewollte zu
erreichen ſei, durch welches Hauptſtück die übrigen dem Zöglinge
beizubringenden Erkenntniſſe befaßt werden; ſodann, was dieſer
reine Wille in ſeinem Grunde und Weſen ſelber ſei, wodurch die
Religionserkenntniß befaßt wird. Die genannten Stücke nun, entwickelt bis zum Eingreifen ins Leben, fordert die Erziehung ſchlechtweg und gedenkt keinem das mindeſte davon zu erlaſſen, denn jeder
ſoll eben ein Menſch ſein; was jemand nun noch weiter werde, und
welche beſondere Geſtalt die allgemeine Menſchheit in ihm annehme
oder erhalte, geht die allgemeine Erziehung nichts an und liegt
außerhalb ihres Kreiſes. —

Ich gehe jetzt fort zu der verſprochenen tiefern Begründung
des Satzes, daß im Zöglinge der neuen Erziehung gar keine Erkenntniß todt bleiben könne, und zu dem Zuſammenhange, in den
ich alles Geſagte erheben will, vermittels folgender Sätze.

1) Es gibt zufolge des Geſagten zwei durchaus verſchiedene
und völlig entgegengeſetzte Klaſſen unter den Menſchen in Abſicht
ihrer Bildung. Gleich zuvörderſt iſt alles was Menſch iſt, und ſo
auch dieſe beiden Klaſſen darin, daß den mannichfaltigen Aeußerungen
ihres Lebens ein Trieb zu Grunde liegt, der in allem Wechſel un-
verändert beharrt und ſich ſelbſt gleich bleibt. — Im Vorbeigehen:
das Sichverſtehen dieſes Triebes und die Ueberſetzung deſſelben in
Begriffe erzeugt die Welt, und es gibt keine andere Welt als dieſe
auf dieſe Weiſe in dem, jedoch keineswegs freien, ſondern nothwendigen Gedanken ſich erzeugende Welt. Dieſer immer in ein
Bewußtſein zu überſetzende Trieb, worin ſomit abermals die beiden
Klaſſen einander gleich ſind, kann nun auf eine doppelte Weiſe, nach
den zwei verſchiedenen Grundarten des Bewußtſeins, in daſſelbe über-

setzt werden, und in dieser Weise der Uebersetzung und des Sich-selbst-verstehens sind die beiden Klassen verschieden.

Die erste, zu allererst der Zeit nach sich entwickelnde Grundart des Bewußtseins ist die des dunkeln Gefühls. Mit diesem Gefühle wird am gewöhnlichsten und in der Regel der Grundtrieb erfaßt als Liebe des einzelnen zu sich selbst, und zwar gibt das dunkle Gefühl dieses Selbst zunächst nur als ein solches das da leben will und wohlsein. Hieraus entsteht die sinnliche Selbstsucht als wirklicher Grundtrieb und entwickelnde Kraft eines solchen in dieser Uebersetzung seines ursprünglichen Grundtriebes befangenen Lebens. Solange der Mensch fortfährt also sich zu verstehen, solange muß er selbstsüchtig handeln und kann nicht anders; und diese Selbstsucht ist das einzig Beharrende, sich gleich Bleibende und sicher zu Erwartende in dem unaufhörlichen Wandel seines Lebens. Als außergewöhnliche Ausnahme von der Regel kann dieses dunkle Gefühl auch das persönliche Selbst überspringen und den Grundtrieb erfassen als ein Verlangen nach einer dunkel gefühlten andern Ordnung der Dinge. Hieraus entspringt das an andern Orten von uns sattsam beschriebene Leben, das da, erhaben über die Selbstsucht, durch Ideen, die zwar dunkel sind aber dennoch Ideen, getrieben wird, und in welchem die Vernunft als Instinct waltet. Dieses Erfassen des Grundtriebes überhaupt nur im dunkeln Gefühle ist der Grundzug der ersten Klasse unter den Menschen, die nicht durch Erziehung sondern durch sich selbst gebildet wird, und welche Klasse wiederum zwei Unterarten in sich faßt, die durch einen unbegreiflichen der menschlichen Kunst durchaus unzugänglichen Grund geschieden werden.

Die zweite Grundart des Bewußtseins, welche in der Regel sich nicht von selbst entwickelt, sondern in der Gesellschaft sorgfältig gepflegt werden muß, ist die klare Erkenntniß. Würde der Grundtrieb der Menschheit in diesem Elemente erfaßt, so würde dies eine zweite, von der ersten ganz verschiedene Klasse von Menschen geben. Eine solche die Grundliebe selbst erfassende Erkenntniß läßt nun nicht, wie eine andere Erkenntniß dies wol kann, kalt und untheilnehmend, sondern der Gegenstand derselben wird geliebt über alles, da dieser Gegenstand ja nur die Deutung und Uebersetzung unserer ursprünglichen Liebe selbst ist. Andere Erkenntniß erfaßt Fremdes, und dieses bleibt fremd und läßt kalt; diese erfaßt den Erkennenden selbst und seine Liebe, und diese liebt er. Unerachtet es nun bei beiden Klassen dieselbe ursprüngliche, nur in anderer Gestalt erscheinende Liebe ist, die sie treibt, so kann man dennoch, von jenem Umstande absehend, sagen, daß dort der Mensch durch dunkle Gefühle, hier durch klare Erkenntniß getrieben werde.

Daß nun eine solche klare Erkenntniß unmittelbar antreibend werde im Leben und man hierauf sicher zählen könne, hängt, wie

geſagt, davon ab daß es die wirkliche und wahre Liebe des Men=
ſchen ſei, die durch dieſelbe gedeutet werde; auch daß ihm unmittelbar
klar werde daß es alſo ſei, und mit der Deutung zugleich das Ge=
fühl jener Liebe in ihm angeregt und von ihm empfunden werde;
daß daher niemals die Erkenntniß in ihm entwickelt werde ohne
daß zugleich die Liebe es werde, indem im entgegengeſetzten Falle
er kalt bleiben würde, und niemals die Liebe ohne daß die Er=
kenntniß zugleich es werde, indem im Gegentheil ſein Antrieb ein
dunkles Gefühl werden würde; daß daher mit jedem Schritte ſeiner
Bildung der ganze vereinigte Menſch gebildet werde. Ein von der
Erziehung alſo als ein untheilbares Ganzes immerfort behandelter
Menſch wird es auch fernerhin bleiben, und jede Erkenntniß wird
ihm nothwendig Lebensantrieb werden.

2) Indem auf dieſe Weiſe ſtatt des dunkeln Gefühls die klare
Erkenntniß zu dem Allererſten und zu der wahren Grundlage und
Ausgangspunkte des Lebens gemacht wird, wird die Selbſtſucht
ganz übergangen und um ihre Entwickelung betrogen. Denn nur
das dunkle Gefühl gibt dem Menſchen ſein Selbſt als ein genuß=
bedürftiges und ſchmerzſcheuendes; keineswegs aber gibt es ihm alſo
der klare Begriff, ſondern dieſer zeigt es als Glied einer ſittlichen
Ordnung, und es gibt eine Liebe zu dieſer Ordnung, welche bei der
Entwickelung des Begriffs zugleich mit angezündet und entwickelt
wird. Mit der Selbſtſucht bekommt dieſe Erziehung gar nichts zu
thun, weil ſie die Wurzel derſelben, das dunkle Gefühl, durch Klar=
heit erſtickt; ſie beſtreitet ſie nicht, ebenſo wenig als ſie dieſelbe ent=
wickelt, ſie weiß gar nicht von ihr. Wäre es möglich, daß dieſe
Sucht ſpäter dennoch ſich regen ſollte, ſo würde ſie das Herz ſchon
angefüllt finden von einer höhern Liebe, die ihr den Platz verſagt.

3) Dieſer Grundtrieb des Menſchen nun, wenn er in klare
Erkenntniß überſetzt wird, geht nicht auf eine ſchon gegebene und
vorhandene Welt, welche ja nur leidend genommen werden kann
wie ſie eben iſt, und in der eine zu urſprünglich ſchöpferiſcher Thätig=
keit treibende Liebe keinen Wirkungskreis für ſich fände; ſondern
er geht, zur Erkenntniß geſteigert, auf eine Welt die da werden ſoll,
eine aprioriſche, eine ſolche die da zukünftig iſt und ewigfort zu=
künftig bleibt. Das aller Erſcheinung zu Grunde liegende göttliche
Leben tritt darum niemals ein als ein beſtehendes und gegebenes
Sein, ſondern als etwas das da werden ſoll; und nachdem ein ſolches
das da werden ſollte geworden iſt, wird es abermals eintreten als
ein werden ſollendes in alle Ewigkeit, daß daher jenes göttliche
Leben niemals eintritt in den Tod des ſtehenden Seins, ſondern
immerfort bleibt in der Form des fortſließenden Lebens. Die un=
mittelbare Erſcheinung und Offenbarung Gottes iſt die Liebe; erſt
die Deutung dieſer Liebe durch die Erkenntniß ſetzt ein Sein, und

3 *

zwar ein solches das ewigfort nur werden soll, und dieses als die
einzige wahre Welt, inwiefern an einer Welt überhaupt Wahrheit ist.
Dagegen ist die zweite, gegebene und von uns als vorhanden vor=
gefundene Welt nur der Schatten und Schemen, aus welchem die
Erkenntniß ihrer Deutung der Liebe eine feste Gestalt und einen
sichtbaren Leib erbaut; diese zweite Welt das Mittel und die Be=
dingung der Anschaulichkeit der für sich selbst unsichtbaren höhern
Welt. Nicht einmal in diese letztre höhere Welt tritt Gott unmittel=
bar ein, sondern auch hier nur vermittelt durch die eine, reine, un=
wandelbare und gestaltlose Liebe, in welcher Liebe allein er unmittel=
bar erscheint. Zu dieser Liebe tritt hinzu die anschauende Erkenntniß,
welche aus sich selber ein Bild mitbringt, in das sie den an sich
unsichtbaren Gegenstand der Liebe kleidet; widersprochen jedoch jedes=
mal von der Liebe und darum fortgetrieben zu neuer Gestaltung,
welcher abermals eben also widersprochen wird; wodurch allein nun
die Liebe, welche rein für sich eins ist, des Fortfließens der Un=
endlichkeit und der Ewigkeit durchaus unfähig, in dieser Verschmel=
zung mit der Anschauung auch ein Ewiges und Unendliches wird
so wie diese. Das soeben erwähnte aus der Erkenntniß selbst her=
gegebene Bild — für sich allein und noch ohne Anwendung auf
die deutlich erkannte Liebe dasselbe genommen — ist die stehende
und gegebene Welt, oder die Natur. Der Wahn, daß in diese
Natur Gottes Wesen auf irgendeine Weise unmittelbar, und anders
als durch die angegebenen Zwischenglieder vermittelt, eintrete, stammt
aus Finsterniß im Geiste und aus Unheiligkeit im Willen.

4) Daß nun das dunkle Gefühl als Auflösungsmittel der Liebe
in der Regel ganz übersprungen und an Stelle desselben die klare
Erkenntniß als das gewöhnliche Auflösungsmittel gesetzt werde, kann,
wie schon erinnert, nur durch eine besonnene Kunst der Erziehung
des Menschen geschehen, und ist bisher nicht also geschehen. Da
nun wie wir gleichfalls ersehen haben, auf die letzte Weise eine von
den bisherigen gewöhnlichen Menschen durchaus verschiedene Menschen=
art eingeführt und als die Regel gesetzt wird, so würde durch eine
solche Erziehung allerdings eine ganz neue Ordnung der Dinge und
eine neue Schöpfung beginnen. Zu dieser neuen Gestalt würde nun
die Menschheit sich selber durch sich selbst, eben indem sie als gegen=
wärtiges Geschlecht sich selbst als zukünftiges Geschlecht erzieht, er=
schaffen auf die Weise wie sie allein dies kann: durch die Erkenntniß,
als das einzige Gemeinschaftliche und frei Mitzutheilende und
das wahre die Geisterwelt zur Einheit verbindende Licht und Luft
dieser Welt. Bisher wurde die Menschheit was sie eben wurde
und werden konnte; mit diesem Werden durch das Ohngefähr ist
es vorbei, denn da wo sie am allerweitesten sich entwickelt hat
ist sie zu Nichts worden. Soll sie nicht bleiben in diesem Nichts, so

muß ſie von nun an zu allem was ſie noch weiter werden ſoll ſich ſelbſt machen. Dies ſei die eigentliche Beſtimmung des Menſchen= geſchlechts auf der Erde, ſagte ich in den Vorleſungen deren Fort= ſetzung dieſe ſind, daß es mit Freiheit ſich zu dem mache was es eigentlich urſprünglich iſt. Dieſes Sichſelbſtmachen, im allgemeinen mit Beſonnenheit und nach einer Regel, muß nun irgendwo und irgendwann im Raum und in der Zeit einmal anheben, wodurch ein zweiter Hauptabſchnitt der freien und beſonnenen Entwickelung des Menſchengeſchlechts an die Stelle des erſten Abſchnitts einer nicht freien Entwickelung treten würde. Wir ſind der Meinung, daß in Abſicht der Zeit dieſe Zeit eben jetzt ſei, und daß dermalen das Geſchlecht in der wahren Mitte ſeines Lebens auf der Erde zwiſchen ſeinen beiden Hauptepochen ſtehe; in Abſicht des Raumes aber glauben wir daß zu allernächſt den Deutſchen es anzumuthen ſei, die neue Zeit, vorangehend und vorbildend für die übrigen, zu beginnen.

5) Dennoch wird auch ſogar dieſe ganz neue Schöpfung nicht durch einen Sprung erfolgen aus dem Vorhergehenden, ſondern ſie iſt die wahre natürliche Fortſetzung und Folge der bisherigen Zeit, ganz beſonders unter den Deutſchen. Sichtbar, und wie ich glaube allgemein zugeſtanden, ging ja alles Regen und Streben der Zeit darauf, die dunkeln Gefühle zu verbannen und allein der Klar= heit und der Erkenntniß die Herrſchaft zu verſchaffen. Dieſes Streben iſt auch inſofern vollkommen gelungen, daß das bisherige Nichts vollkommen enthüllt iſt. Keineswegs ſoll nun dieſer Trieb nach Klarheit ausgerottet, oder das dumpfe Beruhen beim dunkeln Ge= fühle wieder herrſchend werden; jener Trieb ſoll nur noch weiter entwickelt und in höhere Kreiſe eingeführt werden, alſo daß nach der Enthüllung des Nichts auch das Etwas, die bejahende und wirk= lich etwas ſetzende Wahrheit, ebenfalls offenbar werde. Die aus dem dunkeln Gefühle ſtammende Welt des gegebenen und ſich durch ſich ſelbſt machenden Seins iſt verſunken, und ſie ſoll verſunken bleiben; dagegen ſoll die aus der urſprünglichen Klarheit ſtammende Welt des ewigfort aus dem Geiſte zu entbindenden Seins auf= ſtrahlen und anbrechen in ihrem ganzen Glanze.

Zwar dürfte die Weiſſagung eines neuen Lebens in ſolchen Formen der Zeit ſonderbar dünken, und es dürfte dieſe kaum den Muth haben dieſe Verheißung ſich zuzueignen, wenn ſie lediglich auf den ungeheuern Abſtand ihrer herrſchenden Meinungen über die ſoeben zur Sprache gebrachten Gegenſtände von dem, was als Grundſätze der neuen Zeit ausgeſprochen worden, ſehen ſollte. Ich will von der Bildung — welche jedoch, als ein nicht gemein zu machendes Vorrecht, bisher in der Regel nur die höhern Stände erhielten — die von einer überſinnlichen Welt ganz ſchwieg und lediglich einige Geſchicklichkeit für die Geſchäfte der ſinnlichen zu bewirken ſtrebte,

als von der offenbar schlechtern, nicht reden, sondern nur auf diejenige sehen — welche Volksbildung war und in einem gewissen
sehr beschränkten Sinne auch Nationalerziehung genannt werden
könnte —, die über eine übersinnliche Welt nicht durchaus Stillschweigen
beobachtete. Welches waren die Lehren dieser Erziehung? Wenn
wir als allererste Voraussetzung der neuen Erziehung aufstellen,
daß in der Wurzel des Menschen ein reines Wohlgefallen am Guten
sei, und daß dieses Wohlgefallen so sehr entwickelt werden könne,
daß es dem Menschen unmöglich werde das für gut Erkannte zu
unterlassen und statt dessen das für bös Erkannte zu thun: so hat
dagegen die bisherige Erziehung nicht blos angenommen sondern
auch ihre Zöglinge von früher Jugend an belehrt, theils daß
dem Menschen eine natürliche Abneigung gegen Gottes Gebote
beiwohne, theils daß es ihm schlechthin unmöglich sei dieselben zu
erfüllen. Was läßt von einer solchen Belehrung, wenn sie für Ernst
genommen wird und Glauben findet, anders sich erwarten, als daß
jeder einzelne sich in seine nun einmal nicht abzuändernde Natur
ergebe, nicht versuche zu leisten was ihm nun als einmal unmöglich
vorgestellt ist, und nicht besser zu sein begehre, denn er und alle übrigen
zu sein vermögen; ja daß er sich sogar die ihm angemuthete Niederträchtigkeit gefallen lasse, sich selbst in seiner radicalen Sündhaftigkeit und Schlechtigkeit anzuerkennen, indem diese Niederträchtigkeit
vor Gott ihm als das einzige Mittel vorgestellt wird mit demselben
sich abzufinden; und daß er, falls etwa eine solche Behauptung wie
die unsrige an sein Ohr trifft, nicht anders denken könne als daß
man blos einen schlechten Scherz mit ihm treiben wolle, indem er
allgegenwärtig fühlt in seinem Innern und mit den Händen greift,
daß dieses nicht wahr, sondern das Gegentheil davon allein wahr
sei? Wenn wir eine von allem gegebenen Sein ganz unabhängige
und vielmehr diesem Sein selbst das Gesetz gebende Erkenntniß annehmen, und in diese gleich vom Anbeginn jedes menschliche Kind
eintauchen und es von nun an in dem Gebiete derselben immerfort
erhalten wollen, wogegen wir die nur historisch zu erlernende Beschaffenheit der Dinge als eine geringfügige Nebensache, die von
selbst sich ergibt, betrachten: so treten die reifsten Früchte der bisherigen Bildung uns entgegen und erinnern uns, daß es ja be-
kanntermaßen gar keine apriorische Erkenntniß gebe, und daß sie wol
wissen möchten, wie man erkennen könne außer durch Erfahrung.
Und damit diese übersinnliche und apriorische Welt auch sogar an
derjenigen Stelle sich nicht verrathe wo es gar nicht zu vermeiden
schien — an der Möglichkeit einer Erkenntniß von Gott, und selbst
an Gott nicht die geistige Selbstthätigkeit sich erhebe, sondern das
leidende Hingeben alles in allem bliebe, hat gegen diese Gefahr
die bisherige Menschenbildung das kühne Mittel gefunden, das Dasein

Gottes zu einem hiſtoriſchen Factum zu machen, deſſen Wahrheit durch ein Zeugenverhör ausgemittelt wird.

So verhält es ſich wol freilich; dennoch aber wolle das Zeit= alter darum nicht an ſich ſelber verzagen. Denn dieſe und alle andere ähnliche Erſcheinungen ſind ſelber nichts Selbſtändiges, ſondern nur Blüten und Früchte der wilden Wurzel der alten Zeit. Gebe nur das Zeitalter ſich ruhig hin der Einimpfung einer neuen, edlern und kräftigern Wurzel, ſo wird die alte erſticken, und die Blüten und Früchte derſelben, denen aus jener keine weitere Nahrung zuge= führt wird, werden von ſelbſt verwelken und abfallen. Jetzt vermag es das Zeitalter noch gar nicht unſern Worten zu glauben, und es iſt nothwendig daß ihm dieſelben vorkommen wie Märchen. Wir wollen auch dieſen Glauben nicht, wir wollen nur Raum zum Schaffen und Handeln. Nachmals wird es ſehen, und es wird glauben ſeinen eigenen Augen.

So wird z. B. jedermann, der mit den Erzeugungen der Zeit bekannt iſt, ſchon längſt bemerkt haben, daß hier abermals die Sätze und Anſichten ausgeſprochen werden, welche die neuere deutſche Philoſophie ſeit ihrer Entſtehung gepredigt hat und wiederum ge= prediget, weil ſie eben weiter nichts vermochte denn zu predigen. Daß dieſe Predigten fruchtlos verhallt ſind in der leeren Luft, iſt nun hinlänglich klar, auch iſt der Grund klar warum ſie alſo ver= hallen mußten. Nur auf Lebendiges wirkt Lebendiges; in dem wirk= lichen Leben der Zeit aber iſt gar keine Verwandtſchaft zu dieſer Philoſophie, indem dieſe Philoſophie ihr Weſen treibt in einem Kreiſe, der für jene noch gar nicht aufgegangen, und für Sinnen= werkzeuge, die jener noch nicht erwachſen ſind. Sie iſt gar nicht zu Hauſe in dieſem Zeitalter, ſondern ſie iſt ein Vorgriff der Zeit und ein ſchon im voraus fertiges Lebenselement eines Geſchlechts, das in demſelben erſt zum Licht erwachſen ſoll. Auf das gegenwärtige Geſchlecht muß ſie Verzicht thun; damit ſie aber bis dahin nicht müßig ſei, ſo übernehme ſie dermalen die Aufgabe, das Geſchlecht zu welchem ſie gehört ſich zu bilden. Erſt wie dies ihr nächſtes Geſchäft ihr klar geworden, wird ſie friedlich und freundlich zuſammen leben können mit einem Geſchlechte, das übrigens ihr nicht gefällt. Die Erziehung, die wir bisher beſchrieben haben, iſt zugleich die Er= ziehung für ſie; wiederum kann in einem gewiſſen Sinn nur ſie die Erzieherin ſein in dieſer Erziehung, und ſo mußte ſie ihrer Verſtänd= lichkeit und Annehmbarkeit zuvoreilen. Aber es wird die Zeit kommen, in der ſie verſtanden und mit Freuden angenommen werden wird; und darum wolle das Zeitalter nicht an ſich ſelbſt verzagen.

Höre dieſes Zeitalter ein Geſicht eines alten Sehers, das auf eine wol nicht weniger beklagenswerthe Lage berechnet war. So ſagt der Seher am Waſſer Chebar, der Tröſter der Gefangenen nicht im eigenen sondern im fremden Lande: „Des Herrn Hand kam über mich und führte mich hinaus im Geiste des Herrn, und stellte mich auf ein weit Feld, das voller Gebeine lag, und er führte mich allent= halben herum, und siehe, des Gebeins lag sehr viel auf dem Felde, und siehe, sie waren sehr verdorret. Und der Herr sprach zu mir: Du Menschenkind, meinest du wol daß diese Gebeine werden wieder lebendig werden? Und ich sprach: Herr, das weißest nur du wol. Und er sprach zu mir: Weissage von diesen Gebeinen und sprich zu ihnen: ihr verdorrten Gebeine, höret des Herrn Wort; so spricht der Herr von euch verdorrten Gebeinen: ich will euch durch Flechsen und Sehnen wieder verbinden und Fleisch lassen über euch wachsen und euch mit Haut überziehen, und will euch Odem geben, daß ihr wieder lebendig werdet, und ihr sollet erfahren daß ich der Herr sei. Und ich weissagte wie mir befohlen war, und siehe, da rauschte es als ich weissagte, und es regte sich, und die Gebeine fügten sich wieder aneinander, ein jegliches an seinen Ort, und es wuchsen darauf Adern und Fleisch, und er überzog sie mit Haut; noch aber war kein Odem in ihnen. Und der Herr sprach zu mir: Weissage zum Winde, du Menschenkind, und sprich zum Winde: so spricht der Herr: Wind, komm herzu aus den vier Winden und blase an die Getödteten, daß sie wieder lebendig werden. Und ich weissagte wie er mir be= fohlen hatte. Da kam ein Odem in sie, und sie wurden wieder lebendig und richteten sich auf ihre Füße, und ihrer war ein sehr großes Heer." Lasset immer die Bestandtheile unsers höhern geistigen Lebens ebenso ausgedorrt, und eben darum auch die Bande unserer Nationaleinheit ebenso zerrissen und in wilder Unordnung durchein= ander zerstreut herumliegen wie die Todtengebeine des Sehers; lasset unter Stürmen, Regengüssen und sengendem Sonnenscheine mehrere Jahrhunderte dieselben gebleicht und ausgedorrt haben — der belebende Odem der Geisterwelt hat noch nicht aufgehört zu wehen. Er wird auch unsers Nationalkörpers erstorbene Gebeine ergreifen und sie aneinanderfügen, daß sie herrlich dastehen in neuem und verklärtem Leben.

Vierte Rede.

Hauptverschiedenheit zwischen den Deutschen und den übrigen Völkern germanischer Abkunft.

Das in diesen Reden vorgeschlagene Bildungsmittel eines neuen Menschengeschlechts müsse zu allererst von Deutschen an Deutschen angewendet werden, und es komme dasselbe ganz eigentlich und zunächst unserer Nation zu, ist gesagt worden. Auch dieser Satz bedarf eines Beweises, und wir werden auch hier, so wie bisher, anheben von dem Höchsten und Allgemeinsten, zeigend, was der Deutsche an und für sich, unabhängig von dem Schicksale das ihn dermalen betroffen hat, in seinem Grundzuge sei, und von jeher gewesen sei seitdem er ist; und darlegend, daß schon in diesem Grundzuge die Fähigkeit und Empfänglichkeit einer solchen Bildung, ausschließend vor allen andern europäischen Nationen, liege.

Der Deutsche ist zuvörderst ein Stamm der Germanier überhaupt, über welche letztere hier hinreicht die Bestimmung anzugeben, daß sie dawaren, die im alten Europa errichtete gesellschaftliche Ordnung mit der im alten Asien aufbewahrten wahren Religion zu vereinigen, und so an und aus sich selbst eine neue Zeit, im Gegensatze des untergegangenen Alterthums, zu entwickeln. Ferner reicht es hin den Deutschen insbesondere nur im Gegensatze mit den andern neben ihm entstandenen germanischen Völkerstämmen zu bezeichnen, indem andere neueuropäische Nationen, als z. B. die von slawischer Abstammung, sich vor dem übrigen Europa noch nicht so klar entwickelt zu haben scheinen, daß eine bestimmte Zeichnung von ihnen möglich sei, andere aber von der gleichen germanischen Abstammung, von denen der sogleich anzuführende Hauptunterscheidungsgrund nicht gilt, wie die Standinavier, hier unbe-

zweifelt für Deutsche genommen werden und unter allen den allge=
meinen Folgen unserer Betrachtung mitbegriffen sind.

Vor allem voraus aber ist der jetzt insbesondere anzustellenden
Betrachtung folgende Bemerkung voranzusenden. Ich werde als
Grund des erfolgten Unterschiedes in dem ursprünglich Einen
Grundstamme eine Begebenheit angeben, die blos als Begebenheit
klar und unwidersprechlich vor aller Augen liegt; ich werde sodann
einzelne Erscheinungen dieses erfolgten Unterschiedes aufstellen,
welche als bloße Begebenheiten wol ebenso einleuchtend dürften ge=
macht werden können. Was aber die Verknüpfung der letztern, als
Folgen, mit dem ersten, als ihrem Grunde, und die Ableitung der
Folge aus dem Grunde betrifft, kann ich im allgemeinen nicht auf
dieselbe Klarheit und überzeugende Kraft für alle rechnen. Zwar
spreche ich auch in dieser Rücksicht nicht eben ganz neue und bisher
unerhörte Säße aus, sondern es gibt unter uns viele einzelne, die
für eine solche Ansicht der Sache entweder sehr gut vorbereitet oder
auch wol mit derselben schon vertraut sind. Unter der Mehrheit
aber sind über den anzuregenden Gegenstand Begriffe im Umlauf,
die von den unsrigen sehr abweichen, und welche zu berichtigen
und alle von solchen, die keinen geübten Sinn für ein Ganzes
haben, aus einzelnen Fällen beizubringenden Einwürfe zu wider=
legen die Grenze unserer Zeit und unseres Planes bei weitem
überschreiten würde. Den letztern muß ich mich begnügen das in
dieser Rücksicht zu Sagende, das in meinem gesammten Denken
nicht so einzeln und abgerissen und nicht ohne Begründung bis in
die Tiefe des Wissens dastehen dürfte, wie es hier sich gibt nur
als Gegenstand ihres weitern Nachdenkens hinzulegen. Ganz
übergehen durfte ich es, noch abgerechnet die für das Ganze nicht
zu erlassende Gründlichkeit, auch schon nicht in Rücksicht der wich=
tigen Folgen daraus, die sich im spätern Verlaufe unserer Reden
ergeben werden, und die ganz eigentlich zu unserm nächsten Vor=
haben gehören.

Der zu allererst und unmittelbar der Betrachtung sich dar=
bietende Unterschied zwischen den Schicksalen der Deutschen und der
übrigen aus derselben Wurzel erzeugten Stämme ist der, daß die
ersten in den ursprünglichen Wohnsitzen des Stammvolks blieben,
die letzten in andere Siße auswanderten, die ersten die ursprüng=
liche Sprache des Stammvolks behielten und fortbildeten, die letzten
eine fremde Sprache annahmen und dieselbe allmählich nach ihrer
Weise umgestalteten. Aus dieser frühesten Verschiedenheit müssen
erst die später erfolgten, z. B. daß im ursprünglichen Vaterlande,
angemessen germanischer Ursitte, ein Staatenbund unter einem
beschränkten Oberhaupte blieb, in den fremden Ländern mehr
auf bisherige römische Weise die Verfassung in Monarchien

überging, und dergleichen erklärt werden, keineswegs aber in um=
gekehrter Ordnung.

Von den angegebenen Veränderungen ist nun die erste, die
Veränderung der Heimat, ganz unbedeutend. Der Mensch wird
leicht unter jedem Himmelsstriche einheimisch, und die Volkseigen=
thümlichkeit, weit entfernt durch den Wohnort sehr verändert zu
werden, beherrscht vielmehr diesen und verändert ihn nach sich.
Auch ist die Verschiedenheit der Natureinflüsse in dem von Germa=
niern bewohnten Himmelsstriche nicht sehr groß. Ebenso wenig
wolle man auf den Umstand ein Gewicht legen, daß in den erober=
ten Ländern die germanische Abstammung mit den frühern Bewoh=
nern vermischt worden; denn Sieger und Herrscher und Bildner
des aus der Vermischung entstehenden neuen Volks waren doch nur
die Germanen. Ueberdies erfolgte dieselbe Mischung, die im Aus=
lande mit Galliern, Kantabriern, u. s. w. geschah, im Mutterlande
mit Slawen wol nicht in geringerer Ausdehnung, sodaß es keinem
der aus Germaniern entstandenen Völker heutzutage leicht fallen
dürfte, eine größere Reinheit seiner Abstammung vor den übrigen
darzuthun.

Bedeutender aber und, wie ich dafür halte, einen vollkom=
menen Gegensatz zwischen den Deutschen und den übrigen Völkern
germanischer Abkunft begründend ist die zweite Veränderung, die
der Sprache; und kommt es dabei, welches ich gleich zu Anfange
bestimmt aussprechen will, weder auf die besondere Beschaffenheit
derjenigen Sprache an, welche von diesem Stamme beibehalten, noch
auf die der andern, welche von jenem andern Stamme angenommen
wird, sondern allein darauf, daß dort Eigenes behalten, hier Fremdes
angenommen wird; noch kommt es an auf die vorige Abstammung
derer, die eine ursprüngliche Sprache fortsprechen, sondern nur da=
rauf, daß diese Sprache ohne Unterbrechung fortgesprochen werde,
indem weit mehr die Menschen von der Sprache gebildet werden
denn die Sprache von den Menschen.

Um die Folgen eines solchen Unterschiedes in der Völkererzeu=
gung und die bestimmte Art des Gegensatzes in den Nationalzügen,
die aus dieser Verschiedenheit nothwendig erfolgt, klar zu machen
soweit es hier möglich und nöthig ist, muß ich Sie zu einer Be=
trachtung über das Wesen der Sprache überhaupt einladen.

Die Sprache überhaupt, und besonders die Bezeichnung der
Gegenstände in derselben durch das Lautwerden der Sprachwerk=
zeuge hängt keineswegs von willkürlichen Beschlüssen und Verab=
redungen ab, sondern es gibt zuvörderst ein Grundgesetz, nach wel=
chem jedweder Begriff in den menschlichen Sprachwerkzeugen zu
diesem und keinem andern Laute wird. So wie die Gegenstände
sich in den Sinnenwerkzeugen des einzelnen mit dieser bestimmten

Figur, Farbe u. s. w. abbilden, so bilden sie sich im Werkzeuge des gesellschaftlichen Menschen, in der Sprache, mit diesem bestimmten Laute ab. Nicht eigentlich redet der Mensch, sondern in ihm redet die menschliche Natur und verkündigt sich andern seinesgleichen. Und so müßte man sagen: die Sprache ist eine einzige und durch= aus nothwendige.

Nun mag zwar, welches das zweite ist, die Sprache in dieser ihrer Einheit für den Menschen schlechtweg als solchen niemals und nirgends hervorgebrochen sein, sondern allenthalben weiter ge= ändert und gebildet durch die Wirkungen, welche der Himmelsstrich und häufigerer oder seltnerer Gebrauch auf die Sprachwerkzeuge,. und die Aufeinanderfolge der beobachteten und bezeichneten Gegen= stände auf die Aufeinanderfolge der Bezeichnung hatten. Jedoch findet auch hierin nicht Willkür oder Ohngefähr, sondern strenges Gesetz statt; und es ist nothwendig, daß in einem durch die er= wähnten Bedingungen also bestimmten Sprachwerkzeuge nicht die Eine und reine Menschensprache, sondern daß eine Abweichung davon, und zwar daß gerade diese bestimmte Abweichung davon hervorbreche.

Nenne man die unter denselben äußern Einflüssen auf das Sprachwerkzeug stehenden, zusammenlebenden und in fortgesetzter Mittheilung ihre Sprache fortbildenden Menschen ein Volk, so muß man sagen: die Sprache dieses Volks ist nothwendig so wie sie ist, und nicht eigentlich dieses Volk spricht seine Erkenntniß aus, sondern seine Erkenntniß selbst spricht sich aus aus demselben.

Bei allen im Fortgange der Sprache durch dieselben obener= wähnten Umstände erfolgten Veränderungen bleibt ununterbrochen diese Gesetzmäßigkeit, und zwar für alle die in ununterbrochener Mittheilung bleiben, und wo das von jedem einzelnen ausge= sprochene Neue an das Gehör aller gelangt, dieselbe Eine Gesetz= mäßigkeit. Nach Jahrtausenden, und nach allen den Veränderungen welche in ihnen die äußere Erscheinung der Sprache dieses Volks erfahren hat, bleibt es immer dieselbe Eine, ursprünglich also aus= brechen müssende lebendige Sprachkraft der Natur, die ununterbrochen durch alle Bedingungen herabgeflossen ist und in jeder so werden mußte wie sie ward, am Ende derselben so sein mußte wie sie jetzt ist, und in einiger Zeit also sein wird wie sie sodann müssen wird. Die reinmenschliche Sprache zusammengenommen zuvörderst mit dem Organe des Volks als sein erster Laut ertönte, was hieraus sich ergibt, ferner zusammengenommen mit allen Entwickelungen, die dieser erste Laut unter den gegebenen Umständen gewinnen mußte, gibt als letzte Folge die gegenwärtige Sprache des Volks. Darum bleibt auch die Sprache immer dieselbe Sprache. Lasset immer nach einigen Jahrhunderten die Nachkommen die damalige Sprache ihrer

Vorfahren nicht verstehen, weil für sie die Uebergänge verloren ge= gangen sind, dennoch gibt es vom Anbeginn an einen stetigen Uebergang ohne Sprung, immer unmerklich in der Gegenwart und nur durch Hinzufügung neuer Uebergänge bemerklich gemacht und als Sprung erscheinend. Niemals ist ein Zeitpunkt eingetreten, da die Zeitgenossen aufgehört hätten sich zu verstehen, indem ihr ewiger Vermittler und Dolmetscher die aus ihnen allen sprechende gemeinsame Naturkraft immerfort war und blieb. So verhält es sich mit der Sprache als Bezeichnung der Gegenstände unmittelbar sinnlicher Wahrnehmung, und dieses ist alle menschliche Sprache anfangs. Erhebt von dieser das Volk sich zu Erfassung des Ueber= sinnlichen, so vermag dieses Uebersinnliche zur beliebigen Wieder= holung und zur Vermeidung der Verwirrung mit dem Sinnlichen für den ersten einzelnen, und zur Mittheilung und zweckmäßigen Leitung für andere, zuvörderst nicht anders festgehalten zu werden denn also, daß ein Selbst als Werkzeug einer übersinnlichen Welt bezeichnet und von demselben Selbst als Werkzeug der sinnlichen Welt genau unterschieden werde — eine Seele, Gemüth u. dgl. einem körperlichen Leib entgegengesetzt werde. Ferner könnten die verschiedenen Gegenstände dieser übersinnlichen Welt, da sie insge= sammt nur in jenem übersinnlichen Werkzeuge erscheinen und für dasselbe dasind, in der Sprache nur dadurch bezeichnet werden, daß gesagt werde, ihr besonderes Verhältniß zu ihrem Werkzeuge sei also wie das Verhältniß der und der bestimmten sinnlichen Gegenstände zum sinnlichen Werkzeuge, und daß in diesem Verhält= niß ein besonderes Uebersinnliches einem besondern Sinnlichen gleich= gesetzt, und durch diese Gleichsetzung sein Ort im übersinnlichen Werkzeuge durch die Sprache angedeutet werde. Weiter vermag in diesem Umkreise die Sprache nichts; sie gibt ein sinnliches Bild des Uebersinnlichen blos mit der Bemerkung, daß es ein solches Bild sei; wer zur Sache selbst kommen will, muß nach der durch das Bild ihm angegebenen Regel sein eigenes geistiges Werkzeug in Bewegung setzen. Im allgemeinen erhellt, das diese sinnbildliche Bezeichnung des Uebersinnlichen jedesmal nach der Stufe der Entwickelung des sinnlichen Erkenntnißvermögens unter dem gege= benen Volke sich richten müsse; daß daher der Anfang und Fort= gang dieser sinnbildlichen Bezeichnung in verschiedenen Sprachen sehr verschieden ausfallen werde, nach der Verschiedenheit des Ver= hältnisses das zwischen der sinnlichen und geistigen Ausbildung des Volkes, das eine Sprache redet, stattgefunden und fortwährend stattfindet.

Wir beleben zuvörderst diese in sich klare Bemerkung durch ein Beispiel. Etwas das zufolge der in der vorigen Rede erklär= ten Erfassung des Grundtriebes nicht erst durch das dunkle Gefühl

sondern sogleich durch klare Erkenntniß entsteht, dergleichen jedesmal
ein übersinnlicher Gegenstand ist, heißt mit einem griechischen, auch
in der deutschen Sprache häufig gebrauchten Worte eine Idee, und
dieses Wort gibt genau dasselbe Sinnbild was in der deutschen das
Wort Gesicht, wie dieses in folgenden Wendungen der lutherischen
Bibelübersetzung: ihr werdet Gesichte sehen, ihr werdet Träume
haben, vorkommt. Idee oder Gesicht in sinnlicher Bedeutung wäre
etwas das nur durch das Auge des Leibes, keineswegs aber durch
einen andern Sinn, etwa der Betastung, des Gehörs u. s. w., erfaßt werden könnte, so wie etwa ein Regenbogen, oder die Gestalten
welche im Traume vor uns vorübergehen. Dasselbe in übersinnlicher Bedeutung hieße zuvörderst, zufolge des Umkreises in dem
das Wort gelten soll, etwas das gar nicht durch den Leib sondern
nur durch den Geist erfaßt wird, sodann, das auch nicht durch das
dunkle Gefühl des Geistes, wie manches andere, sondern allein
durch das Auge desselben, die klare Erkenntniß, erfaßt werden kann.
Wollte man nun etwa ferner annehmen, daß den Griechen bei
dieser sinnbildlichen Bezeichnung allerdings der Regenbogen und die
Erscheinungen der Art zum Grunde gelegen, so müßte man gestehen,
daß ihre sinnliche Erkenntniß schon vorher sich zur Bemerkung des
Unterschiedes zwischen den Dingen, daß einige sich allen oder meh-
reren Sinnen, einige sich blos dem Auge offenbaren, erhoben haben
müsse, und daß außerdem sie den entwickelten Begriff, wenn er
ihnen klar geworden wäre, nicht also, sondern anders hätten bezeichnen müssen. Es würde sodann auch ihr Vorzug in geistiger Klarheit erhellen etwa vor einem andern Volke, das den Unterschied
zwischen Sinnlichem und Uebersinnlichem nicht durch ein aus dem besonnenen Zustande des Wachens hergenommenes Sinnbild habe bezeichnen können, sondern zum Traume seine Zuflucht genommen
um ein Bild für eine andere Welt zu finden; zugleich würde einleuchten, daß dieser Unterschied nicht etwa durch die größere oder
geringere Stärke des Sinns fürs Uebersinnliche in den beiden
Völkern, sondern daß er lediglich durch die Verschiedenheit ihrer
sinnlichen Klarheit, damals als sie Uebersinnliches bezeichnen wollten,
begründet sei.

So richtet alle Bezeichnung des Uebersinnlichen sich nach dem
Umfange und der Klarheit der sinnlichen Erkenntniß desjenigen der
da bezeichnet. Das Sinnbild ist ihm klar und drückt ihm das
Verhältniß des Begriffenen zum geistigen Werkzeuge vollkommen
verständlich aus, denn dieses Verhältniß wird ihm erklärt durch ein
anderes, unmittelbar lebendiges Verhältniß zu seinem sinnlichen Werkzeuge. Diese also entstandene neue Bezeichnung, mit aller der neuen
Klarheit die durch diesen erweiterten Gebrauch des Zeichens die
sinnliche Erkenntniß selber bekommt, wird nun niedergelegt in der

Sprache; und die mögliche künftige überſinnliche Erkenntniß wird
nun nach ihrem Verhältniſſe zu der ganzen, in der geſammten
Sprache niedergelegten überſinnlichen und ſinnlichen Erkenntniß be=
zeichnet; und ſo geht es ununterbrochen fort; und ſo wird denn
die unmittelbare Klarheit und Verſtändlichkeit der Sinnbilder nie=
mals abgebrochen, ſondern ſie bleibt ein ſtetiger Fluß. Ferner,
da die Sprache nicht durch Willkür vermittelt, ſondern als un=
mittelbare Naturkraft aus dem verſtändigen Leben ausbricht, ſo
hat eine ohne Abbruch nach dieſem Geſetze fortentwickelte Sprache
auch die Kraft, unmittelbar einzugreifen in das Leben und
daſſelbe anzuregen. Wie die unmittelbar gegenwärtigen Dinge
den Menſchen bewegen, ſo müſſen auch die Worte einer ſolchen
Sprache den bewegen der ſie verſteht, denn auch ſie ſind Dinge,
keineswegs willkürliches Machwerk. So zunächſt im Sinnlichen.
Nicht anders jedoch auch im Ueberſinnlichen. Denn obwol in
Beziehung auf das letztere der ſtetige Fortgang der Naturbeobach=
tung durch freie Beſinnung und Nachdenken unterbrochen wird
und hier gleichſam der unbildliche Gott eintritt, ſo verſetzt den=
noch die Bezeichnung durch die Sprache das Unbildliche auf der
Stelle in den ſtetigen Zuſammenhang des Bildlichen zurück; und
ſo bleibt auch in dieſer Rückſicht der ſtetige Fortgang der zuerſt
als Naturkraft ausgebrochenen Sprache ununterbrochen, und es
tritt in den Fluß der Bezeichnung keine Willkür ein. Es kann
darum auch dem überſinnlichen Theile einer alſo ſtetig fortent=
wickelten Sprache ſeine Leben anregende Kraft auf den, der nur
ſein geiſtiges Werkzeug in Bewegung ſetzt, nicht entgehen. Die
Worte einer ſolchen Sprache in allen ihren Theilen ſind Leben
und ſchaffen Leben. Machen wir auch in Rückſicht der Ent=
wickelung der Sprache für das Ueberſinnliche die Vorausſetzung,
daß das Volk dieſer Sprache in ununterbrochener Mittheilung ge=
blieben, und daß was einer gedacht und ausgeſprochen bald an
alle gekommen, ſo gilt was bisher im allgemeinen geſagt worden
für alle die dieſe Sprache reden. Allen die nur denken wollen
iſt das in der Sprache niedergelegte Sinnbild klar; allen die da
wirklich denken iſt es lebendig und anregend ihr Leben.

So verhält es ſich, ſage ich, mit einer Sprache, die von dem
erſten Laute an der in demſelben Volke ausbrach ununterbrochen
aus dem wirklichen gemeinſamen Leben dieſes Volkes ſich entwickelt
hat, und in die niemals ein Beſtandtheil gekommen der nicht
eine wirklich erlebte Anſchauung dieſes Volks und eine mit allen
übrigen Anſchauungen deſſelben Volks im allſeitig eingreifenden
Zuſammenhange ſtehende Anſchauung ausdrückte. Laſſet dem
Stammvolke dieſer Sprache noch ſo viele einzelne andern Stammes
und anderer Sprache einverleibt werden; wenn es dieſen nur

nicht verstattet wird, den Umkreis ihrer Anschauungen zu dem
Standpunkte, von welchem von nun an die Sprache sich fortent=
wickle, zu erheben, so bleiben diese stumm in der Gemeinde und
ohne Einfluß auf die Sprache, so lange bis sie selbst in den Um=
kreis der Anschauungen des Stammvolks hineingekommen sind,
und so bilden nicht sie die Sprache, sondern die Sprache bildet sie.
Ganz das Gegentheil aber von allem bisher Gesagten erfolgt
alsdann, wenn ein Volk mit Aufgebung seiner eigenen Sprache
eine fremde für übersinnliche Bezeichnung schon sehr gebildete an=
nimmt, und zwar nicht also, daß es sich der Einwirkung dieser
fremden Sprache ganz frei hingebe und sich bescheide sprachlos
zu bleiben, so lange bis es in den Kreis der Anschauungen dieser
fremden Sprache hineingekommen, sondern also, daß es seinen
eigenen Anschauungskreis der Sprache aufdringe, und diese, von
dem Standpunkte aus wo sie dieselbe fanden, von nun an in
diesem Anschauungskreise sich fortbewegen müsse. In Absicht des
sinnlichen Theils der Sprache zwar ist diese Begebenheit ohne
Folgen. In jedem Volke müssen ja ohnedies die Kinder diesen
Theil der Sprache, gleich als ob die Zeichen willkürlich wären,
lernen und so die ganze frühere Sprachentwickelung der Nation
hierin nachholen; jedes Zeichen aber in diesem sinnlichen Umkreise
kann durch die unmittelbare Ansicht oder Berührung des Bezeich=
neten vollkommen klar gemacht werden. Höchstens würde daraus
folgen, daß das erste Geschlecht eines solchen seine Sprache än=
dernden Volks als Männer wieder in die Kinderjahre zurückzu=
gehen genöthigt gewesen; mit den nachgeborenen aber und an den
künftigen Geschlechtern war alles wieder in der alten Ordnung.
Dagegen ist diese Veränderung von den bedeutendsten Folgen in
Rücksicht des übersinnlichen Theils der Sprache. Dieser hat zwar
für die ersten Eigenthümer der Sprache sich gemacht auf die bisher
beschriebene Weise; für die spätern Eroberer derselben aber ent=
hält das Sinnbild eine Vergleichung mit einer sinnlichen Anschau=
ung, die sie entweder schon längst, ohne die beiliegende geistige
Ausbildung, übersprungen haben, oder die sie dermalen noch nicht
gehabt haben, auch wol niemals haben können. Das Höchste
was sie hierbei thun können ist, daß sie das Sinnbild und die
geistige Bedeutung desselben sich erklären lassen, wodurch sie die
flache und todte Geschichte einer fremden Bildung, keineswegs aber
eigene Bildung, erhalten und Bilder bekommen, die für sie weder
unmittelbar klar noch auch lebenanregend sind, sondern völlig also
willkürlich erscheinen müssen wie der sinnliche Theil der Sprache.
Für sie ist nun, durch diesen Eintritt der bloßen Geschichte als
Erklärerin, die Sprache in Absicht des ganzen Umkreises ihrer
Sinnbildlichkeit todt, abgeschlossen und ihr stetiger Fortfluß abge=

brochen; und obwol über diesen Umkreis hinaus sie nach ihrer
Weise, und inwiefern dies von einem solchen Ausgangspunkte
aus möglich ist, diese Sprache wieder lebendig fortbilden mögen,
so bleibt doch jener Bestandtheil die Scheidewand, an welcher der
ursprüngliche Ausgang der Sprache (als eine Naturkraft) aus dem
Leben und die Rückkehr der wirklichen Sprache in das Leben ohne
Ausnahme sich bricht. Obwol eine solche Sprache auf der Ober=
fläche durch den Wind des Lebens bewegt werden und so den
Schein eines Lebens von sich geben mag, so hat sie doch tiefer
einen todten Bestandtheil und ist durch den Eintritt des neuen
Anschauungskreises und die Abbrechung des alten abgeschnitten von
der lebendigen Wurzel.

Wir beleben das soeben Gesagte durch ein Beispiel; indem
wir zum Behuf dieses Beispiels noch beiläufig die Bemerkung
machen, daß eine solche im Grunde todte und unverständliche
Sprache sich auch sehr leicht verdrehen und zu allen Beschönigun=
gen des menschlichen Verderbens mißbrauchen läßt, was in einer
niemals erstorbenen nicht also möglich ist. Ich bediene mich als
solchen Beispiels der drei berüchtigten Worte: Humanität, Popu=
larität, Liberalität. Diese Worte, vor dem Deutschen der keine
andere Sprache gelernt hat ausgesprochen, sind ihm ein völlig
leerer Schall, der an nichts ihm schon Bekanntes durch Verwandt=
schaft des Lautes erinnert und so aus dem Kreise seiner Anschau=
ung und aller möglichen Anschauung ihn vollkommen herausreißt.
Reizt nun doch etwa das unbekannte Wort durch seinen fremden,
vornehmen und wohltönenden Klang seine Aufmerksamkeit, und
denkt er, was so hoch töne müsse auch etwas Hohes bedeuten,
so muß er sich diese Bedeutung ganz von vornherein und als
etwas ihm ganz Neues erklären lassen und kann dieser Erklärung
eben nur blind glauben, und wird so stillschweigend gewöhnt
etwas für wirklich daseiend und würdig anzuerkennen, das er, sich
selbst überlassen, vielleicht niemals des Erwähnens werth gefunden
hätte. Man glaube nicht, daß es sich mit den neulateinischen
Völkern, welche jene Worte vermeintlich als Worte ihrer Mutter=
sprache aussprechen, viel anders verhalte. Ohne gelehrte Ergrün=
dung des Alterthums und seiner wirklichen Sprache verstehen sie
die Wurzeln dieser Wörter ebenso wenig als der Deutsche. Hätte
man nun etwa dem Deutschen statt des Wortes Humanität das
Wort Menschlichkeit, wie jenes wörtlich übersetzt werden muß,
ausgesprochen, so hätte er uns ohne weitere historische Erklärung
verstanden; aber er hätte gesagt: da ist man nicht eben viel, wenn
man ein Mensch ist und kein wildes Thier. Also aber, wie wol
nie ein Römer gesagt hätte, würde der Deutsche sagen deswegen,

weil die Menschheit überhaupt in seiner Sprache nur ein sinn=
licher Begriff geblieben, niemals aber wie bei den Römern zum
Sinnbilde eines übersinnlichen geworden; indem unsere Vorfahren
vielleicht lange vorher die einzelnen menschlichen Tugenden bemerkt
und sinnbildlich in der Sprache bezeichnet, ehe sie darauf gefallen
dieselben in einem Einheitsbegriffe, und zwar als Gegensatz mit
der thierischen Natur, zusammenzufassen, welches denn auch unsern
Vorfahren, den Römern gegenüber, zu gar keinem Tadel gereicht.
Wer nun den Deutschen dennoch dieses fremde und römische Sinn=
bild künstlich in die Sprache spielen wollte, der würde ihre sitt=
liche Denkart offenbar herunterstimmen, indem er ihnen als etwas
Vorzügliches und Lobenswürdiges hingäbe, was in der fremden
Sprache auch wol ein solches sein mag, was er aber nach der
unaustilgbaren Natur seiner Nationaleinbildungskraft nur faßt als
das Bekannte, das gar nicht zu erlassen ist. Es ließe sich vielleicht
durch eine nähere Untersuchung darthun, daß dergleichen Herab=
stimmungen der frühern sittlichen Denkart durch unpassende und
fremde Sinnbilder den germanischen Stämmen, die die römische
Sprache annahmen, schon zu Anfange begegnet; doch wird hier auf
diesen Umstand nicht gerade das größte Gewicht gelegt.

Würde ich ferner dem Deutschen statt der Wörter Popularität
und Liberalität die Ausdrücke: Haschen nach Gunst beim großen
Haufen, und: Entfernung vom Sklavensinn, wie jene wörtlich über=
setzt werden müssen, sagen, so bekäme derselbe zuvörderst nicht
einmal ein klares und lebhaftes sinnliches Bild, dergleichen der
frühere Römer allerdings bekam. Dieser sah alle Tage die schmieg=
same Höflichkeit des ehrgeizigen Candidaten gegen alle Welt, so
wie die Ausdrücke des Sklavensinns vor Augen, und jene Worte
bildeten sie ihm wieder lebendig vor. Durch die Veränderung der
Regierungsform und die Einführung des Christenthums waren
schon dem spätern Römer diese Schauspiele entrissen; wie denn über=
haupt diesem, besonders durch das fremdartige Christenthum, das
er weder abzuwehren noch sich einzuverleiben vermochte, die eigene
Sprache gutentheils abzusterben anfing im eigenen Munde.
Wie hätte diese schon in der eigenen Heimat halbtodte Sprache
lebendig überliefert werden können an ein fremdes Volk! Wie
sollte sie es jetzt können an uns Deutsche! Was ferner das in
jenen beiden Ausdrücken liegende Sinnbild eines Geistigen betrifft,
so liegt in der Popularität schon ursprünglich eine Schlechtigkeit,
die durch das Verderben der Nation und ihrer Verfassung in ihrem
Munde zur Tugend verdreht wurde. Der Deutsche geht in diese
Verdrehung, sowie sie ihm nur in seiner eigenen Sprache darge=
boten wird, nimmer ein. Zur Uebersetzung der Liberalität aber
dadurch, daß ein Mensch keine Sklavenseele oder, wenn es in die

neue Sitte eingeführt wird, keine Lakaiendenkart habe, antwortet er abermals, daß auch dies sehr wenig gesagt heiße.

Nun hat man aber noch ferner in diese schon in ihrer reinen Gestalt bei den Römern auf einer tiefen Stufe der sittlichen Bildung entstandenen oder geradezu eine Schlechtigkeit bezeichnenden Sinnbilder in der Fortentwickelung der neulateinischen Sprachen den Begriff von Mangel an Ernst über die gesellschaftlichen Verhältnisse, den des Sichwegwerfens, den der gemüthlosen Lockerheit hineingespielt und dieselben auch in die deutsche Sprache gebracht, um durch das Ansehen des Alterthums und des Auslandes, ganz in der Stille und ohne daß jemand so recht deutlich merke wovon die Rede sei, die letztgenannten Dinge auch unter uns in Ansehen zu bringen. Dies ist von jeher der Zweck und der Erfolg aller Einmischung gewesen: zuvörderst aus der unmittelbaren Verständlichkeit und Bestimmtheit, die jede ursprüngliche Sprache bei sich führt, den Hörer in Dunkel und Unverständlichkeit einzuhüllen; darauf an den dadurch erregten blinden Glauben desselben sich mit der nun nöthig gewordenen Erklärung zu wenden, in dieser endlich Laster und Tugend also durcheinander zu rühren, daß es kein leichtes Geschäft ist dieselben wieder zu sondern. Hätte man das, was jene drei ausländischen Worte eigentlich wollen müssen, wenn sie überhaupt etwas wollen, dem Deutschen in seinen Worten und in seinem sinnbildlichen Kreise also ausgesprochen: Menschenfreundlichkeit, Leutseligkeit, Edelmuth, — so hätte er uns verstanden, die genannten Schlechtigkeiten aber hätten sich niemals in jene Bezeichnungen einschieben lassen. Im Umfange deutscher Rede entsteht eine solche Einhüllung in Unverständlichkeit und Dunkel entweder aus Ungeschicktheit oder aus böser Tücke; sie ist zu vermeiden, und die Uebersetzung in rechtes wahres Deutsch liegt als stets fertiges Hülfsmittel bereit. In den neulateinischen Sprachen aber ist diese Unverständlichkeit natürlich und ursprünglich, und sie ist durch gar kein Mittel zu vermeiden, indem diese überhaupt nicht im Besitze irgendeiner lebendigen Sprache, woran sie die todte prüfen könnten, sich befinden und, die Sache genau genommen, eine Muttersprache gar nicht haben.

Das an diesem einzelnen Beispiele Dargelegte, was gar leicht durch den ganzen Umkreis der Sprache sich würde hindurchführen lassen und allenthalben also sich wiederfinden würde, soll Ihnen das bis hierher Gesagte so klar machen als es hier werden kann. Es ist vom übersinnlichen Theile der Sprache die Rede, vom sinnlichen zunächst und unmittelbar gar nicht. Dieser übersinnliche Theil ist in einer immerfort lebendig gebliebenen Sprache sinnbildlich, zusammenfassend bei jedem Schritte das Ganze des

ſinnlichen und geiſtigen in der Sprache niedergelegten Lebens der
Nation in vollendeter Einheit, um einen ebenfalls nicht willkürlichen, ſondern aus dem ganzen bisherigen Leben der Nation
nothwendig hervorgehenden Begriff zu bezeichnen, aus welchem
und ſeiner Bezeichnung ein ſcharfes Auge die ganze Bildungs-
geſchichte der Nation rückwärtsſchreitend wieder müßte herſtellen
können. In einer todten Sprache aber, in der dieſer Theil als
ſie noch lebte daſſelbige war, wird er durch die Ertödtung zu
einer zerriſſenen Sammlung willkürlicher und durchaus nicht weiter
zu erklärender Zeichen ebenſo willkürlicher Begriffe, wo mit beiden
ſich nichts weiter anfangen läßt als daß man ſie eben lerne.

Somit iſt unſere nächſte Aufgabe, den unterſcheidenden Grundzug des Deutſchen vor den andern Völkern germaniſcher Abkunft
zu finden, gelöſt. Die Verſchiedenheit iſt ſogleich bei der erſten
Trennung des gemeinſchaftlichen Stammes entſtanden und beſteht
darin, daß der Deutſche eine bis zu ihrem erſten Ausſtrömen
aus der Naturkraft lebendige Sprache redet, die übrigen germa-
niſchen Stämme eine nur auf der Oberfläche ſich regende, in der
Wurzel aber todte Sprache. Allein in dieſen Umſtand, in die
Lebendigkeit und in den Tod, ſetzen wir den Unterſchied; keineswegs aber laſſen wir uns ein auf den übrigen innern Werth
der deutſchen Sprache. Zwiſchen Leben und Tod findet gar keine
Vergleichung ſtatt, und das erſte hat vor dem letzten unendlichen
Werth; darum ſind alle unmittelbaren Vergleichungen der deutſchen
und der neulateiniſchen Sprachen durchaus nichtig und ſind gezwungen von Dingen zu reden, die der Rede nicht werth ſind.
Sollte vom innern Werthe der deutſchen Sprache die Rede ent-
ſtehen, ſo müßte wenigſtens eine von gleichem Range, eine ebenfalls urſprüngliche, als etwa die griechiſche, den Kampfplatz be-
treten; unſer gegenwärtiger Zweck aber liegt tief unter einer ſolchen
Vergleichung.

Welchen unermeßlichen Einfluß auf die ganze menſchliche Entwickelung eines Volks die Beſchaffenheit ſeiner Sprache haben
möge, der Sprache, welche den einzelnen bis in die geheimſte
Tiefe ſeines Gemüths bei Denken und Wollen begleitet, und be-
ſchränkt oder beflügelt, welche die geſammte Menſchenmenge, die
dieſelbe redet, auf ihrem Gebiete zu einem einzigen gemeinſamen
Verſtande verknüpft, welche der wahre gegenſeitige Durchſtrömungs-
punkt der Sinnenwelt und der der Geiſter iſt und die Enden
dieſer beiden alſo ineinander verſchmilzt, daß gar nicht zu ſagen
iſt zu welcher von beiden ſie ſelber gehöre; wie verſchieden die
Folge dieſes Einfluſſes ausfallen möge, da wo das Verhältniß
iſt wie Leben und Tod, läßt ſich im allgemeinen errathen. Zunächſt bietet ſich dar, daß der Deutſche ein Mittel hat ſeine leben-

dige Sprache durch Vergleichung mit der abgeschlossenen römischen
Sprache, die von der seinigen im Fortgange der Sinnbildlichkeit
gar sehr abweicht, noch tiefer zu ergründen, wie hinwiederum jene
auf demselben Wege klarer zu verstehen, welches dem Neulateiner,
der im Grunde in dem Umkreise derselben einen Sprache gefangen
bleibt, nicht also möglich ist; daß der Deutsche, indem er die rö=
mische Stammsprache lernt, die abgestammten gewissermaßen zu=
gleich mit erhält und, falls er etwa die erste gründlicher lernen
sollte denn die Ausländer, welches er aus dem angeführten
Grunde gar wohl vermag, er zugleich auch dieses Ausländers eigene
Sprache weit gründlicher verstehen und weit eigenthümlicher be=
sitzen lernt denn jener selbst, der sie redet; daß daher der Deutsche,
wenn er sich nur aller seiner Vortheile bedient, den Ausländer
immerfort übersehen und ihn vollkommen, sogar besser denn er
sich selbst, verstehen und ihn nach seiner ganzen Ausdehnung über=
setzen kann, dagegen der Ausländer ohne eine höchst mühsame
Erlernung der deutschen Sprache den wahren Deutschen niemals
verstehen kann und das echt Deutsche ohne Zweifel unübersetzt
lassen wird. Was in diesen Sprachen man nur vom Ausländer
selbst lernen kann, sind meistens aus Langeweile und Grille ent=
standene neue Moden des Sprechens, und man ist sehr bescheiden
wenn man auf diese Belehrungen eingeht. Meistens würde man
statt dessen ihnen zeigen können, wie sie der Stammsprache und
ihrem Verwandlungsgesetze gemäß sprechen sollten, und daß die
neue Methode nichts tauge und gegen die althergebrachte gute
Sitte verstoße.

Jener Reichthum an Folgen überhaupt sowie die besondere
zuletzt erwähnte Folge ergeben sich, wie gesagt, von selbst.

Unsere Absicht aber ist es, diese Folgen insgesammt im gan=
zen nach ihrem Einheitsbande und aus der Tiefe zu erfassen, um
dadurch eine gründliche Schilderung des Deutschen im Gegensatze
mit den übrigen germanischen Stämmen zu geben. Ich gebe diese
Folgen vorläufig in der Kürze also an: 1) Beim Volke der le=
bendigen Sprache greift die Geistesbildung ein ins Leben; beim
Gegentheile geht geistige Bildung und Leben jedes seinen Gang
für sich fort. 2) Aus demselben Grunde ist es einem Volke der
ersten Art mit aller Geistesbildung rechter eigentlicher Ernst, und
es will daß dieselbe ins Leben eingreife, dagegen einem von der
letztern Art diese vielmehr ein genialisches Spiel ist, mit dem sie
nichts weiter wollen. Die letztern haben Geist; die erstern haben
zum Geiste auch noch Gemüth. 3) Was aus dem zweiten folgt:
Die erstern haben redlichen Fleiß und Ernst in allen Dingen und
sind mühsam, dagegen die letztern sich im Geleite ihrer glücklichen
Natur gehen lassen. 4) Was aus allem zusammen folgt: In einer

Nation von der ersten Art ist das große Volk bildsam, und die Bildner einer solchen erproben ihre Endeckungen an dem Volke und wollen auf dieses einfließen, dagegen in einer Nation von der zweiten Art die gebildeten Stände vom Volke sich scheiden und des letztern nicht weiter denn als eines blinden Werkzeugs ihrer Plane achten. Die weitere Erörterung dieser angegebenen Merk= male behalte ich der folgenden Rede vor.

———

Fünfte Rede.

Folgen aus der aufgestellten Verschiedenheit.

————

Zum Behuf einer Schilderung der Eigenthümlichkeit der Deutschen ist der Grundunterschied zwischen diesen und den andern Völkern germanischer Abkunft angegeben worden: daß die erstern in dem
ununterbrochenen Fortflusse einer aus wirklichem Leben sich fortent-
wickelnden Sprache geblieben, die letztern aber eine ihnen fremde
Sprache angenommen, die unter ihrem Einflusse ertödtet worden.
Wir haben zu Ende der vorigen Rede andere Erscheinungen an
diesen also verschiedenen Volksstämmen angegeben, welche aus jenem
Grundunterschiede nothwendig erfolgen mußten, und werden heute
diese Erscheinungen weiter entwickeln und fester auf ihrem gemeinsamen Boden begründen.

Eine Untersuchung, die sich der Gründlichkeit befleißigt, kann manches Streites und der Erregung von mancherlei Schelsucht sich überheben. Wie wir ehemals in der Untersuchung, von der die gegenwärtige die Fortsetzung ist, thaten, so werden wir auch hier thun.
Wir werden Schritt vor Schritt ableiten, was aus dem aufgestellten
Grundunterschiede folgt, und nur darauf sehen daß diese Ableitung
richtig sei. Ob nun die Verschiedenheit der Erscheinungen, die dieser
Ableitung zufolge sein sollte, in der wirklichen Erfahrung eintrete
oder nicht, dies zu entscheiden will ich lediglich Ihnen und jedem
Beobachter überlassen. Zwar werde ich, was insbesondere den Deutschen betrifft, zu seiner Zeit darlegen, daß er sich wirklich also gezeigt
habe, wie er unserer Ableitung zufolge sein mußte. Was aber die
germanischen Ausländer betrifft, so werde ich nichts dagegen haben,
wenn einer unter ihnen wirklich versteht wovon eigentlich hier die
Rede sei, und wenn diesem hernach auch der Beweis gelingt, daß
seine Landsleute eben auch dasselbe gewesen seien was die Deutschen,

und wenn er sie von den entgegengesetzten Zügen völlig loszusprechen
vermag. Im allgemeinen wird unsere Beschreibung auch in diesen
gegentheiligen Zügen keineswegs in das Nachtheilige und Grelle hin
zeichnen, was den Sieg leichter macht denn ehrenvoll, sondern nur
das nothwendig Erfolgende angeben und dieses so ehrbar ausdrücken,
als es mit der Wahrheit bestehen kann.

Die erste Folge von dem aufgestellten Grundunterschiede, die
ich angab, war die: beim Volke der lebendigen Sprache greife die
Geistesbildung ein in das Leben; beim Gegentheile gehe geistige Bildung und Leben jedes für sich seinen Gang fort. Es wird nützlich
sein, zuvörderst den Sinn des aufgestellten Satzes tiefer zu erklären.
Zuvörderst, indem hier vom Leben und von dem Eingreifen der geistigen Bildung in dasselbe geredet wird, so ist darunter zu verstehen
das ursprüngliche Leben und sein Fortfluß aus dem Quell alles
geistigen Lebens, aus Gott, die Fortbildung der menschlichen Verhältnisse nach ihrem Urbilde, und so die Erschaffung eines Neuen
und vorher nie Dagewesenen; keineswegs aber ist die Rede von der
bloßen Erhaltung jener Verhältnisse auf der Stufe, wo sie schon
stehen, gegen Herabsinken, und noch weniger vom Nachhelfen einzelner Glieder, die hinter der allgemeinen Ausbildung zurückgeblieben.
Sodann, wenn von geistiger Bildung die Rede ist, so ist darunter
zu allererst die Philosophie — wie wir dies mit dem ausländischen
Namen bezeichnen müssen, da die Deutschen sich den vorlängst vorgeschlagenen deutschen Namen nicht haben gefallen lassen — die
Philosophie, sage ich, ist zu allererst darunter zu verstehen; denn
diese ist es, welche das ewige Urbild alles geistigen Lebens wissen-
schaftlich erfaßt. Von dieser und von aller auf sie gegründeten Wissenschaft wird nun gerühmt, daß beim Volke der lebendigen Sprache sie
einfließe in das Leben. Nun aber ist, in scheinbarem Widerspruche
mit dieser Behauptung, oftmals und auch von den Unsern gesagt
worden, daß Philosophie, Wissenschaft, schöne Kunst u. dgl. Selbstzwecke seien und dem Leben nicht dienten, und daß es Herabwürdigung derselben sei, sie nach ihrer Nützlichkeit in diesem Dienste zu
schätzen. Es ist hier der Ort, diese Ausdrücke näher zu bestimmen
und vor aller Mißdeutung zu verwahren. Sie sind wahr in folgen-
dem doppelten aber beschränkten Sinne: zuvörderst daß Wissenschaft
oder Kunst dem Leben auf einer gewissen niedern Stufe, z. B. dem
irdischen und sinnlichen Leben oder der gemeinen Erbaulichkeit, wie
einige gedacht haben, nicht müsse dienen wollen; sodann daß ein einzelner, zufolge seiner persönlichen Abgeschiedenheit vom Ganzen einer
Geisterwelt, in diesen besondern Zweigen des allgemeinen göttlichen
Lebens völlig aufgehen könne, ohne eines außer ihnen liegenden Antriebes zu bedürfen, und volle Befriedigung in ihnen finden könne.
Keineswegs aber sind sie wahr in strenger Bedeutung; denn es ist

ebenso unmöglich, daß es mehrere Selbstzwecke gebe, als es unmög=
lich ist, daß es mehrere Absolute gebe. Der einzige Selbstzweck,
außer welchem es keinen andern geben kann, ist das geistige Leben.
Dieses äußert sich nur zum Theil und erscheint als ein ewiger Fort=
fluß aus ihm selber, als Quell, d. i. als ewige Thätigkeit. Diese
Thätigkeit erhält ewig fort ihr Musterbild von der Wissenschaft, die
Geschicklichkeit nach diesem Bilde sich zu gestalten, von der Kunst;
und insoweit könnte es scheinen daß Wissenschaft und Kunst daseien
als Mittel für das thätige Leben als den Zweck. Nun aber ist in
dieser Form der Thätigkeit das Leben selber niemals vollendet und
zur Einheit geschlossen, sondern es geht fort ins Unendliche. Soll
nun doch das Leben als eine solche geschlossene Einheit dasein, so
muß es also dasein in einer andern Form. Diese Form ist nun
die des reinen Gedankens, der die in der dritten Rede beschriebene
Religionseinsicht gibt; eine Form, die als geschlossene Einheit mit
der Unendlichkeit des Thuns schlechthin auseinanderfällt und in dem
letztern, dem Thun, niemals vollständig ausgedrückt werden kann.
Beide demnach, der Gedanke sowie die Thätigkeit, sind nur in der
Erscheinung auseinanderfallende Formen, jenseit der Erscheinung aber
sind sie, eine wie die andere, dasselbe Eine absolute Leben; und man
kann gar nicht sagen, daß der Gedanke um des Thuns, oder das Thun
um des Gedankens willen sei und also sei, sondern daß beides schlecht=
hin sein solle, indem auch in der Erscheinung das Leben ein voll=
endetes Ganzes sein solle, also wie es dies ist jenseit aller Erschei=
nung. Innerhalb dieses Umkreises demnach und zufolge dieser Be=
trachtung ist es noch viel zu wenig gesagt, daß die Wissenschaft ein=
fließe aufs Leben; sie ist vielmehr selber und in sich selbstbeständiges
Leben. Oder um dasselbe an eine bekannte Wendung anzuknüpfen.
Was hilft alles Wissen, hört man zuweilen sagen, wenn nicht danach
gehandelt wird? In diesem Ausspruche wird das Wissen als Mittel
für das Handeln, und dieses letztere als der eigentliche Zweck an=
gesehen. Man könnte umgekehrt sagen: wie kann man doch gut han=
deln, ohne das Gute zu kennen? und es würde in diesem Ausspruche
das Wissen als das Bedingende des Handelns betrachtet. Beide Aus=
sprüche aber sind einseitig; und das Wahre ist, daß beides, Wissen
sowie Handeln, auf dieselbe Weise unabtrennliche Bestandtheile des
vernünftigen Lebens sind.

In sich selbstbeständiges Leben aber, wie wir soeben uns ausdrück=
ten, ist die Wissenschaft nur alsdann, wenn der Gedanke der wirk=
liche Sinn und die Gesinnung des Denkenden ist, also daß er ohne
besondere Mühe, und sogar ohne dessen sich klar bewußt zu sein, alles
andere was er denkt, ansieht, beurtheilt, zufolge jenes Grundgedan=
kens ansieht und beurtheilt und, falls derselbe aufs Handeln einfließt,
nach ihm ebenso nothwendig handelt. Keineswegs aber ist der Ge=

danke Leben und Gesinnung, wenn er nur als Gedanke eines frem=
den Lebens gedacht wird, so klar und vollständig er auch als ein
solcher blos möglicher Gedanke begriffen sein mag, und so hell man
sich auch denken möge wie etwa jemand also denken könne. In
diesem letztern Falle liegt zwischen unserm gedachten Denken und zwi=
schen unserm wirklichen Denken ein großes Feld von Zufall und Frei=
heit, welche letzte wir nicht vollziehen mögen; und so bleibt jenes ge=
dachte Denken von uns abstehend und ein blos mögliches und ein
von uns frei gemachtes und immerfort frei zu wiederholendes Denken.
In jenem ersten Falle hat der Gedanke unmittelbar durch sich selbst
unser Selbst ergriffen und es zu sich selbst gemacht, und durch diese
also entstandene Wirklichkeit des Gedankens für uns geht unsere Ein=
sicht hindurch zu dessen Nothwendigkeit. Daß nun das letztere also
erfolge, kann, wie eben gesagt, keine Freiheit erzwingen, sondern es
muß eben sich selbst machen, und der Gedanke selber muß uns er=
greifen und uns nach sich bilden.

Diese lebendige Wirksamkeit des Gedankens wird nun sehr be=
fördert, ja, wenn das Denken nur von der gehörigen Tiefe und Stärke
ist, sogar nothwendig gemacht, durch Denken und Bezeichnen in einer
lebendigen Sprache. Das Zeichen in der letzten ist selbst unmittel=
bar lebendig und sinnlich, und wieder darstellend das ganze eigene
Leben, und so dasselbe ergreifend und eingreifend in dasselbe; mit
dem Besitzer einer solchen Sprache spricht unmittelbar der Geist und
offenbart sich ihm wie ein Mann dem Manne. Dagegen regt das
Zeichen einer todten Sprache unmittelbar nichts an; um in den leben=
digen Fluß desselben hineinzukommen, muß man erst historisch erlernte
Kenntnisse aus einer abgestorbenen Welt sich wiederholen und sich
in eine fremde Denkart hineinversetzen. Wie überschwenglich wol
müßte der Trieb des eigenen Denkens sein, wenn er in diesem langen
und breiten Gebiete der Historie nicht ermattete und nicht zuletzt auf
dem Felde dieser bescheiden sich begnügte! So eines Besitzers der
lebendigen Sprache Denken nicht lebendig wird, so kann man einen
solchen ohne Bedenken beschuldigen, daß er gar nicht gedacht sondern
nur geschwärmt habe. Den Besitzer einer todten Sprache kann man
in demselben Falle dessen nicht sofort beschuldigen; gedacht mag er
allerdings haben nach seiner Weise, die in seiner Sprache nieder=
gelegten Begriffe sorgfältig entwickelt; er hat nur das nicht gethan,
was, falls es ihm gelänge, einem Wunder gleich zu achten wäre.

Es erhellt, im Vorbeigehen, daß beim Volke einer todten Sprache
im Anfange, wo die Sprache noch nicht allseitig klar genug ist, der
Trieb des Denkens noch am kräftigsten walten und die scheinbarsten
Erzeugnisse hervorbringen werde; daß aber dieser, sowie die Sprache
klarer und bestimmter wird, in den Fesseln derselben immer mehr er=
sterben müsse, sodaß zuletzt die Philosophie eines solchen Volks mit

eigenem Bewußtsein sich bescheiden wird, daß sie nur eine Erklärung des Wörterbuchs oder, wie undeutscher Geist unter uns dies hoch= tönender ausgedrückt hat, eine Metakritik der Sprache sei; zu aller= letzt, daß ein solches Volk etwa ein mittelmäßiges Lehrgedicht über die Heuchelei in Komödienform für ihr größtes philosophisches Werk anerkennen wird.

In dieser Weise, sage ich, fließt die geistige Bildung und hier insbesondere das Denken in einer Ursprache nicht ein in das Leben, sondern es ist selbst Leben des also Denkenden. Doch strebt es noth= wendig, aus diesem also denkenden Leben einzufließen auf anderes Leben außer ihm, und so auf das vorhandene allgemeine Leben, und dieses nach sich zu gestalten. Denn eben weil jenes Denken Leben ist, wird es gefühlt von seinem Besitzer mit innigem Wohlgefallen in seiner belebenden, verklärenden und befreienden Kraft. Aber jeder, dem Heil aufgegangen ist in seinem Innern, will nothwendig daß allen andern dasselbe Heil widerfahre, und er ist so getrieben und muß arbeiten, daß die Quelle, aus der ihm sein Wohlsein aufging, auch über andere sich verbreite. Anders derjenige, der blos ein frem= des Denken als ein mögliches begriffen hat. So wie ihm selber dessen Inhalt weder Wohl noch Wehe gibt, sondern es nur seine Muße angenehm beschäftigt und unterhält, so kann er auch nicht glauben daß es einem andern wohl oder wehe machen könne, und hält es zuletzt für einerlei, woran jemand seinen Scharfsinn übe und womit er seine müßigen Stunden ausfülle.

Unter den Mitteln, das Denken, das im einzelnen Leben be= gonnen, in das allgemeine Leben einzuführen, ist das vorzüglichste die Dichtung: und so ist denn diese der zweite Hauptzweig der geisti= gen Bildung eines Volkes. Schon unmittelbar der Denker, wie er seinen Gedanken in der Sprache bezeichnet, welches nach Obigem nicht anders denn sinnbildlich geschehen kann und zwar über den bisherigen Umkreis der Sinnbildlichkeit hinaus neu erschaffend, ist Dichter; und falls er dies nicht ist, wird ihm schon beim ersten Gedanken die Sprache, und beim Versuche des zweiten das Denken selber ausgehen. Diese durch den Denker begonnene Erweiterung und Ergänzung des sinnbildlichen Kreises der Sprache durch dieses ganze Gebiet der Sinn= bilder zu verflößen, also daß jedwedes an seiner Stelle den ihm ge= bührenden Antheil von der neuen geistigen Veredlung erhalte, und so das ganze Leben bis auf seinen letzten sinnlichen Boden herab in den neuen Lichtstrahl getaucht erscheine, wohlgefalle und in bewußt= loser Täuschung wie von selbst sich veredle, dieses ist das Geschäft der eigentlichen Dichtung. Nur eine lebendige Sprache kann eine solche Dichtung haben; denn nur in ihr ist der sinnbildliche Kreis durch erschaffendes Denken zu erweitern, und nur in ihr bleibt das schon Geschaffene lebendig und dem Einströmen verschwisterten Lebens offen. Eine solche Sprache führt in sich Vermögen unendlicher, ewig zu erfrischender und zu verjüngender Dichtung, denn jede Regung des lebendigen Denkens in ihr eröffnet eine neue Ader dichterischer Begeisterung; und so ist ihr denn diese Dichtung das vorzüglichste Verflößungsmittel der erlangten geistigen Ausbildung in das allgemeine Leben. Eine todte Sprache kann in diesem höhern Sinne gar keine Dichtung haben, indem alle die angezeigten Bedingungen der Dichtung in ihr nicht vorhanden sind. Dagegen kann eine solche auf eine Zeit lang einen Stellvertreter der Dichtung haben auf folgende Weise. Die in der Stammsprache vorhandenen Ausflüsse der Dichtkunst werden die Aufmerksamkeit reizen. Zwar kann die neuentstandene Volksart nicht fortdichten auf der angehobenen Bahn, denn diese ist ihrem Leben fremd; aber sie kann ihr eigenes Leben und die neuen Verhältnisse desselben in den sinnbildlichen und dichterischen Kreis, in welchem ihre Vorwelt ihr eigenes Leben aussprach, einführen, und z. B. ihren Ritter ankleiden als Heros und umgekehrt, und die alten Götter mit den neuen das Gewand tauschen lassen. Gerade durch diese fremde Einhüllung des Gewöhnlichen wird dasselbe einen dem Idealisirten ähnlichen Reiz erhalten, und es werden ganz wohlgefällige Gestalten hervorgehen. Aber beides, sowol der sinnbildliche und dichterische Kreis der Stammsprache als die neuen Lebensverhältnisse, sind endliche und beschränkte Größen, ihre gegenseitige Durchdringung ist irgendwo vollendet; da aber, wo sie vollendet ist, feiert das Volk sein goldenes Zeitalter, und der Quell seiner Dichtung ist versiegt. Irgendwo gibt es nothwendig einen höchsten Punkt des Anpassens der geschlossenen Wörter an die geschlossenen Begriffe und der geschlossenen Sinnbilder an die geschlossenen Lebensverhältnisse. Nachdem dieser Punkt erreicht ist, kann das Volk nicht mehr denn entweder seine gelungensten Meisterstücke verändert wiederholen, also daß sie aussehen als ob sie etwas Neues seien, da sie doch nur das wohlbekannte Alte sind; oder, wenn sie durchaus neu sein wollen, zum Unpassenden und Unschicklichen ihre Zuflucht nehmen und ebenso in der Dichtkunst das Häßliche mit dem Schönen zusammenmischen und sich auf die Caricatur und das Humoristische legen, wie sie in der Prosa genöthigt sind die Begriffe zu verwirren und Laster und Tugend miteinander zu vermengen, wenn sie in neuen Weisen reden wollen.

Indem auf diese Weise in einem Volke geistige Bildung und Leben jedes für sich seinen besondern Gang fortgehen, so erfolgt von selbst, daß die Stände, die zu der ersten keinen Zugang haben und an die auch nicht einmal, wie in einem lebendigen Volke, die Folgen dieser Bildung kommen sollen, gegen die gebildeten Stände zurückgesetzt und gleichsam für eine andere Menschenart gehalten werden, die an Geisteskräften ursprünglich und durch die bloße Geburt den

ersten nicht gleich seien; daß darum die gebildeten Stände gar keine
wahrhaft liebende Theilnahme an ihnen und keinen Trieb haben
ihnen gründlich zu helfen, indem sie eben glauben, daß ihnen wegen
ursprünglicher Ungleichheit gar nicht zu helfen sei; und daß die Gebildeten vielmehr gereizt werden, dieselben zu brauchen wie sie sind
und sie also brauchen zu lassen. Auch diese Folge der Ertödtung
der Sprache kann beim Beginn des neuen Volkes durch eine menschen-
freundliche Religion und durch den Mangel an eigener Gewandtheit
der höhern Stände gemildert werden, im Fortgange aber wird diese
Verachtung des Volks immer unverhohlener und grausamer. Mit
diesem allgemeinen Grunde des Sicherhebens und Vornehmthuns der
gebildeten Stände hat noch ein besonderer sich vereinigt, welcher, da
er auch selbst auf die Deutschen einen sehr verbreiteten Einfluß gehabt, hier nicht übergangen werden darf. Nämlich die Römer, welche
anfangs den Griechen gegenüber, sehr unbefangen jenen nachsprechend,
sich selbst Barbaren und ihre eigene Sprache barbarisch nannten*),

---

*) Auch über den größern oder geringern Wohllaut einer Sprache
sollte, unsers Erachtens, nicht nach dem unmittelbaren Eindrucke, der
von so vielen Zufälligkeiten abhängt, entschieden werden, sondern es
müßte sich auch ein solches Urtheil auf feste Grundsätze zurückführen
lassen. Das Verdienst einer Sprache in dieser Rücksicht würde ohne
Zweifel darein zu setzen sein, daß sie zuvörderst das Vermögen des
menschlichen Sprachwerkzeugs erschöpfte und umfassend darstellte, sodann
daß sie die einzelnen Laute desselben zu einer naturgemäßen und schicklichen Verfließung ineinander verbände. Es geht schon hieraus hervor,
daß Nationen, die ihre Sprachwerkzeuge nur halb und einseitig aus-
bilden und gewisse Laute oder Zusammensetzungen unter Vorwand der
Schwierigkeit oder des Uebelklanges vermeiden, und denen leichtlich nur
das was sie zu hören gewohnt sind und hervorbringen können wohl-
klingen dürfte, bei einer solchen Untersuchung keine Stimme haben.
Wie nun, jene höhern Grundsätze vorausgesetzt, das Urtheil über
die deutsche Sprache in dieser Rücksicht ausfallen werde, mag hier un
entschieden bleiben. Die römische Stammsprache selbst wird von jeder neueuropäischen Nation ausgesprochen nach der derselben eigenen Mundart,
und ihre wahre Aussprache dürfte sich nicht leicht wieder herstellen lassen.
Es bliebe demnach nur noch die Frage übrig, ob denn den neulateinischen Sprachen gegenüber die deutsche so übel, hart und rauh töne,
wie einige zu glauben geneigt sind. Bis einmal diese Frage gründlich entschieden werde, mag wenigstens
vorläufig erklärt werden, wie es komme daß Ausländern und selbst
Deutschen, auch wenn sie unbefangen sind und ohne Vorliebe oder Haß,
dieses also scheine. Ein noch ungebildetes Volk von sehr regsamer
Einbildungskraft, bei großer Kindlichkeit des Sinnes und Freiheit von
Nationaleitelkeit (die Germanier scheinen dieses alles gewesen zu sein),

gaben nachher die auf sich geladene Benennung weiter und fanden
bei den Germaniern dieselbe gläubige Treuherzigkeit, die erst sie selbst
den Griechen gezeigt hatten. Die Germanier glaubten der Barbarei
nicht anders los werden zu können als wenn sie Römer würden. Die
auf ehemaligem römischen Boden Eingewanderten wurden es nach
allem ihrem Vermögen. In ihrer Einbildungskraft bekam aber „bar=
barisch" gar bald die Nebenbedeutung gemein, pöbelhaft, tölpisch, und
so ward das Römische im Gegentheil gleichgeltend mit vornehm. Bis
in das Allgemeine und Besondere ihrer Sprachen geht dieses hinein,
indem, wo Anstalten zur besonnenen und bewußten Bildung der
Sprache getroffen wurden, diese darauf gingen, die germanischen
Wurzeln auszuwerfen und aus römischen Wurzeln die Wörter zu
bilden und so die Romance als die Hof= und gebildete Sprache zu
erzeugen; im Besondern aber, indem fast ohne Ausnahme bei glei=
cher Bedeutung zweier Worte das aus germanischer Wurzel das Un=
edle und Schlechte, das aus römischer Wurzel aber das Edlere und
Vornehmere bedeutet.

⌐ Dieses, gleich als ob es eine Grundseuche des ganzen germa=
nischen Stammes wäre, fällt auch im Mutterlande den Deutschen an,
falls er nicht durch hohen Ernst dagegen gerüstet ist. Auch unsern
Ohren tönt gar leicht römischer Laut vornehm, auch unsern Augen
erscheint römische Sitte edler, dagegen das Deutsche gemein; und da
wir nicht so glücklich waren dieses alles aus der ersten Hand zu er=
halten, so lassen wir es uns auch aus der zweiten und durch den
Zwischenhandel der neuen Römer recht wohl gefallen. Solange wir
deutsch sind, erscheinen wir uns als Männer wie andere auch; wenn
wir halb oder auch über die Hälfte undeutsch reden und abstechende
Sitten und Kleidung an uns tragen, die gar weit herzukommen schei=
nen, so dünken wir uns vornehm, der Gipfel aber unsers Triumphs
ist es, wenn man uns gar nicht mehr für Deutsche sondern etwa
für Spanier oder Engländer hält, je nachdem nun einer von diesen
gerade am meisten Mode ist.⌐ Wir haben recht: Naturgemäßheit
von deutscher Seite, Willkürlichkeit und Künstelei von der Seite des

---

wird angezogen durch die Ferne und versetzt gern in diese, in entlegene
Länder und ferne Inseln, die Gegenstände seiner Wünsche und die Herr=
lichkeiten die es ahnt. Es entwickelt sich in ihm ein romantischer
Sinn (das Wort erklärt sich selbst und könnte nicht passender gebildet
sein). Laute und Töne aus jenen Gegenden treffen nun auf diesen
Sinn und regen seine ganze Wunderwelt auf, und darum gefallen sie.
Daher mag es kommen daß unsere ausgewanderten Landsleute so
leicht die eigene Sprache für die fremde aufgaben, und daß noch bis=
jetzt uns, ihren sehr entfernten Anverwandten, jene Töne so wunder=
bar gefallen.

Auslandes sind die Grundunterschiede; bleiben wir bei der ersten, so sind wir eben wie unser ganzes Volk, dieses begreift uns und nimmt uns als seinesgleichen; nur wie wir zur letzten unsere Zuflucht nehmen, werden wir ihm unverständlich und es hält uns für andere Naturen. Dem Auslande kommt diese Unnatur von selbst in sein Leben, weil es ursprünglich und in einer Hauptsache von der Natur abgewichen; wir müssen sie erst aufsuchen und an den Glauben daß etwas schön, schicklich und bequem sei, das auf natürliche Weise uns nicht also erscheint, uns erst gewöhnen. Von diesem allen ist nun beim Deutschen der Hauptgrund sein Glaube an die größere Vornehmigkeit des romanisirten Auslandes, nebst der Sucht ebenso vornehm zu thun und auch in Deutschland die Kluft zwischen den höhern Ständen und dem Volke, die im Auslande natürlich erwuchs, künstlich aufzubauen. Es sei genug, hier den Grundquell dieser Ausländerei unter den Deutschen angegeben zu haben; wie ausgebreitet diese gewirkt, und daß alle die Uebel, an denen wir jetzt zu Grunde gegangen, ausländischen Ursprungs sind, welche freilich nur in der Vereinigung mit deutschem Ernste und Einfluß aufs Leben das Verderben nach sich ziehen mußten, werden wir zu einer andern Zeit zeigen.

Außer diesen beiden aus dem Grundunterschiede erfolgenden Erscheinungen, daß geistige Bildung ins Leben eingreife oder nicht, und daß zwischen den gebildeten Ständen und dem Volke eine Scheidewand bestehe oder nicht, führte ich noch die folgende an, daß das Volk der lebendigen Sprache Fleiß und Ernst haben und Mühe anwenden werde in allen Dingen, dagegen das der todten Sprache die geistige Beschäftigung mehr für ein genialisches Spiel halte und im Geleite seiner glücklichen Natur sich gehen lasse. Dieser Umstand ergibt aus dem Obengesagten sich von selbst. Beim Volke der lebendigen Sprache geht die Untersuchung aus von einem Bedürfnisse des Lebens, welches durch sie befriedigt werden soll, und erhält so alle die nöthigenden Antriebe, die das Leben selbst bei sich führt; bei dem der todten will sie weiter nichts denn die Zeit auf eine angenehme und dem Sinne fürs Schöne angemessene Weise hinbringen, und sie hat ihren Zweck vollständig erreicht wenn sie dies gethan hat. Bei den Ausländern ist das letzte fast nothwendig; beim Deutschen, wo diese Erscheinung sich einstellt, ist das Pochen auf Genie und glückliche Natur eine seiner unwürdige Ausländerei, die so wie alle Ausländerei aus der Sucht vornehm zu thun entsteht. Zwar wird in keinem Volke der Welt ohne einen ursprünglichen Antrieb im Menschen, der, als ein Uebersinnliches, mit dem ausländischen Namen mit Recht „Genius" genannt wird, irgendetwas Treffliches entstehen. Aber dieser Antrieb für sich allein regt nur die Einbildungskraft an und entwirft in ihr über dem Boden schwebende, niemals vollkommen bestimmte Gestalten. Daß diese bis auf den Boden des wirklichen Lebens herab vollendet und bis zur Haltbarkeit in diesem bestimmt werden, dazu bedarf es des fleißigen, besonnenen und nach einer festen Regel einhergehenden Denkens. Genialität liefert dem Fleiße den Stoff zur Bearbeitung, und der letzte würde ohne die erste entweder nur das schon Bearbeitete, oder nichts zu bearbeiten haben. Der Fleiß aber führt diesen Stoff, der ohne ihn ein leeres Spiel bleiben würde, ins Leben ein; und so vermögen beide nur in ihrer Vereinigung etwas, getrennt aber sind sie nichtig. Nun kann überdies im Volke einer todten Sprache gar keine wahrhaft erschaffende Genialität zum Ausbruch kommen, weil es ihnen am ursprünglichen Bezeichnungsvermögen fehlt, sondern sie können nur schon Angehobenes fortbilden und in die ganze schon vorhandene und vollendete Bezeichnung verflößen.

Was insbesondere die größere Mühe anbelangt, so ist natürlich, daß diese auf das Volk der lebendigen Sprache falle. Eine lebendige Sprache kann in Vergleichung mit einer andern auf einer hohen Stufe der Bildung stehen, aber sie kann niemals in sich selber diejenige Vollendung und Ausbildung erhalten, die eine todte Sprache gar leichtlich erhält. In der letzten ist der Umfang der Wörter geschlossen, die möglichen schicklichen Zusammenstellungen derselben werden allmählich auch erschöpft, und so muß der, der diese Sprache reden will, sie eben reden so wie sie ist; nachdem er dieses aber einmal gelernt hat, redet die Sprache in seinem Munde sich selbst und denkt und dichtet für ihn. In einer lebendigen Sprache aber, wenn nur in ihr wirklich gelebt wird, vermehren und verändern die Worte und ihre Bedeutungen sich immerfort und eben dadurch werden neue Zusammenstellungen möglich, und die Sprache, die niemals ist sondern ewigfort wird, redet sich nicht selbst, sondern wer sie gebrauchen will muß eben selber nach seiner Weise und schöpferisch für sein Bedürfniß sie reden. Ohne Zweifel erfordert das letzte weit mehr Fleiß und Uebungen denn das erste. Ebenso gehen, wie schon oben gesagt, die Untersuchungen des Volks einer lebendigen Sprache bis auf die Wurzel der Ausströmung der Begriffe aus der geistigen Natur selbst; dagegen die einer todten Sprache nur einen fremden Begriff zu durchdringen und sich begreiflich zu machen suchen, und so in der That nur geschichtlich und auslegend, jene ersten aber wahrhaft philosophisch sind. Es begreift sich, daß eine Untersuchung von der letzten Art eher und leichter abgeschlossen werden möge denn eine von der ersten.

Nach allem wird der ausländische Genius die betretenen Heerbahnen des Alterthums mit Blumen bestreuen und der Lebensweisheit, die leicht ihm für Philosophie gelten wird, ein zierliches Gewand weben; dagegen wird der deutsche Geist neue Schachten eröffnen und

Licht und Tag einführen in ihre Abgründe, und Felsmassen von Gedanken schleudern, aus denen die künftigen Zeitalter sich Wohnungen
erbauen. Der ausländische Genius wird sein ein lieblicher Sylphe,
der mit leichtem Fluge über den seinem Boden von selbst entkeimten
Blumen hinschwebt, und sich niederläßt auf dieselben ohne sie zu
beugen, und ihren erquickenden Thau in sich zieht; oder eine Biene,
die aus denselben Blumen mit geschäftiger Kunst den Honig sammelt
und ihn in regelmäßig gebauten Zellen zierlich geordnet niederlegt;
der deutsche Geist ein Adler, der mit Gewalt seinen gewichtigen Leib
emporreißt und mit starkem und vielgeübtem Flügel viel Luft unter
sich bringt, um sich näher zu heben der Sonne, deren Anschauung
ihn entzückt.

Um alles bisher Gesagte in einen Hauptgesichtspunkt zusammen-
zufassen. In Beziehung auf die Bildungsgeschichte überhaupt eines
Menschengeschlechts, das historisch in ein Alterthum und in eine neue
Welt zerfallen ist, werden zur ursprünglichen Fortbildung dieser neuen
Welt im großen und ganzen die beiden beschriebenen Hauptstämme
sich also verhalten. Der ausländisch gewordene Theil der frischen
Nation hat durch seine Annahme der Sprache des Alterthums eine
weit größere Verwandtschaft zu diesem erhalten. Es wird diesem
Theile anfangs weit leichter werden, die Sprache desselben auch in
ihrer ersten und unveränderten Gestalt zu erfassen, in die Denkmale
ihrer Bildung einzudringen und in dieselben ohngefähr so viel frisches
Leben zu bringen, daß sie sich an das entstandene neue Leben an-
fügen können. Kurz, es wird von ihnen das Studium des classischen
Alterthums über das neuere Europa ausgegangen sein. Von den
ungelöst gebliebenen Aufgaben desselben begeistert, wird es dieselben
fortbearbeiten, aber freilich nur also wie man eine keineswegs durch
ein Bedürfniß des Lebens, sondern durch bloße Wißbegier gegebene
Aufgabe bearbeitet, leicht sie nehmend, nicht mit ganzem Gemüthe,
sondern nur mit der Einbildungskraft sie erfassend und lediglich in
dieser zu einem luftigen Leibe sie gestaltend. Bei dem Reichthume
des Stoffs, den das Alterthum hinterlassen, bei der Leichtigkeit, mit
der in dieser Weise sich arbeiten läßt, werden sie eine Fülle solcher
Bilder in den Gesichtskreis der neuen Welt einführen. Diese schon
in die neue Form gestalteten Bilder der alten Welt, angekommen
bei demjenigen Theile des Urstammes, der durch beibehaltene Sprache
im Flusse ursprünglicher Bildung blieb, werden auch dessen Aufmerksamkeit und Selbstthätigkeit reizen, sie, welche vielleicht wenn
sie in der alten Form geblieben wären unbeachtet und unvernommen
vor ihm vorübergegangen wären. Aber er wird, so gewiß er sie
nur wirklich erfaßt und nicht etwa nur sie weiter gibt von Hand in
Hand, dieselben erfassen gemäß seiner Natur, nicht im bloßen Wissen
eines fremden, sondern als Bestandtheil seines Lebens, und so sie

aus dem Leben der neuen Welt nicht nur ableiten, sondern sie auch
in dasselbe wiederum einführen, verkörpernd die vorher blos luftigen
Gestalten zu gediegenen und im wirklichen Lebenselemente haltbaren
Leibern.

In dieser Verwandlung, die das Ausland selbst ihm zu geben
niemals vermocht hätte, erhält nun dieses es von ihnen zurück, und
vermittels dieses Durchganges allein wird eine Fortbildung des
Menschengeschlechts auf der Bahn des Alterthums, eine Vereinigung
der beiden Haupthälften und ein regelmäßiger Fortfluß der mensch=
lichen Entwickelung möglich. In dieser neuen Ordnung der Dinge
wird das Mutterland nicht eigentlich erfinden, sondern im kleinsten
wie im größten wird es immer bekennen müssen, daß es durch irgend=
einen Wink des Auslandes angeregt worden, welches Ausland selbst
wieder angeregt wurde durch die Alten; aber das Mutterland wird
ernsthaft nehmen und ins Leben einführen was dort nur obenhin
und flüchtig entworfen wurde. An treffenden und tiefgreifenden Bei=
spielen dieses Verhältniß darzulegen, ist, wie schon oben gesagt, hier
nicht der Ort, und wir behalten es uns vor auf die künftige Rede.

Beide Theile der gemeinsamen Nation blieben auf diese Weise
Eins, und nur in dieser Trennung und Einheit zugleich sind sie ein
Pfropfreis auf dem Stamme der alterthümlichen Bildung, welche
letztere außerdem durch die neue Zeit abgebrochen sein und die Mensch=
heit ihren Weg von vorn wieder angefangen haben würde. In die=
sen ihren beim Ausgangspunkte verschiedenen, am Ziele zusammen=
laufenden Bestimmungen müssen nun beide Theile jeder sich selbst
und den andern erkennen und denselben gemäß einander benutzen,
besonders aber jeder den andern zu erhalten und in seiner Eigen=
thümlichkeit unverfälscht zu lassen sich bequemen, wenn es mit all=
seitiger und vollständiger Bildung des Ganzen einen guten Fortgang
haben soll. Was diese Erkenntniß anbelangt, so dürfte dieselbe wol
vom Mutterlande, als welchem zunächst der Sinn für die Tiefe ver=
liehen ist, ausgehen müssen. Wenn aber, in seiner Blindheit für
solche Verhältnisse und fortgerissen von oberflächlichem Scheine, das
Ausland jemals darauf ausgehen sollte, sein Mutterland der Selb=
ständigkeit zu berauben und es dadurch zu vernichten und aufzunehmen
in sich, so würde dasselbe, wenn ihm dieser Vorsatz gelänge, dadurch
für sich selbst die letzte Ader zerschneiden, durch die es bisher noch
zusammenhing mit der Natur und dem Leben, und es würde gänz=
lich anheimfallen dem geistigen Tode, der ohnedies im Fortgange
der Zeiten immer sichtbarer als sein Wesen sich offenbart hat; so=
dann wäre der bisher noch stetig fortgegangene Fluß der Bildung
unsers Geschlechts in der That beschlossen, und die Barbarei müßte
wieder beginnen und ohne Rettung fortschreiten so lange, bis wir ins=
gesammt wieder in Höhlen lebten wie die wilden Thiere und gleich

ihnen uns untereinander aufzehrten. Daß dies wirklich also sei und nothwendig also erfolgen müsse, kann freilich nur der Deutsche einsehen, und er allein soll es auch; dem Ausländer, der, da er keine fremde Bildung kennt, unbegrenztes Feld hat sich in der seinigen zu bewundern, muß es und mag es immer erscheinen als eine abgeschmackte Lästerung der schlecht unterrichteten Unwissenheit.

Das Ausland ist die Erde, aus welcher fruchtbare Dünste sich absondern und sich emporheben zu den Wolken, und durch welche auch noch die in den Tartarus verwiesenen alten Götter zusammenhängen mit dem Umkreise des Lebens. Das Mutterland ist der jene umgebende ewige Himmel, an welchem die leichten Dünste sich verdichten zu Wolken, die, durch des Donnerers aus anderer Welt stammenden Blitzstrahl geschwängert, herabfallen als befeuchtender Regen, der Himmel und Erde vereinigt und die im erstern einheimischen Gaben auch dem Schose der letztern entkeimen läßt. Wollen neue Titanen abermals den Himmel erstürmen? Er wird für sie nicht Himmel sein, denn sie sind Erdgeborene; es wird ihnen blos der Anblick und die Einwirkung des Himmels entrückt werden, und nur ihre Erde als eine kalte, finstere und unfruchtbare Behausung ihnen zurückbleiben. Aber was vermöchte, sagt ein römischer Dichter, was vermöchte ein Typhoeus, oder der gewaltige Mimas, oder Porphyrion in drohender Stellung, oder Rhötus, oder der kühne Schleuderer ausgerissener Baumstämme, Enceladus, wenn sie sich stürzen gegen Pallas' tönenden Schild! Dieser selbige Schild ist es, der ohne Zweifel auch uns decken wird, wenn wir es verstehen uns unter seinen Schutz zu begeben.

5 *

Sechste Rede.

Darlegung der deutschen Grundzüge in der Geschichte.

Welche Hauptunterschiede sein würden zwischen einem Volke, das in seiner ursprünglichen Sprache sich fortbildet, und einem solchen, das eine fremde Sprache angenommen, ist in der vorigen Rede auseinandergesetzt. Wir sagten bei dieser Gelegenheit: was das Ausland betreffe, so wollten wir dem eigenen Urtheile jedweden Beobachters die Entscheidung überlassen, ob in demselben diejenigen Erscheinungen wirklich einträten, die zufolge unserer Behauptungen darin eintreten müßten; was aber die Deutschen betrifft, machten wir uns anheischig darzulegen, daß diese sich wirklich also geäußert wie unsern Behauptungen zufolge das Volk einer Ursprache sich äußern müsse. Wir gehen heute an die Erfüllung unseres Versprechens, und zwar legen wir das zu Erweisende zunächst dar an der letzten großen und in gewissem Sinne vollendeten Weltthat des deutschen Volkes, an der kirchlichen Reformation.

Das aus Asien stammende und durch seine Verderbung erst recht asiatisch gewordene, nur stumme Ergebung und blinden Glauben predigende Christenthum war schon für die Römer etwas Fremdartiges und Ausländisches; es wurde niemals von ihnen wahrhaft durchdrungen und angeeignet und theilte ihr Wesen in zwei nicht aneinander passende Hälften; wobei jedoch die Anfügung des fremden Theils durch den angestammten schwermüthigen Aberglauben vermittelt wurde. An den eingewanderten Germaniern erhielt diese Religion Zöglinge, in denen keine frühere Verstandesbildung ihr hinderlich war, aber auch kein angestammter Aberglaube sie begünstigte; und so wurde sie denn an dieselben gebracht als ein zum Römer, das sie nun einmal sein wollten, eben auch gehöriges Stück, ohne sonderlichen Einfluß auf ihr Leben. Daß diese christlichen Erzieher von der altrömischen Bildung und dem Sprachverständnisse, als dem Behälter derselben, nicht mehr an diese Neubekehrten kommen ließen als mit ihren Absichten sich vertrug, versteht sich von selbst; und auch hierin liegt ein Grund des Verfalls und der Ertödtung der römischen Sprache in ihrem Munde. Als späterhin die echten und unverfälschten Denkmale der alten Bildung in die Hände dieser Völker fielen und dadurch der Trieb selbstthätig zu denken und zu begreifen in ihnen angeregt wurde, so mußte, da ihnen theils dieser Trieb neu und frisch war, theils kein angestammtes Erschrecken vor den Göttern ihm das Gegengewicht hielt, der Widerspruch eines blinden Glaubens und der sonderbaren Dinge, welche im Verlaufe der Zeiten zu Gegenständen desselben geworden waren, dieselben weit härter treffen denn sogar die Römer, als an diese zuerst das Christen= thum kam. Einleuchten des vollkommenen Widerspruchs aus dem= jenigen woran man bisher treuherzig geglaubt hat, erregt Lachen; die, welche das Räthsel gelöst hatten, lachten und spotteten, und die Priester selbst, die es ebenfalls gelöst hatten, lachten mit, gesichert dadurch, daß nur sehr wenigen der Zugang zur alterthümlichen Bildung als dem Lösungsmittel des Zaubers offen stehe. Ich deute hiermit vorzüglich auf Italien, als den damaligen Hauptsitz der neurömischen Bildung, hinter welchem die übrigen neurömischen Stämme in jeder Rücksicht noch sehr weit zurück waren.

Sie lachten des Truges, denn es war kein Ernst in ihnen den er erbittert hätte; sie wurden durch diesen ausschließenden Besitz einer ungemeinen Erkenntniß um so sicherer ein vornehmer und ge= bildeter Stand und mochten es wohl leiden, daß der große Haufe, für den sie kein Gemüth hatten, dem Truge ferner preisgegeben und so auch für ihre Zwecke folgsamer erhalten bliebe. Also nur, daß das Volk betrogen werde, der Vornehmere den Betrug nütze und sein lache, konnte es fortbestehen; und es würde wahrscheinlich, wenn in der neuen Zeit nichts vorhanden gewesen wäre außer Neu= römer, also fortbestanden haben bis ans Ende der Tage.

Sie sehen hier einen klaren Beleg zu dem was früher über die Fortsetzung der alten Bildung durch die neue und über den Antheil, den die Neurömer daran zu haben vermögen, gesagt wurde. Die neue Klarheit ging aus von den Alten, sie fiel zuerst in den Mittelpunkt der neurömischen Bildung, sie wurde daselbst nur zu einer Verstandeseinsicht ausgebildet, ohne das Leben zu ergreifen und anders zu gestalten.

Nicht länger aber konnte der bisherige Zustand der Dinge be= stehen, sobald dieses Licht in ein in wahrem Ernste und bis auf das Leben herab religiöses Gemüth fiel und wenn dieses Gemüth von einem Volke umgeben war, dem es seine erustere Ansicht der Sache leicht mittheilen konnte, und dieses Volk Häupter fand, welche auf sein entschiedenes Bedürfniß etwas gaben. So tief auch das Christen=

thum herabsinken mochte, so bleibt doch immer in ihm ein Grund=
bestandtheil, in dem Wahrheit ist, und der ein Leben, das nur wirk=
liches und selbstständiges Leben ist, sicher anregt, die Frage: was
sollen wir thun damit wir selig werden? War diese Frage auf einen
erstorbenen Boden gefallen, wo es entweder überhaupt an seinen
Ort gestellt blieb ob wol so etwas wie Seligkeit im Ernste möglich
sei, oder, wenn auch das erste angenommen worden wäre, dennoch
gar kein fester und entschiedner Wille selbst auch selig zu werden
vorhanden war, so hatte auf diesem Boden die Religion gleich an=
fangs nicht eingegriffen in Leben und Willen, sondern sie war nur
als ein schwankender und blasser Schatten im Gedächtnisse und in
der Einbildungskraft behangen geblieben; und so mußten natürlich
auch alle fernere Aufklärungen über den Zustand der vorhandenen
Religionsbegriffe gleichfalls ohne Einfluß auf das Leben bleiben.
War hingegen jene Frage in einen ursprünglich lebendigen Boden
gefallen, sodaß im Ernste geglaubt wurde, es gebe eine Seligkeit,
und der feste Wille da war selig zu werden, und die von der bis=
herigen Religion angegebenen Mittel zur Seligkeit mit innigem
Glauben und redlichem Ernste in dieser Absicht gebraucht worden
waren, so mußte, wenn in diesen Boden, der gerade durch sein Ernst=
nehmen dem Lichte über die Beschaffenheit dieser Mittel sich länger
verschloß, dieses Licht zuletzt dennoch fiel, ein gräßliches Entsetzen
sich erzeugen vor dem Betruge um das Heil der Seele, und die
treibende Unruhe, dieses Heil auf andere Weise zu retten; und was
als in ewiges Verderben stürzend erschien, konnte nicht scherzhaft
genommen werden. Ferner konnte der einzelne, der zuerst diese An=
sicht ergriffen, keineswegs zufrieden sein etwa nur seine eigene Seele
zu retten, gleichgültig über das Wohl aller übrigen unsterblichen
Seelen, indem er, seiner tiefern Religion zufolge, dadurch auch nicht
einmal die eigene Seele gerettet hätte; sondern mit der gleichen Angst,
die er um diese fühlte, mußte er ringen schlechthin allen Menschen
in der Welt das Auge zu öffnen über die verdammliche Täuschung.

Auf diese Weise nun fiel die Einsicht, die lange vor ihm sehr
viele Ausländer wol in größerer Verstandesklarheit gehabt hatten,
in das Gemüth des deutschen Mannes Luther. An alterthümlicher
und feiner Bildung, an Gelehrsamkeit, an andern Vorzügen über=
trafen ihn nicht nur Ausländer, sondern sogar viele in seiner Nation.
Aber ihn ergriff ein allmächtiger Antrieb, die Angst um das ewige
Heil, und dieser ward das Leben in seinem Leben und setzte immer=
fort das letzte in die Wage und gab ihm die Kraft und die Gaben,
die die Nachwelt bewundert. Mögen andere bei der Reformation
irdische Zwecke gehabt haben, sie hätten nie gesiegt, hätte nicht an
ihrer Spitze ein Anführer gestanden, der durch das Ewige begeistert
wurde; daß dieser, der immerfort das Heil aller unsterblichen Seelen

auf dem Spiel stehen sah, alles Ernstes allen Teufeln in der Hölle furchtlos entgegenging, ist natürlich und durchaus kein Wunder. Dies nun ist ein Beleg von deutschem Ernst und Gemüth.

Daß Luther mit diesem rein menschlichen, und nur durch jeden selbst zu besorgenden Anliegen an alle und zunächst an die Gesammt=heit seiner Nation sich wendete, lag, wie gesagt, in der Sache. Wie nahm nun sein Volk diesen Antrag auf? Blieb es in seiner dumpfen Ruhe, gefesselt an den Boden durch irdische Geschäfte und ungestört fortgehend den gewohnten Gang, oder erregte die nicht alltägliche Erscheinung gewaltiger Begeisterung blos sein Gelächter? Keines=wegs, sondern es wurde wie durch ein fortlaufendes Feuer ergriffen von derselben Sorge für das Heil der Seele, und diese Sorge er=öffnete schnell auch ihr Auge der vollkommenen Klarheit, und sie nahmen auf im Fluge das ihnen Dargebotene. War diese Begeisterung nur eine augenblickliche Erhebung der Einbildungskraft, die im Leben und gegen dessen ernsthafte Kämpfe und Gefahren nicht standhielt? Keineswegs, sie entbehrten alles und trugen alle Martern und kämpften in blutigen zweifelhaften Kriegen, lediglich damit sie nicht wieder unter die Gewalt des verdammlichen Papstthums geriethen, sondern ihnen und ihren Kindern fort das allein seligmachende Licht des Evangeliums schiene; und es erneuten sich an ihnen in später Zeit alle Wunder, die das Christenthum bei seinem Beginnen an seinen Bekennern darlegte. Alle Aeußerungen jener Zeit sind erfüllt von dieser allgemein verbreiteten Besorgtheit um die Seligkeit. Sehen Sie hier einen Beleg von der Eigenthümlichkeit des deutschen Volkes. Es ist durch Begeisterung zu jedweder Begeisterung und jedweder Klarheit leicht zu erheben, und seine Begeisterung hält aus für das Leben und gestaltet dasselbe um.

Auch früher und anderwärts hatten Reformatoren Haufen des Volks begeistert und sie zu Gemeinden versammelt und gebildet; den=noch erhielten diese Gemeinden keinen festen und auf dem Boden der bisherigen Verfassung begründeten Bestand, weil die Volkshäupter und Fürsten der bisherigen Verfassung nicht auf ihre Seite traten. Auch der Reformation durch Luther schien anfangs kein günstigeres Schicksal bestimmt. Der weise Kurfürst, unter dessen Augen sie be=gann, schien mehr im Sinne des Auslands als in dem deutschen weise zu sein; er schien die eigentliche Streitfrage nicht sonderlich gefaßt zu haben, einem Streite zwischen zwei Mönchsorden, wie ihm es schien, nicht viel Gewicht beizulegen und höchstens blos um den guten Ruf seiner neu errichteten Universität besorgt zu sein. Aber er hatte Nachfolger, die, weit weniger weise denn er, von derselben ernstlichen Sorge für ihre Seligkeit ergriffen wurden, die in ihren Völkern lebte, und vermittels dieser Gleichheit mit ihnen verschmolzen bis zu gemeinsamen Leben oder Tod, Sieg oder Untergange.

Sehen Sie hieran einen Beleg zu dem obenangegebenen Grund=
zuge der Deutschen, als einer Gesammtheit, und zu ihrer durch die
Natur begründeten Verfassung. Die großen National= und Welt=
angelegenheiten sind bisher durch freiwillig auftretende Redner an
das Volk gebracht worden und bei diesem durchgegangen. Mochten
doch ihre Fürsten anfangs, aus Ausländerei und aus Sucht vor=
nehm zu thun und zu glänzen, wie jene sich absondern von der
Nation und diese verlassen oder verrathen, so wurden sie auch
später leicht wieder fortgerissen zur Einstimmigkeit mit derselben und
erbarmten sich ihrer Völker. Daß das erste stets der Fall gewesen
sei, werden wir tiefer unten noch an andern Belegen darthun; daß
das letztere fortdauernd der Fall bleiben möge, können wir nur mit
heißer Sehnsucht wünschen.

Ohnerachtet man nun bekennen muß, daß in der Angst jenes
Zeitalters um das Heil der Seelen eine Dunkelheit und Unklarheit
blieb, indem es nicht darum zu thun war, den äußern Vermittler
zwischen Gott und den Menschen nur zu verändern, sondern gar
keines äußern Mittlers zu bedürfen und das Band des Zusammen=
hanges in sich selber zu finden: so war es doch vielleicht nothwendig,
daß die religiöse Ausbildung der Menschen im ganzen durch diesen
Mittelzustand hindurchginge. Luthern selbst hat sein redlicher Eifer
noch mehr gegeben denn er suchte, und ihn weit hinausgeführt
über sein Lehrgebäude. Nachdem er nur die ersten Kämpfe der
Gewissensangst, die ihm sein kühnes Losreißen von dem ganzen bis=
herigen Glauben verursachte, bestanden hatte, sind alle seine Aeuße=
rungen voll eines Jubels und Triumphs über die erlangte Freiheit
der Kinder Gottes, welche die Seligkeit gewiß nicht mehr außer sich
und jenseit des Grabes suchten, sondern der Ausbruch des un=
mittelbaren Gefühls derselben waren. Er ist hierin das Vorbild
aller künftigen Zeitalter geworden und hat für uns alle vollendet.
Sehen Sie auch hier einen Grundzug des deutschen Geistes. Wenn
er nur sucht, so findet er mehr als er suchte; denn er geräth hinein
in den Strom lebendigen Lebens, das durch sich selbst fortrinnt und
ihn mit sich fortreißt.

Dem Papstthume, dieses nach seiner eigenen Gesinnung ge=
nommen und beurtheilt, geschah durch die Weise, wie die Refor=
mation dasselbe nahm, ohne Zweifel Unrecht. Die Aeußerungen
desselben waren wol größtentheils aus der vorliegenden Sprache
blind herausgerissen, asiatisch rednerisch übertreibend, gelten sollend
was sie könnten, und rechnend daß mehr als der gebührende Ab=
zug wol ohnedies werde gemacht werden, niemals aber ernstlich er=
messen, erwogen oder gemeint. Die Reformation nahm mit deutschem
Ernste sie nach ihrem vollen Gewichte; und sie hatte recht, daß man
alles also nehmen solle, unrecht, wenn sie glaubte, jene hätten es

also genommen, und sie noch anderer Dinge denn ihrer natürlichen
Flachheit und Ungründlichkeit bezichtigte.   Ueberhaupt ist dies die
stets sich gleichbleibende Erscheinung in jedem Streit des deutschen
Ernstes gegen das Ausland, ob dieses sich nun außer Landes oder
im Lande befinde, daß das letztere gar nicht begreifen kann, wie
man über so gleichgültige Dinge, als Worte und Redensarten sind,
ein so großes Wesen erheben möge, und daß sie, aus deutschem
Munde es wieder hörend, nicht gesagt haben wollen was sie doch
gesagt haben und sagen und immerfort sagen werden, und über
Verleumdung, die sie Consequenzmacherei nennen, klagen, wenn
man ihre Aeußerungen in ihrem buchstäblichen Sinne und als ernst=
lich gemeint nimmt, und dieselben betrachtet als Bestandtheile einer
folgebeständigen Denkreihe, die man nun rückwärts nach ihren Grund=
sätzen und vorwärts nach ihren Folgen herstellt; indeß man doch
vielleicht sehr entfernt ist, ihnen für die Person klares Bewußtsein
dessen, was sie reden, und Folgebeständigkeit beizumessen.   In jener
Anmuthung, man müsse eben jedwedes Ding nehmen wie es ge=
meint sei, nicht aber etwa noch darüber hinaus das Recht zu meinen
und laut zu meinen in Frage ziehen, verräth sich immer die noch
so tief versteckte Ausländerei.

Dieser Ernst, mit welchem das alte Religionslehrgebäude ge=
nommen wurde, nöthigte dieses selbst zu einem größern Ernste,
als es bisher gehabt hatte, und zu neuer Prüfung, Umdeutung,
Befestigung der alten Lehre, sowie zu größerer Behutsamkeit in Lehre
und Leben für die Zukunft: und dieses, sowie das Zunächstfolgende,
sei Ihnen ein Beleg von der Weise, wie Deutschland auf das übrige
Europa immer zurückgewirkt hat.   Hierdurch erhielt für das Allgemeine
die alte Lehre wenigstens diejenige unschädliche Wirksamkeit, die sie,
nachdem sie nun einmal nicht aufgegeben werden sollte, haben konnte;
insbesondere aber ward sie für die Vertheidiger derselben Gelegen=
heit und Aufforderung zu einem gründlichern und folgegemäßern
Nachdenken, als bisher stattgehabt hatte.   Davon, daß die in Deutsch=
land verbesserte Lehre auch in das neulateinische Ausland sich ver=
breitet und daselbst denselben Erfolg höherer Begeisterung hervor=
gebracht, wollen wir hier, als von einer vorübergehenden Erscheinung,
schweigen: wiewol es immer merkwürdig ist, daß die neue Lehre in
keinem eigentlich neulateinischen Lande zu einem vom Staate aner=
kannten Bestande gekommen; indem es scheint, daß es deutscher Gründ=
lichkeit bei den Regierenden und deutscher Gutmüthigkeit beim Volke
bedurft habe, um diese Lehre verträglich mit der Obergewalt zu
finden und sie also zu machen.

In einer andern Rücksicht aber, und zwar nicht auf das Volk
sondern auf die gebildeten Stände, hat Deutschland durch seine
Kirchenverbesserung einen allgemeinen und dauernden Einfluß auf

das Ausland gehabt, und durch diesen Einfluß das Ausland wieder zum Vorgänger für sich selbst und zu seinem eigenen Anreger zu neuen Schöpfungen sich zubereitet. Das freie und selbstthätige Denken, oder die Philosophie, war schon in den vorhergehenden Jahrhunderten unter der Herrschaft der alten Lehre häufig angeregt und geübt worden, keineswegs aber um aus sich selbst Wahrheit hervorzubringen, sondern nur um zu zeigen daß und auf welche Weise die Lehre der Kirche wahr sei. Dasselbe Geschäft in Beziehung auf ihre Lehre erhielt zunächst die Philosophie auch bei den deutschen Protestanten und ward bei diesen Dienerin des Evangeliums, sowie sie bei den Scholastikern die der Kirche gewesen war. Im Auslande, das entweder kein Evangelium hatte, oder das dasselbe nicht mit unvermischt deutscher Andacht und Tiefe des Gemüths gefaßt hatte, erhob das durch den erhaltenen glänzenden Triumph angefeuerte freie Denken sich leichter und höher, ohne die Fessel eines Glaubens an Uebersinnliches; aber es blieb in der sinnlichen Fessel des Glaubens an den natürlichen, ohne Bildung und Sitte aufgewachsenen Verstand; und weit entfernt daß es in der Vernunft die Quelle auf sich selbst beruhender Wahrheit entdeckt hätte, wurden für dasselbe die Aussprüche dieses rohen Verstandes dasjenige, was für die Scholastiker die Kirche, für die ersten protestantischen Theologen das Evangelium war; ob sie wahr seien, darüber regte sich kein Zweifel, die Frage war blos, wie sie diese Wahrheit gegen bestreitende Ansprüche behaupten könnten.

Indem nun dieses Denken in das Gebiet der Vernunft, deren Gegenstreit bedeutender gewesen sein würde, gar nicht hineinkam, so fand es keinen Gegner außer der historisch vorhandenen Religion und wurde mit dieser leicht fertig, indem es sie an den Maßstab des vorausgesetzten gesunden Verstandes hielt und sich dabei klar zeigte, daß sie demselben eben widerspräche; und so kam es denn, daß, sowie dieses alles ins Reine gebracht wurde, im Auslande die Benennung des Philosophen und die des Irreligiösen und Gottesleugners gleichbedeutend wurden und zu gleicher ehrenvoller Auszeichnung gereichten.

Die versuchte gänzliche Erhebung über allen Glauben an fremdes Ansehen, welche in diesen Bestrebungen des Auslandes das Richtige war, wurde den Deutschen, von denen sie vermittels der Kirchenverbesserung erst ausgegangen war, zu neuer Anregung. Zwar sagten untergeordnete und unselbständige Köpfe unter uns diese Lehre des Auslandes eben nach — lieber die des Auslandes, wie es scheint, als die ebenso leicht zu habende ihrer Landsleute, darum weil ihnen das erste vornehmer dünkte —, und diese Köpfe suchten, so gut es gehen wollte, sich selber davon zu überzeugen; wo aber selbständiger deutscher Geist sich regte, da genügte das

Sinnliche nicht, sondern es entstand die Aufgabe, das, freilich nicht auf fremdes Ansehen zu glaubende, Uebersinnliche in der Vernunft selbst aufzusuchen und so erst eigentliche Philosophie zu erschaffen, indem man, wie es sein sollte, das freie Denken zur Quelle unabhängiger Wahrheit machte. Dahin strebte Leibnitz im Kampfe mit jener ausländischen Philosophie; dies erreichte der eigentliche Stifter der neuen deutschen Philosophie nicht ohne das Geständniß, durch eine Aeußerung des Auslandes, die inzwischen tiefer genommen worden als sie gemeint gewesen, angeregt worden zu sein. Seitdem ist unter uns die Aufgabe vollständig gelöst und die Philosophie vollendet worden, welches man indessen sich begnügen muß zu sagen, bis ein Zeitalter kommt das es begreift. Dies vorausgesetzt, so wäre abermals durch Anregung des durch das neurömische Ausland hindurchgegangenen Alterthums im deutschen Mutterlande die Schöpfung eines vorher durchaus nicht dagewesenen Neuen erfolgt.

Unter den Augen der Zeitgenossen hat das Ausland eine andere Aufgabe der Vernunft und der Philosophie an die neue Welt, die Errichtung des vollkommenen Staats, leicht und mit feuriger Kühnheit ergriffen und kurz darauf dieselbe also fallen lassen, daß es durch seinen jetzigen Zustand genöthigt ist den bloßen Gedanken der Aufgabe als ein Verbrechen zu verdammen, und alles anwenden mußte, um, wenn es könnte, jene Bestrebungen aus den Jahrbüchern seiner Geschichte auszutilgen. Der Grund dieses Erfolgs liegt am Tage: der vernunftgemäße Staat läßt sich nicht durch künstliche Vorkehrungen aus jedem vorhandenen Stoffe aufbauen, sondern die Nation muß zu demselben erst gebildet und heraufgezogen werden. Nur diejenige Nation, welche zuvörderst die Aufgabe der Erziehung zum vollkommenen Menschen durch die wirkliche Ausübung gelöst haben wird, wird sodann auch jene des vollkommenen Staats lösen.

Auch die letztgenannte Aufgabe der Erziehung ist seit unserer Kirchenverbesserung vom Auslande geistvoll aber im Sinne seiner Philosophie mehrmals in Anregung gebracht worden, und diese Anregungen haben unter uns fürs erste Nachtreter und Uebertreiber gefunden. Bis zu welchem Punkte endlich in unsern Tagen abermals deutsches Gemüth diese Sache gebracht, werden wir zu seiner Zeit ausführlicher berichten.

Sie haben an dem Gesagten eine klare Uebersicht der gesammten Bildungsgeschichte der neuen Welt und des sich immer gleichbleibenden Verhältnisses der verschiedenen Bestandtheile der letzten zur ersten. Wahre Religion, in der Form des Christenthums, war der Keim der neuen Welt, und ihre Gesammtaufgabe die, diese Religion in die vorhandene Bildung des Alterthums zu verflößen und die letzte dadurch zu vergeisten und zu heiligen. Der erste Schritt auf diesem Wege war, daß die Freiheit raubende äußere Ansehen der Form dieser

Religion von ihr abzuscheiden und auch in sie das freie Denken des Alterthums einzuführen. Es regte an zu diesem Schritte das Ausland, der Deutsche that ihn. Der zweite, der eigentlich die Fort=setzung und Vollendung des ersten ist, der, diese Religion und mit ihr alle Weisheit in uns selber aufzufinden. Auch ihn vorbereitete das Ausland und vollzog der Deutsche. Der dermalen in der ewigen Zeit an der Tagesordnung sich befindende Fortschritt ist die voll=kommene Erziehung der Nation zum Menschen. Ohne dies wird die gewonnene Philosophie nie ausgedehnte Verständlichkeit, viel weniger noch allgemeine Anwendbarkeit im Leben finden; sowie hinwiederum ohne Philosophie die Erziehungskunst niemals zu vollständiger Klar=heit in sich selbst gelangen wird. Beide greifen daher ineinander und sind eins ohne das andere unvollständig und unbrauchbar. Schon allein darum, weil der Deutsche bisher alle Schritte der Bil=dung zur Vollendung gebracht und er eigentlich dazu aufbewahrt worden ist in der neuen Welt, kommt ihm dasselbe auch mit der Erziehung zu; wie aber diese einmal in Ordnung gebracht ist, wird es sich mit den übrigen Angelegenheiten der Menschheit leicht er=geben.

In diesem Verhältnisse also hat wirklich die deutsche Nation zur Forbildung des menschlichen Geschlechts in der neuen Zeit bis=her gestanden. Noch ist über eine schon zweimal fallen gelassene Bemerkung über den naturgemäßen Hergang, den diese Nation hierbei genommen, daß nämlich in Deutschland alle Bildung vom Volke ausgegangen, mehr Licht zu verbreiten. Daß die Angelegenheit der Kirchenverbesserung zuerst an das Volk gebracht worden und allein dadurch, daß es desselben Angelegenheit geworden, gelungen sei, haben wir schon ersehen. Aber es ist ferner darzuthun, daß dieser einzelne Fall nicht Ausnahme, sondern daß er die Regel gewesen.

Die im Mutterlande zurückgebliebenen Deutschen hatten alle Tugenden, die ehemals auf ihrem Boden zu Hause waren, beibe=halten: Treue, Biederkeit, Ehre, Einfalt; aber sie hatten von Bildung zu einem höhern und geistigen Leben nicht mehr erhalten, als das damalige Christenthum und seine Lehrer an zerstreut wohnende Menschen bringen konnten. Dies war wenig, und sie standen so gegen ihre ausgewanderten Stammverwandten zurück und waren in der That, zwar brav und bieder, aber dennoch halbe Barbaren. Es entstanden unter ihnen indessen Städte, die durch Glieder aus dem Volke errichtet wurden. In diesen entwickelte sich schnell jeder Zweig des gebildeten Lebens zur schönsten Blüte. In ihnen ent=standen, zwar auf Kleines berechnete, dennoch aber treffliche bürger=liche Verfassungen und Einrichtungen, und von ihnen aus verbreitete sich ein Bild von Ordnung und eine Liebe derselben erst über das übrige Land. Ihr ausgebreiteter Handel half die Welt entdecken. Ihren Bund fürchteten Könige. Die Denkmäler ihrer Baukunst dauern noch, haben der Zerstörung von Jahrhunderten getrotzt, die Nachwelt steht bewundernd vor ihnen und bekennt ihre eigene Unmacht. Ich will diese Bürger der deutschen Reichsstädte des Mittel= alters nicht vergleichen mit den andern ihnen gleichzeitigen Ständen und nicht fragen, was indessen der Adel that und die Fürsten; aber in Vergleich mit den übrigen germanischen Nationen, einige Striche Italiens abgerechnet — hinter welchen selbst jedoch in den schönen Künsten die Deutschen nicht zurückblieben, in den nützlichen sie über= trafen und ihre Lehrer wurden —, diese abgerechnet waren nun diese deutschen Bürger die gebildeten, und jene die Barbaren. Die Geschichte Deutschlands, deutscher Macht, deutscher Unternehmungen, Erfindungen, Denkmale, Geistes, ist in diesem Zeitraume lediglich die Geschichte dieser Städte, und alles übrige, als da sind Länder= verpfändungen und Wiedereinlösungen und dergleichen, ist nicht des Erwähnens werth. Auch ist dieser Zeitpunkt der einzige in der deutschen Geschichte, in der diese Nation glänzend und ruhmvoll und mit dem Range, der ihr als Stammvolk gebührt, dasteht; sowie ihre Blüte durch die Habsucht und Herrschsucht der Fürsten zerstört und ihre Freiheit zertreten wird, sinkt das Ganze allmählich immer tiefer herab und geht entgegen dem gegenwärtigen Zustande. Wie aber Deutschland herabsinkt, sieht man das übrige Europa eben also sinken in Rücksicht dessen, was das Wesen betrifft und nicht den bloßen äußern Schein.

Der entscheidende Einfluß dieses in der That herrschenden Standes auf die Entwickelung der deutschen Reichsverfassung, auf die Kirchenverbesserung und auf alles, was jemals die deutsche Na= tion bezeichnete und von ihr ausging in das Ausland, ist allent= halben unverkennbar, und es läßt sich nachweisen, daß alles, was noch jetzt Ehrwürdiges ist unter den Deutschen, in seiner Mitte entstanden ist.

Und mit welchem Geiste brachte hervor und genoß dieser deutsche Stand diese Blüten? Mit dem Geiste der Frömmigkeit, der Ehr= barkeit, der Bescheidenheit, des Gemeinsinnes. Für sich selbst be= durften sie wenig, für öffentliche Unternehmungen machten sie un= ermeßlichen Aufwand. Selten steht irgendwo ein einzelner Name hervor und zeichnet sich aus, weil alle gleichen Sinnes waren und gleicher Aufopferung für das Gemeinsame. Ganz unter denselben äußern Bedingungen wie in Deutschland, waren auch in Italien freie Städte entstanden. Man vergleiche die Geschichten beider; man halte die fortwährenden Unruhen, die innern Zwiste, ja Kriege, den beständigen Wechsel der Verfassungen und der Herrscher in den ersten gegen die friedliche Ruhe und Eintracht in den letztern.

Wie konnte klarer sich aussprechen, daß ein innerlicher Unterschied in den Gemüthern der beiden Nationen gewesen sein müsse? Die deutsche Nation ist die einzige unter den neueuropäischen Nationen, die es an ihrem Bürgerstande schon seit Jahrhunderten durch die That gezeigt hat, daß sie die republikanische Verfassung zu ertragen vermöge.

Unter den einzelnen und besondern Mitteln, den deutschen Geist wieder zu heben, würde es ein sehr kräftiges sein, wenn wir eine begeisternde Geschichte der Deutschen aus diesem Zeitraume hätten, die da National- und Volksbuch würde, sowie Bibel oder Gesang-buch es sind, so lange bis wir selbst wiederum etwas des Auf-zeichnens Werthes hervorbrächten. Nur müßte eine solche Geschichte nicht etwa chronikenmäßig die Thaten und Ereignisse aufzählen, sondern sie müßte uns, wunderbar ergreifend und ohne unser eigenes Zuthun oder klares Bewußtsein, mittenhinein versetzen in das Leben jener Zeit, sodaß wir selbst mit ihnen zu gehen, zu stehen, zu beschließen, zu handeln schienen, und dies nicht durch kindische und tändelnde Erdichtung, wie es so viele historische Romane gethan haben, sondern durch Wahrheit; und aus diesem ihrem Leben müßte sie die Thaten und Ereignisse, als Belege desselben, hervorblicken lassen. Ein solches Werk könnte zwar nur die Frucht von ausgebreiteten Kenntnissen sein, und von Forschungen die vielleicht noch niemals angestellt sind, aber die Ausstellung dieser Kenntnisse und Forschungen müßte uns der Verfasser ersparen und nur lediglich die gereifte Frucht uns vorlegen in der gegenwärtigen Sprache, auf eine jed-wedem Deutschen ohne Ausnahme verständliche Weise. Außer jenen historischen Kenntnissen würde ein solches Werk auch noch ein hohes Maß philosophischen Geistes erfordern, der ebenso wenig sich zur Schau ausstellte, und vor allem ein treues und liebendes Gemüth.

Jene Zeit war der jugendliche Traum der Nation in beschränkten Kreisen von künftigen Thaten, Kämpfen und Siegen, und die Weissagung was sie einst bei vollendeter Kraft sein würde. Ver-führerische Gesellschaft und die Lockung der Eitelkeit hat die heran-wachsende fortgerissen in Kreise die nicht die ihrigen sind, und indem sie auch da glänzen wollte, steht sie da mit Schmach bedeckt und ringend sogar um ihre Fortdauer. Aber ist sie denn wirklich ver-altet und entkräftet? Hat ihr nicht auch seitdem immerfort und bis auf diesen Tag die Quelle des ursprünglichen Lebens fortge-quollen wie keiner andern Nation? Können jene Weissagungen ihres jugendlichen Lebens, die durch die Beschaffenheit der übrigen Völker und durch den Bildungsplan der ganzen Menschheit be-stätigt werden, können sie unerfüllt bleiben? Nimmermehr. Bringe man diese Nation nur zuvörderst zurück von der falschen Richtung die sie ergriffen, zeige man ihr in dem Spiegel jener ihrer Jugendträume ihren wahren Hang und ihre wahre Bestimmung, bis unter diesen Betrachtungen sich ihr die Kraft entfalte, diese ihre Bestimmung mächtig zu ergreifen! Möchte diese Aufforderung etwas dazu beitragen, daß recht bald ein dazu ausgerüsteter deutscher Mann diese vorläufige Aufgabe löse.

Siebente Rede.

Noch tiefere Erfassung der Ursprünglichkeit und Deutschheit eines Volkes.

Es sind in den vorigen Reden angegeben und in der Geschichte nachgewiesen die Grundzüge der Deutschen als eines Urvolks, und als eines solchen, das das Recht hat sich das Volk schlechtweg, im Gegensatze mit andern von ihm abgerissenen Stämmen, zu nennen, wie denn auch das Wort „Deutsch" in seiner eigentlichen Wortbedeutung das soeben Gesagte bezeichnet. Es ist zweckmäßig, daß wir bei diesem Gegenstande noch eine Stunde verweilen und uns auf den möglichen Einwurf einlassen, daß, wenn dies deutsche Eigenthümlichkeit sei, man werde bekennen müssen daß dermalen unter den Deutschen selber wenig Deutsches mehr übrig sei. Indem auch wir diese Erscheinung keineswegs leugnen können, sondern sie vielmehr anzuerkennen und in ihren einzelnen Theilen sie zu übersehen gedenken, wollen wir mit einer Erklärung derselben anheben.

Das war im ganzen das Verhältniß des Urvolks der neuen Welt zum Fortgange der Bildung dieser Welt, daß das erstere durch unvollständige und auf der Oberfläche verbleibende Bestrebungen des Auslandes erst angeregt werde zu tiefern aus seiner eigenen Mitte heraus zu entwickelnden Schöpfungen. Da von der Anregung bis zur Schöpfung es ohne Zweifel seine Zeit dauert, so ist klar, daß ein solches Verhältniß Zeiträume herbeiführen werde, in welchem das Urvolk fast ganz mit dem Auslande verflossen und demselben gleich erscheinen müsse, weil es nämlich gerade im Zustande des bloßen Angeregtseins sich befindet und die dabei beabsichtigte Schöpfung noch nicht zum Durchbruche gekommen ist. In einem solchen Zeitraume befindet sich nun gerade jetzt Deutschland in Absicht der großen Mehrzahl seiner gebildeten Bewohner, und daher rühren die durch das ganze innere Wesen und Leben dieser Mehrzahl verflossenen Erscheinungen der Ausländerei. Die Philosophie als freies von allen Fesseln des Glaubens an fremdes Ansehen erledigtes Denken sei es, wodurch dermalen das Ausland sein Mutterland anrege, haben wir in der vorigen Rede ersehen. Wo es nun von dieser Anregung aus nicht zur neuen Schöpfung gekommen, welches, da die letzte von der großen Mehrzahl unvernommen geblieben, bei äußerst wenigen der Fall ist: da gestaltet sich theils noch jene schon früher bezeichnete Philosophie des Auslandes selber zu andern und andern Formen; theils bemächtigt sich der Geist derselben auch der übrigen an die Philosophie zunächst grenzenden Wissenschaften und sieht dieselben an aus seinem Gesichtspunkte; endlich, da der Deutsche seinen Ernst und sein unmittelbares Eingreifen in das Leben doch niemals ablegen kann, so fließt diese Philosophie ein auf die öffentliche Lebensweise und auf die Grundsätze und Regeln derselben. Wir werden dies Stück für Stück darthun.

Zuvörderst und vor allen Dingen: der Mensch bildet seine wissenschaftliche Ansicht nicht etwa mit Freiheit und Willkür so oder so, sondern sie wird ihm gebildet durch sein Leben und ist eigentlich die zur Anschauung gewordene innere und übrigens ihm unbekannte Wurzel seines Lebens selbst. Was du so recht innerlich eigentlich bist, das tritt heraus vor dein äußeres Auge; und du vermöchtest niemals etwas anderes zu sehen. Solltest du anders sehen, so müßtest du erst anders werden. Nun ist das innere Wesen des Auslandes, oder der Nichtursprünglichkeit, der Glaube an irgendein Letztes, Festes, unveränderlich Stehendes, an eine Grenze, dießeit welcher zwar das freie Leben sein Spiel treibe, welche selbst aber es niemals zu durchbrechen und durch sich flüssig zu machen und sich in dieselbe zu verflößen vermöge. Diese undurchdringliche Grenze tritt ihm darum irgendwo nothwendig auch vor die Augen, und es kann nicht anders denken oder glauben außer unter Voraussetzung einer solchen, wenn nicht sein ganzes Wesen umgewandelt und sein Herz ihm aus dem Leibe gerissen werden soll. Es glaubt nothwendig an den Tod als das Ursprüngliche und Letzte, den Grundquell aller Dinge und mit ihnen des Lebens.

Wir haben hier nur zunächst anzugeben, wie dieser Grundglaube des Auslandes unter den Deutschen dermalen sich ausspreche.

Er spricht sich aus zuvörderst in der eigentlichen Philosophie. Die dermalige deutsche Philosophie, inwiefern dieselbe hier der Erwähnung werth ist, will Gründlichkeit und wissenschaftliche Form, unerachtet sie dieselbe nicht zu erschwingen vermag, sie will Einheit, auch nicht ohne frühern Vorgang des Auslandes, sie will Realität

und Wesen, nicht bloße Erscheinung, sondern eine in der Erscheinung
erscheinende Grundlage dieser Erscheinung, — und hat in allen
diesen Stücken recht und übertrifft sehr weit die herrschenden Philo=
sophien des dermaligen auswärtigen Auslandes, indem sie in der
Ausländerei weit gründlicher und folgebeständiger ist denn jenes.
Diese der bloßen Erscheinung unterzulegende Grundlage ist ihnen
nun, wie sie sie auch etwa noch fehlerhafter weiterbestimmen mögen,
immer ein festes Sein, das da ist was es eben ist und nichts weiter,
in sich gefesselt und an sein eigenes Wesen gebunden; und so tritt
denn der Tod und die Entfremdung von der Ursprünglichkeit, die in
ihnen selbst sind, auch heraus vor ihre Augen. Weil sie selbst nicht
zum Leben schlechtweg aus sich selber heraus sich aufzuschwingen ver=
mögen, sondern für freien Aufflug stets eines Trägers und einer
Stütze bedürfen, darum kommen sie auch mit ihrem Denken, als dem
Abbilde ihres Lebens, nicht über diesen Träger hinaus: das, was
nicht Etwas ist, ist ihnen nothwendig Nichts, weil zwischen jenem in
sich verwachsenen Sein und dem Nichts ihr Auge nichts weiter sieht,
da ihr Leben da nichts weiter hat. Ihr Gefühl, worauf auch allein
sie sich berufen können, erscheint ihnen als untrüglich; und so jemand
diesen Träger nicht zugibt, so sind sie weit entfernt von der Voraus=
setzung, daß er mit dem Leben allein sich begnüge, sondern sie glau=
ben, daß es ihm nur an Scharfsinn fehle, den Träger, der ohne
Zweifel auch ihn trage, zu bemerken, und daß er der Fähigkeit, sich
zu ihren hohen Ansichten aufzuschwingen, ermangle. Es ist darum
vergeblich und unmöglich sie zu belehren; machen müßte man sie,
und anders machen, wenn man könnte. In diesem Theile ist nun
die dermalige deutsche Philosophie nicht deutsch, sondern Ausländerei.

Die wahre in sich selbst zu Ende gekommene und über die Er=
scheinung hinweg wahrhaft zum Kerne derselben durchgedrungene
Philosophie hingegen geht aus von dem Einen, reinen, göttlichen
Leben als Leben schlechtweg, welches es auch in alle Ewigkeit und
darin immer Eins bleibt, nicht aber als von diesem oder jenem Leben;
und sie sieht wie lediglich in der Erscheinung dieses Leben unend=
lich fort sich schließe und wiederum öffne und erst diesem Gesetz zu=
folge es zu einem Sein und zu einem Etwas überhaupt komme. Ihr
entsteht das Sein, was jene sich voraus geben läßt. Und so ist denn
diese Philosophie recht eigentlich nur deutsch, d. i. ursprünglich; und
umgekehrt, so jemand nur ein wahrer Deutscher würde, so würde er
nicht anders denn also philosophiren können.

Jenes, obwol bei der Mehrzahl der deutsch Philosophirenden
herrschende, dennoch nicht eigentlich deutsche Denksystem greift, ob
es nun mit Bewußtsein als eigentliches philosophisches Lehrgebäude
aufgestellt sei, oder ob es nur unbewußt unserm übrigen Denken zum
Grunde liege, es greift, sage ich, ein in die übrigen wissenschaftlichen

Ansichten der Zeit; wie denn dies ein Hauptbestreben unserer durch das Ausland angeregten Zeit ist, den wissenschaftlichen Stoff nicht mehr blos, wie wol unsere Vorfahren thaten, in das Gedächtniß zu fassen, sondern denselben auch selbstdenkend und philosophirend zu bearbeiten. In Absicht des Bestrebens überhaupt hat die Zeit recht; wenn sie aber, wie dies zu erwarten ist, in der Ausführung dieses Philosophirens von der todtgläubigen Philosophie des Aus= landes ausgeht, wird sie unrecht haben. Wir wollen hier nur auf die unserm ganzen Vorhaben am nächsten liegenden Wissenschaften einen Blick werfen und die in ihnen verbreiteten ausländischen Be= griffe und Ansichten aufsuchen.

Daß die Errichtung und Regierung der Staaten als eine freie Kunst angesehen werde, die ihre festen Regeln habe, darin hat ohne Zweifel das Ausland, es selbst nach dem Muster des Alterthums, uns zum Vorgänger gedient. Worein wird nun ein solches Aus= land, das schon an dem Elemente seines Denkens und Wollens, seiner Sprache, einen festen, geschlossenen und todten Träger hat, und alle die ihm hierin folgen, diese Staatskunst setzen? Ohne Zweifel in die Kunst, eine gleichfalls feste und todte Ordnung der Dinge zu fin= den, aus welchem Todten das lebendige Regen der Gesellschaft her= vorgehe, und also hervorgehe wie sie es beabsichtigt; alles Leben in der Gesellschaft zu einem großen und künstlichen Druck= und Räder= werke zusammenzufügen, in welchem jedes Einzelne durch das Ganze immerfort genöthigt werde dem Ganzen zu dienen; ein Rechenexempel zu lösen aus endlichen und benannten Größen zu einer nennbaren Summe, aus der Voraussetzung, jeder wolle sein Wohl, zu dem Zwecke, eben dadurch jeden wider seinen Dank und Willen zu zwingen das allgemeine Wohl zu befördern. Das Ausland hat vielfältig diesen Grundsatz ausgesprochen und Kunstwerke jener gesellschaftlichen Maschinenkunst geliefert; das Mutterland hat die Lehre angenommen und die Anwendung derselben zu Hervorbringung gesellschaftlicher Maschinen weiterbearbeitet, auch hier, wie immer, umfassender, tiefer, wahrer, seine Muster bei weitem übertreffend. Solche Staatskünstler wissen, falls es etwa mit dem bisherigen Gange der Gesellschaft stockt, dies nicht anders zu erklären, als daß etwa eins der Räder derselben ausgelaufen sein möge, und kennen kein anderes Heilungs= mittel denn dies, die schadhaften Räder herauszuheben und neue ein= zusetzen. Je eingewurzelter jemand in diese mechanische Ansicht der Gesellschaft ist, je mehr er es versteht diesen Mechanismus zu ver= einfachen, indem er alle Theile der Maschine so gleich als möglich macht und alle als gleichmäßigen Stoff behandelt, für einen desto größern Staatskünstler gilt er mit Recht in dieser unserer Zeit; denn mit den unentschieden schwankenden und gar keiner festen An= sicht fähigen ist man noch übler daran.

Diese Ansicht der Staatskunst prägt durch ihre eiserne Folge=
gemäßheit und durch einen Anschein von Erhabenheit, der auf sie
fällt, Achtung ein; auch leistet sie, besonders wo alles nach monar=
chischer und immer reiner werdender monarchischer Verfassung drängt,
bis auf einen gewissen Punkt gute Dienste. Angekommen aber bei
diesem Punkte springt ihre Unmacht in die Augen. Ich will nämlich
annehmen, daß ihr euerer Maschine die von euch beabsichtigte Voll=
kommenheit durchaus verschafft hättet, und daß in ihr jedwedes nie=
dere Glied unausbleiblich und unwiderstehlich gezwungen werde durch
ein höheres zum Zwingen gezwungenes Glied, und so fort bis an
den Gipfel: wodurch wird denn nun euer letztes Glied, von dem aller
in der Maschine vorhandene Zwang ausgeht, zu seinem Zwingen ge=
zwungen? Ihr sollt schlechthin allen Widerstand, der aus der Rei=
bung der Stoffe gegen jene letzte Triebfeder entstehen könnte, über=
wunden und ihr eine Kraft gegeben haben, gegen welche alle andere
Kraft in nichts verschwinde, was allein ihr auch durch Mechanis=
mus könnt, und sollt also die allerkräftigste monarchische Verfassung
erschaffen haben: wie wollt ihr denn nun diese Triebfeder selbst in
Bewegung bringen und sie zwingen ohne Ausnahme das Rechte zu
sehen und zu wollen? Wie wollt ihr denn in euer zwar richtig be=
rechnetes und gefügtes, aber stillstehendes Räderwerk das ewig Be=
wegliche einsetzen? Soll etwa, wie ihr dies auch zuweilen in euerer
Verlegenheit äußert, das ganze Werk selbst zurückwirken und seine erste
Triebfeder anregen? Entweder geschieht dies durch eine selbst aus
der Anregung der Triebfeder stammende Kraft, oder es geschieht durch
eine solche Kraft, die nicht aus ihr stammt, sondern die in dem
Ganzen selbst, unabhängig von der Triebfeder, stattfindet; und ein
drittes ist nicht möglich. Nehmt ihr das erste an, so befindet ihr
euch in einem alles Denken und allen Mechanismus aufhebenden
Cirkel: das ganze Werk kann die Triebfeder zwingen nur inwiefern
es selbst von jener gezwungen ist sie zu zwingen, also inwiefern die
Triebfeder, nur mittelbar, sich selbst zwingt; zwingt sie aber sich
selbst nicht, welchem Mangel wir ja eben abhelfen wollten, so erfolgt
überhaupt keine Bewegung. Nehmt ihr das zweite an, so bekennt
ihr, daß der Ursprung aller Bewegung in euerm Werke von einer
in euere Berechnung und Anordnung gar nicht eingetretenen und
durch euern Mechanismus gar nicht gebundenen Kraft ausgehe, die
ohne Zweifel ohne euer Zuthun nach ihren eigenen euch unbekann=
ten Gesetzen wirkt wie sie kann. In jedem der beiden Fälle müßt
ihr euch als Stümper und unmächtige Prahler bekennen.

Dies hat man denn auch gefühlt und in diesem Lehrgebäude,
daß, auf seinen Zwang rechnend, um die übrigen Bürger unbesorgt
sein kann, wenigstens den Fürsten, von welchem alle gesellschaftliche
Bewegung ausgeht, durch allerlei gute Lehre und Unterweisung er=

ziehen wollen. Aber wie will man ſich denn verſichern, daß man
auf eine der Erziehung zum Fürſten überhaupt fähige Natur treffen
werde, oder, falls man auch dieſes Glück hätte, daß dieſer, den kein
Menſch nöthigen kann, gefällig und geneigt ſein werde Zucht annehmen zu wollen? Eine ſolche Anſicht der Staatskunſt iſt nun, ob
ſie auf ausländiſchem oder deutſchem Boden angetroffen werde, immer
Ausländerei. Es iſt jedoch hierbei zur Ehre deutſchen Geblüts und
Gemüths anzumerken, daß, ſo gute Künſtler wir auch in der bloßen
Lehre dieſer Zwangsberechnungen ſein mochten, wir dennoch, wenn
es zur Ausübung kam, durch das dunkle Gefühl, es müſſe nicht alſo
ſein, gar ſehr gehemmt wurden und in dieſem Stücke gegen das Ausland zurückblieben. Sollten wir alſo auch genöthigt werden die uns
zugedachte Wohlthat fremder Formen und Geſetze anzunehmen, ſo
wollen wir uns dabei wenigſtens nicht über die Gebühr ſchämen, als
ob unſer Witz unfähig geweſen wäre dieſe Höhen der Geſetzgebung
auch zu erſchwingen. Da, wenn wir blos die Feder in der Hand
haben, wir auch hierin keiner Nation nachſtehen, ſo möchten für das
Leben wir wol gefühlt haben, daß auch dies noch nicht das Rechte
ſei, und ſo lieber das Alte haben ſtehen laſſen wollen bis das Vollkommene an uns käme, anſtatt blos die alte Mode mit einer neuen
ebenſo hinfälligen Mode zu vertauſchen.

Anders die echt deutſche Staatskunſt. Auch ſie will Feſtigkeit,
Sicherheit und Unabhängigkeit von der blinden und ſchwankenden
Natur und iſt hierin mit dem Auslande ganz einverſtanden. Nur
will ſie nicht wie dieſe ein feſtes und gewiſſes Ding als das erſte,
durch welches der Geiſt als das zweite Glied erſt gewiß gemacht
werde, ſondern ſie will gleich von vornherein, und als das allererſte
und einige Glied, einen feſten und gewiſſen Geiſt. Dieſer iſt für ſie
die aus ſich ſelbſt lebende und ewig bewegliche Triebfeder, die das
Leben der Geſellſchaft ordnen und fortbewegen wird. Sie begreift,
daß ſie dieſen Geiſt nicht durch Strafreden an die ſchon verwahr-
loſte Erwachſenheit, ſondern nur durch Erziehung des noch unver-
dorbenen Jugendalters hervorbringen könne; und zwar will ſie mit
dieſer Erziehung ſich nicht wie das Ausland an die ſchroffe Spitze,
den Fürſten, ſondern ſie will ſich mit derſelben an die breite Fläche,
an die Nation wenden, indem ja ohne Zweifel auch der Fürſt zu
dieſer gehören wird. So wie der Staat an den Perſonen ſeiner er-
wachſenen Bürger die fortgeſetzte Erziehung des Menſchengeſchlechts
iſt, ſo müſſe, meint dieſe Staatskunſt, der künftige Bürger ſelbſt erſt
zur Empfänglichkeit jener höhern Erziehung herauferzogen werden.
Hierdurch wird nun dieſe deutſche und allerneueſte Staatskunſt wiederum die alleräelteſte; denn auch dieſe bei den Griechen gründete das
Bürgerthum auf die Erziehung und bildete Bürger, wie die folgenden Zeitalter ſie nicht wieder geſehen haben. In der Form daſſelbe,

in dem Gehalte mit nicht engherzigem und ausschließendem, sondern allgemeinem und weltbürgerlichem Geiste, wird hinfür der Deutsche thun.

Derselbe Geist des Auslandes herrscht bei der großen Mehrzahl der Unserigen auch in ihrer Ansicht des gesammten Lebens eines Menschengeschlechts und der Geschichte als dem Bilde jenes Lebens. Eine Nation, die eine geschlossene und erstorbene Grundlage ihrer Sprache hat, kann es, wie wir zu einer andern Zeit gezeigt haben, in allen Redekünsten nur bis zu einer gewissen von jener Grundlage verstatteten Stufe der Ausbildung bringen, und sie wird ein Goldenes Zeitalter erleben. Ohne die größte Bescheidenheit und Selbstverleugnung kann eine solche Nation von dem ganzen Geschlechte nicht füglich höher denken, denn sie selbst sich kennt; sie muß daher voraussetzen, daß es auch für dieses ein letztes, höchstes und niemals zu übertreffendes Ziel der Ausbildung geben werde. So wie das Thiergeschlecht der Biber oder Bienen noch jetzt also baut, wie es vor Jahrtausenden gebaut hat, und in diesem langen Zeitraume in der Kunst keine Fortschritte gemacht hat, ebenso wird es nach diesen sich mit dem Thiergeschlechte, Mensch genannt, in allen Zweigen seiner Ausbildung verhalten. Diese Zweige, Triebe und Fähigkeiten werden sich erschöpfend übersehen, ja vielleicht an ein paar Gliedmaßen sogar dem Auge darlegen lassen, und die höchste Entwickelung einer jeden wird angegeben werden können. Vielleicht wird das Menschengeschlecht darin noch weit übler daran sein als das Biber- oder Bienengeschlecht, daß das letztere, wie es zwar nichts zulernt, dennoch auch in seiner Kunst nicht zurückkommt, der Mensch aber, wenn er auch einmal den Gipfel erreichte, wiederum zurückgeschleudert wird und nun Jahrhunderte oder -tausende sich anstrengen mag, um wiederum in den Punkt hineinzugerathen, in welchem man ihn lieber gleich hätte lassen sollen. Dergleichen Scheitelpunkte seiner Bildung und Goldene Zeitalter wird diesen zufolge das Menschengeschlecht ohne Zweifel auch schon erreicht haben; diese in der Geschichte aufzusuchen und nach ihnen alle Bestrebungen der Menschheit zu beurtheilen und auf sie zurückzuführen, wird ihr eifrigstes Bestreben sein. Nach ihnen ist die Geschichte längst fertig und ist schon mehrmals fertig gewesen; nach ihnen geschieht nichts Neues unter der Sonne, denn sie haben unter und über der Sonne den Quell des ewigen Fortlebens ausgetilgt und lassen nur den immer wiederkehrenden Tod sich wiederholen und mehrere Male setzen.

Es ist bekannt, daß diese Philosophie der Geschichte vom Auslande aus an uns gekommen ist, wiewol sie dermalen auch in diesem verhallt und fast ausschließend deutsches Eigenthum geworden ist. Aus dieser tiefern Verwandtschaft erfolgt es denn auch, daß diese unsere Geschichtsphilosophie die Bestrebungen des Auslandes, welches,

wenn es auch dieſe Anſicht der Geſchichte nicht mehr häufig aus=
ſpricht, noch mehr thut, indem es in derſelben handelt und abermals
ein Goldenes Zeitalter verfertigt, ſo durch und durch zu verſtehen
und ihnen ſogar weiſſagend den fernern Weg vorzuzeichnen und ſie
ſo aufrichtig zu bewundern vermag, wie es der deutſch Denkende
nicht eben alſo von ſich rühmen kann. Wie könnte er auch? Gol=
dene Zeitalter in jeder Rückſicht ſind ihm eine Beſchränktheit der Er=
ſtorbenheit. Das Gold möge zwar das Edelſte ſein im Schoſe der
erſtorbenen Erde, meint er, aber des lebendigen Geiſtes Stoff ſei
jenſeit der Sonne, und jenſeit aller Sonnen, und ſei ihre Quelle.
Ihm wickelt ſich die Geſchichte und mit ihr das Menſchengeſchlecht
nicht ab nach dem verborgenen und wunderlichen Geſetze eines Kreis=
tanzes, ſondern nach ihm macht der eigentliche und rechte Menſch ſie
ſelbſt, nicht etwa nur wiederholend das ſchon Dageweſene, ſondern
in die Zeit hinein erſchaffend das durchaus Neue. Er erwartet darum
niemals bloße Wiederholung; und wenn ſie doch erfolgen ſollte, Wort
für Wort wie es im alten Buche ſteht, ſo bewundert er wenigſtens
nicht.

Auf ähnliche Weiſe nun verbreitet der ertödtende Geiſt des Aus=
landes, ohne unſer deutliches Bewußtſein, ſich über unſere übrigen
wiſſenſchaftlichen Anſichten, von denen es hinreichen möge die an=
geführten Beiſpiele beigebracht zu haben; und zwar erfolgt dies des=
wegen alſo, weil wir gerade jetzt die vom Auslande früher erhalte=
nen Anregungen nach unſerer Weiſe bearbeiten und durch einen ſol=
chen Mittelzuſtand hindurchgehen. Weil dies zur Sache gehörte, habe
ich dieſe Beiſpiele beigebracht, nebenbei auch noch darum, damit nie=
mand glaube durch Folgeſätze aus den angeführten Grundſätzen den
hier geäußerten Behauptungen widerſprechen zu können. Weit ent=
fernt, daß etwa jene Grundſätze uns unbekannt geblieben wären, oder
daß wir zu der Höhe derſelben uns nicht aufzuſchwingen vermocht
hätten, kennen wir ſie vielmehr recht gut und dürften vielleicht, wenn
wir überflüſſige Zeit hätten, fähig ſein dieſelben in ihrer ganzen Folge=
mäßigkeit rückwärts und vorwärts zu entwickeln; wir werfen ſie nur
eben gleich von vornherein weg, und ſo auch alles was aus ihnen
folgt, deſſen mehreres iſt in unſerm hergebrachten Denken, als der
oberflächliche Beobachter leicht glauben dürfte.

Wie in unſere wiſſenſchaftliche Anſicht, ebenſo fließt dieſer Geiſt
des Auslandes auch ein in unſer gewöhnliches Leben und die Regeln
deſſelben; damit aber dieſes klar, und das Vorhergehende noch klarer
werde, iſt es nöthig zuvörderſt das Weſen des urſprünglichen Lebens
oder der Freiheit mit tieferm Blicke zu durchdringen.

Die Freiheit im Sinne des unentſchiedenen Schwankens zwiſchen
mehrern gleich Möglichen genommen, iſt nicht Leben, ſondern nur
Vorhof und Eingang zu wirklichem Leben. Endlich muß es doch

einmal aus diesem Schwanken heraus zum Entschlusse und zum Handeln kommen: und erst jetzt beginnt das Leben.

Nun erscheint unmittelbar und auf den ersten Blick jedweder
Willensentschluß als Erstes, keineswegs als Zweites und Folge aus
einem Ersten als seinem Grunde, als schlechthin durch sich daseiend,
und so daseiend wie er es ist; welche Bedeutung als die einzig mögliche verständige des Worts Freiheit wir festsetzen wollen. Aber es
sind in Absicht auf den innern Gehalt eines solchen Willensentschlusses
zwei Fälle möglich: entweder nämlich erscheint in ihm nur die Erscheinung abgetrennt vom Wesen und ohne daß das Wesen auf irgendeine Weise in ihrem Erscheinen eintrete, oder das Wesen tritt selbst
erscheinend ein in dieser Erscheinung eines Willensentschlusses; und
zwar ist hierbei sogleich mit anzumerken, daß das Wesen nur in einem
Willensentschlusse, und durchaus in nichts anderm, zur Erscheinung
werden kann, wiewol umgekehrt es Willensentschlüsse geben kann, in
denen keineswegs das Wesen, sondern nur die bloße Erscheinung
heraustritt. Wir reden zunächst von dem letzten Falle.

Die bloße Erscheinung als solche ist durch ihre Abtrennung und
durch ihren Gegensatz mit dem Wesen, sodann dadurch daß sie fähig
ist selbst auch zu erscheinen und sich darzustellen, unabänderlich bestimmt, und sie ist darum nothwendig also wie sie eben ist und aus-
fällt. Ist daher, wie wir voraussetzen, irgendein gegebener Willensentschluß in seinem Inhalte bloße Erscheinung, so ist er insofern in
der That nicht frei, Erstes, und Ursprüngliches, sondern er ist nothwendig und ein zweites, aus einem höhern ersten, dem Gesetze der
Erscheinung überhaupt, also wie es ist hervorgehendes Glied. Da
nun, wie auch hier mehrmals erinnert worden, das Denken des Menschen denselben also vor ihn selber hinstellt wie er wirklich ist und
immerfort der treue Abdruck und Spiegel seines Innern bleibt, so
kann ein solcher Willensentschluß, obwol er auf den ersten Blick, da
er ja ein Willensentschluß ist, als frei erscheint, dennoch dem wiederholten und tiefern Denken keineswegs also erscheinen, sondern er muß
in diesem als nothwendig gedacht werden, wie er es denn wirklich
und in der That ist. Für solche, deren Willen sich noch in keinen
höhern Kreis aufgeschwungen hat als in den, daß an ihnen ein
Wille blos erscheine, ist der Glaube an Freiheit allerdings Wahn
und Täuschung eines flüchtigen und auf der Oberfläche behangen
bleibenden Anschauens; im Denken allein, das ihnen allenthalben
nur die Fessel der strengen Nothwendigkeit zeigt, ist für sie Wahrheit.

Das erste Grundgesetz der Erscheinung schlechthin als solcher —
den Grund anzugeben unterlassen wir um so füglicher, da es anderwärts zur Genüge geschehen ist — ist dieses, daß sie zerfalle in ein
Mannichfaltiges, das in einer gewissen Rücksicht ein Unendliches, in
einer gewissen andern Rücksicht ein geschlossenes Ganzes ist, in welchem

geschlossenen Ganzen des Mannichfaltigen jedes einzelne bestimmt ist durch alle übrige, und wiederum alle übrige bestimmt sind durch dieses einzelne. Falls daher in dem Willensentschlusse des einzelnen nichts weiter herausbricht in die Erscheinung als die Erscheinbarkeit, Darstellbarkeit und Sichtbarkeit überhaupt, die in der That die Sichtbarkeit von Nichts ist, so ist der Inhalt eines solchen Willensentschlusses bestimmt durch das geschlossene Ganze aller möglichen Willensentschlüsse dieses und aller möglichen übrigen einzelnen Willen, und er enthält nichts weiter, und kann nichts weiter enthalten, denn dasjenige was nach Abziehung aller jener möglichen Willensentschlüsse zu wollen übrigbleibt. Es ist darum in der That in ihm nichts Selbständiges, Ursprüngliches und Eigenes, sondern er ist die bloße Folge, als Zweites, aus dem allgemeinen Zusammenhange der ganzen Erscheinung in ihren einzelnen Theilen, wie er denn dafür auch stets von allen, die auf dieser Stufe der Bildung standen, dabei aber gründlich dachten, erkannt worden, und diese ihre Erkenntniß auch mit denselben Worten, deren wir uns soeben bedienten, ausgesprochen worden ist; alles dieses aber darum, weil in ihnen nicht das Wesen, sondern nur die bloße Erscheinung eintritt in die Erscheinung.

Wo dagegen das Wesen selber unmittelbar und gleichsam in eigener Person, keineswegs durch einen Stellvertreter, eintritt in der Erscheinung eines Willensentschlusses, da ist zwar alles das oben Erwähnte, aus der Erscheinung als einem geschlossenen Ganzen Erfolgende, gleichfalls vorhanden, denn die Erscheinung erscheint ja auch hier; aber eine solche Erscheinung geht in diesem Bestandtheile nicht auf und ist durch denselben nicht erschöpft, sondern es findet sich in ihr noch ein Mehreres, ein anderer, aus jenem Zusammenhange nicht zu erklärender, sondern nach Abzug des Erklärbaren übrigbleibender Bestandtheil. Jener erste Bestandtheil findet auch hier statt, sagte ich; jenes Mehr wird sichtbar, und vermittels dieser seiner Sichtbarkeit, keineswegs vermittels seines innern Wesens, tritt es unter das Gesetz und die Bedingungen der Ersichtlichkeit überhaupt; aber es ist noch mehr denn dieses aus irgendeinem Gesetze Hervorgehendes und darum Nothwendiges und Zweites, und es ist in Absicht dieses Mehr durch sich selbst, was es ist, ein wahrhaftig Erstes, Ursprüngliches und Freies; und da es dieses ist, erscheint es auch also dem tiefsten und in sich selber zu Ende gekommenen Denken. Das höchste Gesetz der Ersichtlichkeit ist, wie gesagt, dies, daß das Erscheinende sich spalte in ein unendliches Mannichfaltiges. Jenes Mehr wird sichtbar, jedesmal als Mehr denn das nun und eben jetzt aus dem Zusammenhange der Erscheinung Hervorgehende, und so ins Unendliche fort; und so erscheint denn dieses Mehr selber als ein Unendliches. Aber es ist ja sonnenklar, daß es diese Unendlichkeit nur dadurch erhält, daß es jedesmal sichtbar und denkbar und

zu entdecken ist, allein durch seinen Gegensatz mit dem ins Unend=
liche fort aus dem im Zusammenhange Erfolgenden und durch sein
Mehrsein denn dies. Abgesehen aber von diesem Bedürfnisse des
Denkens desselben, ist es ja dieses Mehr denn alles ins Unendliche
fort sich darstellen mögende Unendliche von Anbeginn in reiner Ein=
fachheit und Unveränderlichkeit, und es wird in aller Unendlichkeit
nicht mehr denn dieses Mehr, noch wird es minder; und nur seine
Ersichtlichkeit als mehr denn das Unendliche — und auf andere Weise
kann es in seiner höchsten Reinheit nicht sichtbar werden — erschafft
das Unendliche und alles was in ihm zu erscheinen scheint. Wo
nun dieses Mehr wirklich als ein solches ersichtliches Mehr eintritt,
aber es vermag nur in einem Wollen einzutreten, da tritt das We=
sen selbst, das allein ist und allein zu sein vermag, und das da ist
von sich und durch sich, das göttliche Wesen, ein in die Erscheinung
und macht sich selbst unmittelbar sichtbar; und daselbst ist eben darum
wahre Ursprünglichkeit und Freiheit, und so wird denn auch an sie
geglaubt.

Und so findet denn auf die allgemeine Frage, ob der Mensch
frei sei oder nicht, keine allgemeine Antwort statt; denn eben weil
der Mensch frei ist in niederm Sinne, weil er bei unentschiedenem
Schwanken und Wanken anhebt, kann er frei sein oder auch nicht
frei im höhern Sinne des Worts. In der Wirklichkeit ist die Weise,
wie jemand diese Frage beantwortet, der klare Spiegel seines wahren
inwendigen Seins. Wer in der That nicht mehr ist als ein Glied
in der Kette der Erscheinungen, der kann wol einen Augenblick sich
frei wähnen, aber seinem strengern Denken hält dieser Wahn nicht
stand; wie er aber sich selbst findet, eben also denkt er nothwendig
sein ganzes Geschlecht. Wessen Leben dagegen ergriffen ist von dem
wahrhaftigen und Leben unmittelbar aus Gott geworden ist, der ist
frei und glaubt an Freiheit in sich und andern.

Wer an ein festes, beharrliches und todtes Sein glaubt, der
glaubt nur darum daran, weil er in sich selbst todt ist; und nach=
dem er einmal todt ist, kann er nicht anders denn also glauben, so=
bald er nur in sich selbst klar wird. Er selbst und seine ganze Gat=
tung von Anbeginn bis ans Ende wird ihm ein zweites und eine
nothwendige Folge aus irgendeinem vorauszusetzenden ersten Gliede.
Diese Voraussetzung ist sein wirkliches, keineswegs ein blos gedachtes
Denken, sein wahrer Sinn, der Punkt wo sein Denken unmittelbar
selbst Leben ist, und ist so die Quelle alles seines übrigen Denkens
und Beurtheilens seines Geschlechts in seiner Vergangenheit, der
Geschichte, seiner Zukunft, den Erwartungen von ihm und seiner
Gegenwart, im wirklichen Leben an ihm selber und andern. Wir
haben diesen Glauben an den Tod, im Gegensatze mit einem ur=
sprünglich lebendigen Volke, Ausländerei genannt. Diese Ausländerei

wird somit, wenn sie einmal unter den Deutschen ist, sich auch im wirklichen Leben derselben zeigen als ruhige Ergebung in die nun einmal unabänderliche Nothwendigkeit ihres Seins, als Aufgeben aller Verbesserung unserer selbst oder anderer durch Freiheit, als Geneigtheit sich selbst und alle so zu verbrauchen wie sie sind und aus ihrem Sein den möglichst größten Vortheil für uns selbst zu ziehen, kurz als das in allen Lebensregungen immerfort sich abspiegelnde Bekenntniß des Glaubens an die allgemeine und gleichmäßige Sündhaftigkeit aller, den ich an einem andern Orte hinlänglich geschildert habe*), welche Schilderung selbst nachzulesen, auch zu beurtheilen inwiefern dieselbe auf die Gegenwart passe, ich Ihnen überlasse. Diese Denk- und Handelsweise entsteht der inwendigen Erstorbenheit, wie oft erinnert worden, nur dadurch, daß sie über sich selbst klar wird, dagegen sie, solange sie im Dunkeln bleibt, den Glauben an Freiheit, der an sich wahr und nur in Anwendung auf ihr dermaliges Sein Wahn ist, beibehält. Es erhellt hier deutlich der Nachtheil der Klarheit bei innerer Schlechtigkeit. Solange diese Schlechtigkeit dunkel bleibt, wird sie durch die fortdauernde Anforderung an Freiheit immerfort beunruhigt, gestachelt und getrieben und bietet den Versuchen sie zu verbessern einen Angriffspunkt dar. Die Klarheit aber vollendet sie und rundet sie in sich selbst ab; sie fügt ihr die freudige Ergebung, die Ruhe eines guten Gewissens, das Wohlgefallen an sich selber hinzu; es geschieht ihnen wie sie glauben, sie sind von nun an in der That unverbesserlich und höchstens um bei den Bessern den unbarmherzigen Abscheu gegen das Schlechte oder die Ergebung in den Willen Gottes rege zu erhalten und außerdem zu keinem Dinge in der Welt nütze.

Und so trete denn endlich in seiner vollendeten Klarheit heraus, was wir in unserer bisherigen Schilderung unter Deutschen verstanden haben. Der eigentliche Unterscheidungsgrund liegt darin, ob man an ein absolut Erstes und Ursprüngliches im Menschen selber, an Freiheit, an unendliche Verbesserlichkeit, an ewiges Fortschreiten unsers Geschlechts glaube, oder ob man an alles dieses nicht glaube, ja wol deutlich einzusehen und zu begreifen vermeine, daß das Gegentheil von diesem allem stattfindet. Alle, die entweder selbst schöpferisch und hervorbringend das Neue leben, oder die, falls ihnen dies nicht zutheil geworden wäre, das Nichtige wenigstens entschieden fallen lassen und aufmerkend dastehen, ob irgendwo der Fluß ursprünglichen Lebens sie ergreifen werde, oder die, falls sie auch nicht so weit wären, die Freiheit wenigstens ahnen und sie nicht hassen oder vor ihr erschrecken, sondern sie lieben: alle diese sind ursprüngliche Menschen, sie sind, wenn sie als ein Volk betrachtet werden, ein Urvolk,

---

*) Anweisung zum seligen Leben, Elfte Vorlesung.

das Volk schlechtweg, Deutsche. Alle, die sich darein ergeben ein
Zweites zu sein und Abgestammtes, und die deutlich sich also kennen
und begreifen, sind es in der That und werden es immer mehr durch
diesen ihren Glauben, sie sind ein Anhang zum Leben, das vor ihnen
oder neben ihnen aus eigenem Triebe sich regte, ein vom Felsen zurück-
tönender Nachhall einer schon verstummten Stimme, sie sind als Volk
betrachtet außerhalb des Urvolks und für dasselbe Fremde und Ausländer. In der Nation, die bis auf diesen Tag sich das Volk schlechtweg oder Deutsche nennt, ist in der neuen Zeit wenigstens bisjetzt
Ursprüngliches an den Tag hervorgebrochen und Schöpferkraft des
Neuen hat sich gezeigt; jetzt wird endlich dieser Nation durch eine
in sich selbst klar gewordene Philosophie der Spiegel vorgehalten, in
welchem sie mit klarem Begriffe erkenne, was sie bisher ohne deutliches Bewußtsein durch die Natur ward und wozu sie von derselben
bestimmt ist; und es wird ihr der Antrag gemacht, nach diesem klaren
Begriffe und mit besonnener und freier Kunst, vollendet und ganz,
sich selbst zu dem zu machen was sie sein soll, den Bund zu er-
neuern und ihren Kreis zu schließen. Der Grundsatz, nach dem sie
diesen zu schließen hat, ist ihr vorgelegt; was an Geistigkeit und
Freiheit dieser Geistigkeit glaubt und die ewige Fortbildung dieser
Geistigkeit durch Freiheit will, das, wo es auch geboren sei und in
welcher Sprache es rede, ist unsers Geschlechts, es gehört uns an
und es wird sich zu uns thun. Was an Stillstand, Rückgang und
Cirkeltanz glaubt oder gar eine todte Natur an das Ruder der Welt-
regierung setzt, dieses, wo auch es geboren sei und welche Sprache
es rede, ist undeutsch und fremd für uns, und es ist zu wünschen,
daß es je eher je lieber sich gänzlich von uns abtrenne.

Und so trete denn bei dieser Gelegenheit, gestützt auf das oben
über die Freiheit Gesagte, endlich auch einmal vernehmlich heraus,
und wer noch Ohren hat zu hören, der höre, was diejenige Philosophie, die mit gutem Fuge sich die deutsche nennt, eigentlich wolle
und worin sie jeder ausländischen und todtgläubigen Philosophie mit
ernster und unerbittlicher Strenge sich entgegensetze; und zwar trete
dieses heraus keineswegs darum, damit auch das Todte es verstehe,
was unmöglich ist, sondern damit es diesem schwerer werde ihr die
Worte zu verdrehen und sich das Ansehen zu geben als ob es selbst
eben auch ungefähr dasselbe wolle und im Grunde meine. Diese
deutsche Philosophie erhebt sich wirklich und durch die That ihres
Denkens, keineswegs prahlt sie es blos zufolge einer dunkeln Ahnung,
daß es so sein müsse, ohne es jedoch bewerkstelligen zu können — sie
erhebt sich zu dem unwandelbaren „Mehr denn alle Unendlichkeit"
und findet allein in diesem das wahrhafte Sein. Zeit und Ewigkeit und Unendlichkeit erblickt sie in ihrer Entstehung aus dem Erscheinen und Sichtbarwerden jenes Einen, das an sich schlechthin

unsichtbar ist und nur in dieser seiner Unsichtbarkeit erfaßt richtig erfaßt wird. Schon die Unendlichkeit ist nach dieser Philosophie nichts an sich und es kommt ihr durchaus kein wahrhaftes Sein zu; sie ist lediglich das Mittel, woran das einzige das da ist, und das nur in seiner Unsichtbarkeit ist, sichtbar wird und woraus ihm ein Bild, ein Schemen und Schatten seiner selbst, im Umkreise der Bildlichkeit er=baut wird. Alles, was innerhalb dieser Unendlichkeit der Bilder=welt noch weiter sichtbar werden mag, ist nun vollends ein Nichts des Nichts, ein Schatten des Schattens, und lediglich das Mittel woran jenes erste Nichts der Unendlichkeit und der Zeit selber sicht=bar werde und dem Gedanken der Aufflug zu dem unbildlichen und unsichtbaren Sein sich eröffne.

Innerhalb dieses einzig möglichen Bildes der Unendlichkeit tritt nun das Unsichtbare unmittelbar heraus nur als freies und ur=sprüngliches Leben des Sehens, oder als Willensentschluß eines ver=nünftigen Wesens, und kann durchaus nicht anders heraustreten und erscheinen. Alles als nicht geistiges Leben erscheinende beharrliche Dasein ist nur ein aus dem Sehen hingeworfener, vielfach durch das Nichts vermittelter leerer Schatten, im Gegensatze mit welchem und durch dessen Erkenntniß als vielfach vermitteltes Nichts das Sehen selbst sich eben erheben soll zum Erkennen seines eigenen Nichts und zur Anerkennung des Unsichtbaren als des einzigen Wahren.

In diesem Schatten von den Schatten der Schatten bleibt nun jene todtgläubige Seinsphilosophie, die wol gar Naturphilosophie wird, die erstorbenste von allen Philosophien, behangen und fürchtet und betet an ihr eigenes Geschöpf.

Dieses Beharren nun ist der Ausdruck ihres wahren Lebens und ihrer Liebe, und in diesem ist dieser Philosophie zu glauben. Wenn sie aber noch weiter sagt, daß dieses von ihr als wirklich seiendes vorausgesetzte Sein und das Absolute eins sei und eben=dasselbe, so ist ihr hierin, so vielmal sie es auch betheuern mag und wenn sie auch manchen Eidschwur hinzufügte, nicht zu glauben; sie weiß dies nicht, sondern sie sagt es nur auf gutes Glück hin, einer andern Philosophie, der sie dies nicht abzustreiten wagt, es nach=betend. Sollte sie es wissen, so müßte sie nicht von der Zweiheit, die sich durch jenen Machtspruch nur aufhebt und dennoch stehen läßt, als einer unbezweifelten Thatsache ausgehen, sondern sie müßte von der Einheit ausgehen und aus dieser die Zweiheit und mit ihr alle Mannichfaltigkeit verständlich und einleuchtend abzuleiten ver=mögen. Hierzu bedarf es aber des Denkens, der durchgeführten und mit sich selbst zu Ende gekommenen Reflexion. Die Kunst dieses Denkens hat sie theils nicht gelernt und ist derselben überhaupt un=fähig, sie vermag nur zu schwärmen; theils ist sie diesem Denken

feind und mag es gar nicht versuchen, weil sie dadurch in der ge=
liebten Täuschung gestört werden würde.

Dies ist es nun, worin unsere Philosophie sich jener Philo=
sophie ernstlich entgegensetzt, und dies haben wir bei dieser Ver=
anlassung einmal so vernehmlich als möglich aussprechen und be=
zeugen wollen.

———

Achte Rede.

Was ein Volk sei, in der höhern Bedeutung des Worts, und was Vaterlandsliebe.

Die vier letzten Reden haben die Frage beantwortet: was ist der Deutsche im Gegensatze mit andern Völkern germanischer Abkunft? Der Beweis, der durch dieses alles für das Ganze unserer Untersuchung geführt werden soll, wird vollendet wenn wir noch die Untersuchung der Frage hinzufügen: was ist ein Volk? welche letztere Frage gleich ist einer andern und zugleich mitbeantwortet diese andere, oft aufgeworfene und auf sehr verschiedene Weisen beantwortete Frage, diese: was ist Vaterlandsliebe, oder wie man sich richtiger ausdrücken würde, was ist Liebe des einzelnen zu seiner Nation?

Sind wir bisher im Gange unserer Untersuchung richtig verfahren, so muß hierbei zugleich erhellen, daß nur der Deutsche, der ursprüngliche und nicht in einer willkürlichen Satzung erstorbene Mensch, wahrhaft ein Volk hat und auf eins zu rechnen befugt ist, und daß nur er der eigentlichen und vernunftgemäßen Liebe zu seiner Nation fähig ist.

Wir bahnen uns den Weg zur Lösung der gestellten Aufgabe durch folgende, fürs erste außer dem Zusammenhange des Bisherigen zu liegen scheinende Bemerkung.

Die Religion, wie wir dies schon in unserer dritten Rede angemerkt haben, vermag durchaus hinwegzuversetzen über alle Zeit und über das ganze gegenwärtige und sinnliche Leben, ohne darum der Rechtlichkeit, Sittlichkeit und Heiligkeit des von diesem Glauben ergriffenen Lebens den mindesten Abbruch zu thun. Man kann, auch bei der sichern Ueberzeugung daß alles unser Wirken auf dieser Erde nicht die mindeste Spur hinter sich lassen und nicht die

mindeste Frucht bringen werde, ja daß das Göttliche sogar verkehrt
und zu einem Werkzeuge des Bösen und noch tieferer sittlicher
Verderbniß werde gebraucht werden, dennoch fortfahren in diesem
Wirken, lediglich um das in uns ausgebrochene göttliche Leben
aufrecht zu erhalten und in Beziehung auf eine höhere Ordnung
der Dinge in einer künftigen Welt, in welcher nichts in Gott Ge=
schehenes zu Grunde geht. So waren z. B. die Apostel und über=
haupt die ersten Christen durch ihren Glauben an den Himmel
schon im Leben gänzlich über die Erde hinweggesetzt, und die Ange=
legenheiten derselben, der Staat, irdisches Vaterland und Nation,
waren von ihnen so gänzlich aufgegeben, daß sie dieselben auch so=
gar ihrer Beachtnng nicht mehr würdigten. So möglich dieses nun
auch ist und so leicht auch dem Glauben, und so freudig auch man
sich darein ergeben muß, wenn es einmal unabänderlich der Wille
Gottes ist, daß wir kein irdisches Vaterland mehr haben und hie=
nieden Ausgestoßene und Knechte seien: so ist dies dennoch nicht
der natürliche Zustand und die Regel des Weltganges, sondern es
ist eine seltene Ausnahme; auch ist es ein sehr verkehrter Gebrauch
der Religion, der unter anderm auch sehr häufig vom Christenthume
gemacht worden, wenn dieselbe gleich von vornherein und ohne
Rücksicht auf die vorhandenen Umstände darauf ausgeht, diese Zu=
rückziehung von den Angelegenheiten des Staats und der Nation
als wahre religiöse Gesinnung zu empfehlen. In einer solchen
Lage, wenn sie wahr und wirklich ist und nicht etwa blos durch
religiöse Schwärmerei herbeigeführt verliert das zeitliche Leben alle
Selbstbeständigkeit, und es wird lediglich zu einem Vorhofe des
wahren Lebens und zu einer schweren Prüfung, die man blos aus
Gehorsam und Ergebung in den Willen Gottes erträgt, und dann
ist es wahr, daß, wie es von vielen vorgestellt worden, unsterbliche
Geister nur zu ihrer Strafe in irdische Leiber als in Gefängnisse
eingetaucht sind. In der regelmäßigen Ordnung der Dinge hin=
gegen soll das irdische Leben selber warhaftig Leben sein, dessen
man sich erfreuen und das man, freilich in Erwartung eines höhern,
dankbar genießen könne; und obwol es wahr ist daß die Religion
auch der Trost ist des widerrechtlich zerdrückten Sklaven, so ist den=
noch vor allen Dingen dies religiöser Sinn, daß man sich gegen
die Sklaverei stemme und, so man es verhindern kann, die Religion
nicht bis zum bloßen Troste der Gefangenen herabsinken lasse.
Dem Tyrannen steht es wol an, religiöse Ergebung zu predigen
und die, denen er auf Erden kein Plätzchen verstatten will, an den
Himmel zu verweisen; wir andern müssen weniger eilen, diese von
ihm empfohlene Ansicht der Religion uns anzueignen, und, falls wir
können, verhindern daß man die Erde zur Hölle mache, um eine
desto größere Sehnsucht nach dem Himmel zu erregen.

Der natürliche, nur im wahren Falle der Noth aufzugebende Trieb des Menschen ist der, den Himmel schon auf dieser Erde zu finden und ewig Dauerndes zu verflößen in sein irdisches Tagewerk; das Unvergängliche im Zeitlichen selbst zu pflanzen und zu erziehen, nicht blos auf eine unbegreifliche Weise und allein durch die sterb= lichen Augen undurchdringbare Kluft mit dem Ewigen zusammenhän= gend, sondern auf eine dem sterblichen Auge selbst sichtbare Weise.

Daß ich bei diesem gemeinfaßlichen Beispiele anhebe: Welcher Edeldenkende will nicht und wünscht nicht, in seinen Kindern und wiederum in den Kindern dieser sein eigenes Leben von neuem auf eine verbesserte Weise zu wiederholen, und in dem Leben der= selben veredelt und vervollkommnet auch auf dieser Erde noch fort= zuleben nachdem er längst gestorben ist; den Geist, den Sinn und die Sitte, mit denen er vielleicht in seinen Tagen abschreckend war für die Verkehrtheit und das Verderben, befestigend die Rechtschaf= fenheit, aufmunternd die Trägheit, erhebend die Niedergeschlagen= heit, der Sterblichkeit zu entreißen und sie, als sein bestes Ver= mächtniß an die Nachwelt, niederzulegen in den Gemüthern seiner Hinterlassenen, damit auch diese sie einst eben also verschönert und vermehrt wieder niederlegen?. Welcher Edeldenkende will nicht durch Thun oder Denken ein Saamenkorn streuen zu unendlicher immer= fortgehender Vollkommnung seines Geschlechts, etwas Neues und vorher nie Dagewesenes hineinwerfen in die Zeit, das in ihr bleibe und nie versiegende Quelle werde neuer Schöpfungen, seinen Platz auf dieser Erde und die ihm verliehene kurze Spanne Zeit bezahlen mit einem auch hienieden ewig Dauernden, sodaß er, als dieser Einzelne, wenn auch nicht genannt durch die Geschichte — denn Durst nach Nachruhm ist eine verächtliche Eitelkeit —, dennoch in seinem eigenen Bewußtsein und seinem Glauben offenbare Denkmale. hin= terlasse, daß auch er dagewesen sei? Welcher Edeldenkende will das nicht? sagte ich; aber nur nach den Bedürfnissen der also Denkenden, als der Regel wie alle sein sollten, ist die Welt zu betrachten und einzurichten, und um ihretwillen allein ist eine Welt da. Sie sind der Kern derselben, und die Andersdenkenden sind, als selbst nur ein Theil der vergänglichen Welt, solange sie also denken, auch nur um ihretwillen da und müssen sich nach ihnen bequemen, so lange bis sie geworden sind wie sie.

Was könnte es nun sein, das dieser Aufforderung und diesem Glauben des Edeln an die Ewigkeit und Unvergänglichkeit seines Werks die Gewähr zu leisten vermöchte? Offenbar nur eine Ord= nung der Dinge, die er für selbst ewig und für fähig, Ewiges in sich aufzunehmen, anzuerkennen vermöchte. Eine solche Ordnung aber ist die, freilich in keinem Begriffe zu erfassende aber dennoch wahrhaft vorhandene, besondere geistige Natur der menschlichen

Umgebung, aus welcher er selbst mit allem seinem Denken und Thun und mit seinem Glauben an die Ewigkeit desselben hervorgegangen ist, das Volk, von welchem er abstammt und unter welchem er ge= bildet wurde und zu dem, was er jetzt ist, heraufwuchs. Denn so unbezweifelt es auch wahr ist, daß sein Werk, wenn er mit Recht Anspruch macht auf dessen Ewigkeit, keineswegs der bloße Erfolg des geistigen Naturgesetzes seiner Nation ist und mit diesem Erfolge rein aufgeht, sondern daß es ein Mehreres ist denn das, und inso= fern unmittelbar ausströmt aus dem ursprünglichen und göttlichen Leben: so ist es dennoch ebenso wahr, daß jenes Mehrere, sogleich bei seiner ersten Gestaltung zu einer sichtbaren Erscheinung, unter jenes besondere geistige Naturgesetz sich gefügt und nur nach demselben sich einen sinnlichen Ausdruck gebildet hat. Unter dasselbe Naturgesetz nun werden, solange dieses Volk besteht, auch alle fer= nern Offenbarungen des Göttlichen in demselben eintreten und in ihm sich gestalten. Dadurch aber, daß auch er da war und so wirkte, ist selbst dieses Gesetz weiter bestimmt, und seine Wirksamkeit ist ein stehender Bestandtheil desselben geworden. Auch hiernach wird alles Folgende sich fügen und an dasselbe sich anschließen müssen. Und so ist er denn sicher, daß die durch ihn errungene Ausbildung bleibt in seinem Volke, solange dieses selbst bleibt, und fortdauernder Be= stimmungsgrund wird aller fernern Entwickelung desselben.

Dies nun ist in höherer, vom Standpunkte der Ansicht einer geistigen Welt überhaupt genommener Bedeutung des Worts ein Volk: das Ganze der in Gesellschaft miteinander fortlebenden und sich aus sich selbst immerfort natürlich und geistig erzeugenden Menschen, das insgesammt unter einem gewissen besondern Gesetze der Entwickelung des Göttlichen aus ihm steht. Die Gemeinsamkeit dieses besondern Gesetzes ist es, was in der ewigen Welt, und eben darum auch in der zeitlichen, diese Menge zu einem natürlichen und von sich selbst durchdrungenen Ganzen verbindet. Dieses Gesetz selbst, seinem Inhalte nach, kann wol im ganzen erfaßt werden, so wie wir es an den Deutschen als einem Urvolke erfaßt haben, es kann sogar durch Erwägung der Erscheinungen eines solchen Volkes noch näher in manchen seiner weitern Bestimmungen begriffen wer= den; aber es kann niemals von irgendeinem, der ja selbst immerfort unter desselben ihm unbewußten Einflusse bleibt, ganz mit dem Be= griffe durchdrungen werden, obwol im allgemeinen klar eingesehen werden kann, daß es ein solches Gesetz gebe. Es ist dieses Gesetz ein Mehr der Bildlichkeit, das mit dem Mehr der unbildlichen Ur= sprünglichkeit in der Erscheinung unmittelbar verschmilzt; und so sind denn, in der Erscheinung eben, beide nicht wieder zu trennen. Jenes Gesetz bestimmt durchaus und vollendet das, was man den Nationalcharakter eines Volks genannt hat, jenes Gesetz der Entwickelung des Ursprünglichen und Göttlichen. Es ist aus dem letztern klar, daß Menschen, welche so wie wir bisher die Ausländerei beschrieben haben, an ein Ursprüngliches und an eine Fortentwickelung desselben gar nicht glauben, sondern blos an einen ewigen Kreislauf des scheinbaren Lebens, und welche durch ihren Glauben werden wie sie glauben, im höhern Sinne gar kein Volk sind und, da sie in der That eigentlich auch nicht dasind, ebenso wenig einen National=charakter zu haben vermögen.

Der Glaube des edeln Menschen an die ewige Fortdauer seiner Wirksamkeit auch auf dieser Erde gründet sich demnach auf die Hoffnung der ewigen Fortdauer des Volks, aus dem er selber sich entwickelt hat, und der Eigenthümlichkeit desselben nach jenem ver=borgenen Gesetze, ohne Einmischung und Verderbung durch irgend=ein Fremdes und in das Ganze dieser Gesetzgebung nicht Gehöriges. Diese Eigenthümlichkeit ist das Ewige, dem er die Ewigkeit seiner selbst und seines Fortwirkens anvertraut, die ewige Ordnung der Dinge, in die er sein Ewiges legt; ihre Fortdauer muß er wollen, denn sie allein ist ihm das entbindende Mittel, wodurch die kurze Spanne seines Lebens hienieden zu fortdauerndem Leben ausgedehnt wird. Sein Glaube und sein Streben Unvergängliches zu pflanzen, sein Begriff, in welchem er sein eigenes Leben als ein ewiges Leben erfaßt, ist das Band, welches zunächst seine Nation, und vermittels ihrer das ganze Menschengeschlecht, innigst mit ihm selber verknüpft und ihrer aller Bedürfnisse, bis ans Ende der Tage, einführt in sein erweitertes Herz. Dieß ist seine Liebe zu seinem Volke, zu=vörderst achtend, vertrauend, desselben sich freuend, mit der Abstam=mung daraus sich ehrend. Es ist Göttliches in ihm erschienen, und das Ursprüngliche hat dasselbe gewürdigt es zu seiner Hülle und zu seinem unmittelbaren Verflößungsmittel in die Welt zu machen; es wird darum auch ferner Göttliches aus ihm hervorbrechen. Sodann thätig, wirksam, sich aufopfernd für dasselbe. Das Leben blos als Leben, als Fortsetzen des wechselnden Daseins, hat für ihn ja ohnedieß nie Werth gehabt, er hat es nur gewollt als Quelle des dauernden; aber diese Dauer verspricht ihm allein die selbständige Fortdauer seiner Nation: um diese zu retten muß er sogar sterben wollen, da=mit diese lebe und er in ihr lebe das einzige Leben, das er von je gemocht hat.

So ist es. Die Liebe, die wahrhaftig Liebe sei und nicht blos eine vorübergehende Begehrlichkeit, haftet nie auf Vergänglichem, sondern sie erwacht und entzündet sich und ruht allein in dem Ewigen. Nicht einmal sich selbst vermag der Mensch zu lieben, es sei denn daß er sich als Ewiges erfasse; außerdem vermag er sich sogar nicht zu achten noch zu billigen. Noch weniger vermag er etwas außer sich zu lieben, außer also, daß er es aufnehme in die

Ewigkeit seines Glaubens und seines Gemüths und es anknüpfe an diese. Wer nicht zuvörderst sich als ewig erblickt, der hat überhaupt keine Liebe und kann auch nicht lieben ein Vaterland, dergleichen es für ihn nicht gibt. Wer zwar vielleicht sein unsichtbares Leben, nicht aber eben also sein sichtbares Leben als ewig erblickt, der mag wol einen Himmel haben und in diesem sein Vaterland, aber hie= nieden hat er kein Vaterland, denn auch dieses wird nur unter dem Bilde der Ewigkeit, und zwar der sichtbaren und versinnlichten Ewigkeit erblickt, und er vermag daher auch nicht sein Vater= land zu lieben. Ist einem solchen keins überliefert worden, so ist er zu beklagen⎯wem eins überliefert worden ist, und in wessen Gemüthe Himmel und Erde, Unsichtbares und Sichtbares sich durch= dringen und so erst einen wahren und gediegenen Himmel erschaf= fen, der kämpft bis auf den letzten Blutstropfen, um den theuern Besitz ungeschmälert wiederum zu überliefern an die Folgezeit.

So ist es auch von jeher gewesen, unerachtet es nicht von je= her mit dieser Allgemeinheit und mit dieser Klarheit ausgesprochen worden. Was begeisterte die Edeln unter den Römern, deren Ge= sinnungen und Denkweise noch in ihren Denkmalen unter uns leben und athmen, zu Mühen und Aufopferungen, zum Dulden und Tragen fürs Vaterland? Sie sprechen es selbst oft und deutlich aus. Ihr fester Glaube war es an die ewige Fortdauer ihrer Roma, und ihre zuversichtliche Aussicht in dieser Ewigkeit selber ewig mit fortzuleben im Strome der Zeit. Inwiefern dieser Glaube Grund hatte, und sie selbst, wenn sie in sich selber vollkommen klar gewesen wären, denselben gefaßt haben würden, hat er sie auch nicht getäuscht. Bis auf diesen Tag lebt das, was wirklich ewig war in ihrer ewigen Roma, und sie mit demselben in unserer Mitte fort und wird in seinen Folgen fortleben bis ans Ende der Tage.

Volk und Vaterland in dieser Bedeutung, als Träger und Un= terpfand der irdischen Ewigkeit, und als dasjenige was hienieden ewig sein kann, liegt weit hinaus über den·Staat im gewöhnlichen Sinne des Worts, über die gesellschaftliche Ordnung, wie dieselbe im bloßen klaren Begriffe erfaßt und nach Anleitung dieses Be= griffs errichtet und erhalten wird. Dieser will gewisses Recht, in= nerlichen Frieden, und daß jeder durch Fleiß seinen Unterhalt und die Fristung seines sinnlichen Daseins finde, solange Gott sie ihm gewähren will. Dieses alles ist nur Mittel, Bedingung und Gerüst dessen, was die Vaterlandsliebe eigentlich will, des Aufblühens des Ewigen und Göttlichen in der Welt immer reiner, vollkommener und getroffener im unendlichen Fortgange. Eben darum muß diese Vaterlandsliebe den Staat selbst regieren, als durchaus oberste, letzte und unabhängige Behörde, zuvörderst indem sie ihn beschränkt in der Wahl der Mittel für seinen nächsten Zweck, den innerlichen

Frieden. Für diesen Zweck muß freilich die natürliche Freiheit des
einzelnen auf mancherlei Weise beschränkt werden; und wenn man
gar keine andere Rücksicht und Absicht mit ihnen hätte denn diese,
so würde man wohl thun dieselbe so eng als immer möglich zu be=
schränken, alle ihre Regungen unter eine einförmige Regel zu brin=
gen und sie unter immerwährender Aufsicht zu halten. Gesetzt
diese Strenge wäre nicht nöthig, so könnte sie wenigstens für diesen
alleinigen Zweck nicht schaden. Nur die höhere Ansicht des Men=
schengeschlechts und der Völker erweitert diese beschränkte Berechnung.
Freiheit, auch in den Regungen des äußerlichen Lebens, ist der
Boden, in welchem die höhere Bildung keimt; eine Gesetzgebung,
welche diese letztere im Auge behält, wird der erstern einen möglichst
ausgebreiteten Kreis lassen, selber auf die Gefahr hin, daß ein ge=
ringerer Grad der einförmigen Ruhe und Stille erfolge, und daß
das Regieren ein wenig schwerer und mühsamer werde.

Um dies an einem Beispiele zu erläutern: Man hat erlebt, daß
Nationen ins Angesicht gesagt worden, sie bedürften nicht so vieler
Freiheit als etwa manche andere Nation. Diese Rede kann sogar
eine Schonung und Milderung enthalten, indem man eigentlich sa=
gen wollte, sie könnte so viele Freiheit gar nicht ertragen, und nur
eine hohe Strenge könne verhindern, daß sie sich nicht unterein=
ander selber aufrieben. Wenn aber die Worte also genommen
werden wie sie gesagt sind, so sind sie wahr unter der Voraussetzung,
daß eine solche Nation des ursprünglichen Lebens und des Triebes
nach solchem durchaus unfähig sei. Eine solche Nation, falls eine
solche, in der auch nicht wenige Edlere eine Ausnahme von der all=
gemeinen Regel machten, möglich sein sollte, bedürfte in der That
gar keiner Freiheit, denn diese ist nur für die höhern, über den
Staat hinausliegenden Zwecke; sie bedarf blos der Bezähmung und
Abrichtung, damit die einzelnen friedlich nebeneinander bestehen, und
damit das Ganze zu einem tüchtigen Mittel für willkürlich zu setzende,
außer ihr liegende Zwecke zubereitet werde. Wir können unentschie=
den lassen, ob man von irgendeiner Nation dies mit Wahrheit sa=
gen könne; so viel ist klar, daß ein ursprüngliches Volk der Freiheit
bedarf, daß dieses das Unterpfand ist seines Beharrens als ursprüng=
lich, und daß es in seiner Fortdauer einen immer höher steigenden
Grad derselben ohne alle Gefahr erträgt. Und dies ist das erste Stück,
in Rücksicht dessen die Vaterlandsliebe den Staat selbst regieren muß.

Sodann muß sie es sein, die den Staat darin regiert, daß sie
ihm selbst einen höhern Zweck setzt denn den gewöhnlichen der
Erhaltung des innern Friedens, des Eigenthums, der persönlichen
Freiheit, des Lebens und des Wohlseins aller. Für diesen höhern
Zweck allein, und in keiner andern Absicht, bringt der Staat eine
bewaffnete Macht zusammen. Wenn von der Anwendung dieser die

Rede entsteht, wenn es gilt, alle Zwecke des Staats im bloßen Begriffe, Eigenthum, persönliche Freiheit, Leben und Wohlsein, ja
die Fortdauer des Staats selbst auf das Spiel zu setzen, ohne
einen klaren Verstandesbegriff von der sichern Erreichung des Beabsichtigten, dergleichen in Dingen dieser Art nie möglich ist, ursprünglich und Gott allein verantwortlich zu entscheiden: dann lebt am
Ruder des Staats erst ein wahrhaft ursprüngliches und erstes Leben,
und an dieser Stelle erst treten ein die wahren Majestätsrechte der
Regierung, gleich Gott um höhern Lebens willen das niedere Leben
daran zu wagen. In der Erhaltung der hergebrachten Verfassung,
der Gesetze, des bürgerlichen Wohlstands ist gar kein rechtes eigentliches Leben und kein ursprünglicher Entschluß. Umstände und Lage,
längst vielleicht verstorbene Gesetzgeber haben diese erschaffen; die
folgenden Zeitalter gehen gläubig fort auf der angetretenen Bahn
und leben so in der That nicht ein eigenes öffentliches Leben,
sondern sie wiederholen nur ein ehemaliges Leben. Es bedarf
in solchen Zeiten keiner eigentlichen Regierung. Wenn aber dieser
gleichmäßige Fortgang in Gefahr geräth, und es nun gilt über
neue nie also dagewesene Fälle zu entscheiden: dann bedarf es
eines Lebens, das aus sich selber lebe. Welcher Geist nun ist es,
der in solchen Fällen sich an das Ruder stellen dürfe, der mit eigener
Sicherheit und Gewißheit und ohne unruhiges Hin- und Herschwanken
zu entscheiden vermöge, der ein unbezweifeltes Recht habe, jedem
den es treffen mag, ob er nun selbst es wolle oder nicht, gebietend
anzumuthen und den Widerstrebenden zu zwingen, daß er alles, bis
auf sein Leben, in Gefahr setze? Nicht der Geist der ruhigen bürgerlichen Liebe der Verfassung und der Gesetze, sondern die verzehrende
Flamme der höhern Vaterlandsliebe, die die Nation als Hülle des
Ewigen umfaßt, für welche der Edle mit Freuden sich opfert, und der
Unedle, der nur um des ersten willen da ist, sich eben opfern soll.
Nicht jene bürgerliche Liebe der Verfassung ist es; diese vermag
dies gar nicht wenn sie bei Verstande bleibt. Wie es auch ergeben
möge, da nicht umsonst regiert wird, so wird sich immer ein Regent
für sie finden. Lasset den neuen Regenten sogar die Sklaverei wollen
— und wo ist Sklaverei außer in der Nichtachtung und Unterdrückung
der Eigenthümlichkeit eines ursprünglichen Volks, dergleichen für
jenen Sinn nicht vorhanden ist? — lasset ihn auch die Sklaverei
wollen: da aus dem Leben der Sklaven, ihrer Menge, sogar ihrem
Wohlstande sich Nutzung ziehen läßt, so wird, wenn er nur einiger-
maßen ein Rechner ist, die Sklaverei unter ihm erträglich ausfallen.
Leben und Unterhalt wenigstens werden sie immer finden. Wofür
sollten sie denn also kämpfen? Nach jenen beiden ist es die Ruhe,
die ihnen über alles geht. Diese wird durch die Fortdauer des
Kampfes nur gestört. Sie werden darum alles anwenden, daß dieser

nur recht bald ein Ende nehme, sie werden sich fügen, sie werden nachgeben: und warum sollten sie nicht? Es ist ihnen ja nie um mehr zu thun gewesen, und sie haben vom Leben nie etwas weiteres gehofft denn die Fortsetzung der Gewohnheit dazusein unter erleid= lichen Bedingungen. Die Verheißung eines Lebens auch hienieden über die Dauer des Lebens hienieden hinaus, allein diese ist es, die bis zum Tode fürs Vaterland begeistern kann.

So ist es auch bisher gewesen. Wo da wirklich regiert worden ist, wo bestanden worden sind ernsthafte Kämpfe, wo der Sieg er= rungen worden ist gegen gewaltigen Widerstand, da ist es jene Ver= heißung ewigen Lebens gewesen, die da regierte und kämpfte und siegte. Im Glauben an diese Verheißung kämpften die in diesen Reden früher erwähnten deutschen Protestanten. Wußten sie etwa nicht, daß auch mit dem alten Glauben Völker regiert und in rechtlicher Ordnung zusammengehalten werden könnten, und daß man auch bei diesem Glauben seinen guten Lebensunterhalt finden könne? Warum beschlossen denn also ihre Fürsten bewaffneten Widerstand, und warum leisteten ihn mit Begeisterung die Völker? — Der Himmel war es und die ewige Seligkeit für welche sie willig ihr Blut vergossen. — Aber welche irdische Gewalt hätte denn auch in das innere Heiligthum ihres Gemüths eindringen und den Glauben, der ihnen ja nun einmal aufgegangen war, und auf welchen allein sie ihrer Seligkeit Hoffnung gründeten, darin austilgen können? Also auch ihre eigene Seligkeit war es nicht, für die sie kämpften: dieser waren sie schon versichert; die Seligkeit ihrer Kinder, ihrer noch ungeborenen Enkel und aller noch ungeborenen Nachkom= menschaft war es: auch diese sollten auferzogen werden in der= selben Lehre, die ihnen als allein heilbringend erschienen war, auch diese sollten theilhaftig werden des Heils, das für sie ange= brochen war; diese Hoffnung allein war es, die durch den Feind bedroht wurde: für sie, für eine Ordnung der Dinge, die lange nach ihrem Tode über ihren Gräbern blühen sollte, verspritzten sie mit dieser Freudigkeit ihr Blut. Geben wir zu, daß sie sich selbst nicht ganz klar waren, daß sie in der Bezeichnung des Edelsten, was in ihnen war, mit Worten sich vergriffen und mit dem Munde ihrem Gemüthe unrecht thaten; bekennen wir gern, daß ihr Glaubensbe= kenntniß nicht das einzige und ausschließende Mittel war, des Him= mels jenseit des Grabes theilhaftig zu werden: so ist doch dies ewig wahr, daß mehr Himmel diesseit des Grabes, ein muthigeres und fröhlicheres Emporblicken von der Erde und eine freiere Regung des Geistes durch ihre Aufopferung in alles Leben der Folgezeit gekommen ist, und die Nachkommen ihrer Gegner ebenso wol als wir selbst, ihre Nachkommen, die Früchte ihrer Mühen bis auf die= sen Tag genießen.

In diesem Glauben setzten unsere ältesten gemeinsamen Vorfahren, das Stammvolk der neuen Bildung, die von den Römern
Germanier genannten Deutschen, sich der herandrängenden Weltherrschaft der Römer muthig entgegen. Sahen sie denn nicht vor
Augen den höhern Flor der römischen Provinzen neben sich, die
feinern Genüsse in denselben, dabei Gesetze, Richterstühle, Ruthen-
bündel und Beile im Ueberfluß? Waren die Römer nicht bereit-
willig genug, sie an allen diesen Segnungen theilnehmen zu lassen?
Erlebten sie nicht an mehrern ihrer eigenen Fürsten, die sich nur bedeuten ließen daß der Krieg gegen solche Wohlthäter der Menschheit
Rebellion sei, Beweise der gepriesenen römischen Clemenz, indem sie
die Nachgiebigen mit Königstiteln, mit Anführerstellen in ihren
Heeren, mit römischen Opferbinden auszierten, ihnen, wenn sie etwa
von ihren Landsleuten ausgetrieben wurden, einen Zufluchtsort und
Unterhalt in ihren Pflanzstädten gaben? Hatten sie keinen Sinn für
die Vorzüge römischer Bildung, z. B. für die bessere Einrichtung
ihrer Heere, in denen sogar ein Arminius das Kriegshandwerk zu
erlernen nicht verschmähte? Keine von allen diesen Unwissenheiten
oder Nichtbeachtungen ist ihnen aufzurücken. Ihre Nachkommen haben sogar, sobald sie es ohne Verlust für ihre Freiheit konnten, die
Bildung derselben sich angeeignet, inwieweit es ohne Verlust ihrer
Eigenthümlichkeit möglich war. Wofür haben sie denn also mehrere
Menschenalter hindurch gekämpft im blutigen, immer mit derselben
Kraft sich wieder erneuernden Kriege? Ein römischer Schriftsteller
läßt es ihre Anführer also aussprechen: „Ob ihnen denn etwas anderes übrigbleibe, als entweder die Freiheit zu behaupten, oder zu
sterben bevor sie Sklaven würden?" Freiheit war ihnen, daß sie
eben Deutsche blieben, daß sie fortführen ihre Angelegenheiten selbständig und ursprünglich ihrem eigenen Geiste gemäß zu entscheiden,
und diesem gleichfalls gemäß auch in ihrer Fortbildung vorwärts zu
rücken, und daß sie diese Selbständigkeit auch auf ihre Nachkommenschaft
fortpflanzten; Sklaverei hießen ihnen alle jene Segnungen, die ihnen
die Römer antrugen, weil sie dabei etwas anderes denn Deutsche,
weil sie halbe Römer werden müßten. Es verstehe sich von selbst,
setzten sie voraus, daß jeder, ehe er dies werde, lieber sterbe, und
daß ein wahrhafter Deutscher nur könne leben wollen, um eben Deutscher
zu sein und zu bleiben und die Seinigen zu eben solchen zu bilden.

Sie sind nicht alle gestorben, sie haben die Sklaverei nicht gesehen, sie haben die Freiheit hinterlassen ihren Kindern. Ihrem beharrlichen Widerstande verdankt es die ganze neue Welt, daß sie da
ist so wie sie da ist. Wäre es den Römern gelungen auch sie zu
unterjochen und, wie dies der Römer allenthalben that, sie als Nation auszurotten, so hätte die ganze Fortentwickelung der Menschheit
eine andere, und man kann nicht glauben erfreulichere, Richtung ge-

nommen. Ihnen verdanken wir, die nächsten Erben ihres Bodens, ihrer Sprache und ihrer Gesinnung, daß wir noch Deutsche sind, daß der Strom ursprünglichen und selbständigen Lebens uns noch trägt; ihnen verdanken wir alles was wir seitdem als Nation gewesen sind, ihnen, falls es nicht etwa jetzt mit uns zu Ende ist und der letzte von ihnen abgestammte Blutstropfen in unsern Adern versiegt ist, ihnen werden wir verdanken alles was wir noch ferner sein werden. Ihnen verdanken selbst die übrigen, uns jetzt zum Auslande gewordenen Stämme, in ihnen unsere Brüder, ihr Dasein; als jene die ewige Roma besiegten, war noch keins aller dieser Völker vorhanden: damals wurde zugleich auch ihnen die Möglichkeit ihrer künftigen Entstehung mit erkämpft.

Diese und alle andern in der Weltgeschichte, die ihres Sinnes waren, haben gesiegt weil das Ewige sie begeisterte: und so siegt immer und nothwendig diese Begeisterung über den der nicht begeistert ist. Nicht die Gewalt der Arme noch die Tüchtigkeit der Waffen, sondern die Kraft des Gemüths ist es welche Siege erkämpft. Wer ein begrenztes Ziel sich setzt seiner Aufopferungen und sich nicht weiter wagen mag als bis zu einem gewissen Punkte, der gibt den Widerstand auf, sobald die Gefahr ihm an diesen durchaus nicht aufzugebenden noch zu entbehrenden Punkt kommt. Wer gar kein Ziel sich gesetzt hat, sondern alles und das Höchste was man hienieden verlieren kann, das Leben, daran setzt, gibt den Widerstand nie auf und siegt, so der Gegner ein begrenzteres Ziel hat, ohne Zweifel. Ein Volk das da fähig ist, sei es auch nur in seinen höchsten Stellvertretern und Anführern, das Gesicht aus der Geisterwelt, Selbständigkeit, fest ins Auge zu fassen und von der Liebe dafür ergriffen zu werden, wie unsere ältesten Vorfahren, siegt gewiß über ein solches, das nur zum Werkzeuge fremder Herrschsucht und zu Unterjochung selbständiger Völker gebraucht wird, wie die römischen Heere; denn die erstern haben alles zn verlieren, die letztern blos einiges zu gewinnen. Ueber die Denkart aber, die den Krieg als ein Glücksspiel ansieht um zeitlichen Gewinn oder Verlust, und bei der, schon ehe sie das Spiel anfängt, feststeht bis zu welcher Summe sie auf die Karten setzen wolle, siegt sogar eine Grille. Denken Sie sich z. B. einen Mahomet — nicht den wirklichen der Geschichte, über welchen ich kein Urtheil zu haben bekenne sondern den eines bekannten französischen Dichters —, der sich einmal fest in den Kopf gesetzt habe, er sei eine der ungemeinen Naturen, die da berufen sind das dunkle, das gemeine Erdenvolk zu leiten, und dem, zufolge dieser ersten Voraussetzung, alle seine Einfälle, so dürftig und so beschränkt sie auch in der That sein mögen, dieweil es die seinigen sind, nothwendig erscheinen müssen als große und erhabene und beseligende Ideen, und alles, was denselben sich wider-

setzt, als dunkles gemeines Volk, Feinde ihres eigenen Wohls, Uebel-
gesinnte und Hassenswürdige, der nun, um diesen seinen Eigendünkel
vor sich selbst als göttlichen Ruf zu rechtfertigen, und ganz aufgegangen in diesem Gedanken mit all seinem Leben, alles daran setzen
muß und nicht ruhen kann, bis er alles, das nicht ebenso groß von
ihm denken will denn er selbst, zertreten hat, und bis aus der ganzen
Mitwelt sein eigener Glaube an seine göttliche Sendung ihm zurück-
strahle: ich will nicht sagen wie es ihm ergehen würde, falls wirklich ein geistiges Gesicht, das da wahr ist und klar in sich selbst,
gegen ihn in die Kampfbahn träte, aber jenen beschränkten Glücks-
spielern gewinnt er es sicher ab, denn er setzt alles, gegen sie die nicht
alles setzen; sie treibt kein Geist, ihn aber treibt allerdings ein
schwärmerischer Geist, der seines gewaltigen und kräftigen Eigen-
dünkels.

Aus allem geht hervor, daß der Staat als bloßes Regiment
des im gewöhnlichen friedlichen Gange fortschreitenden menschlichen
Lebens nichts Erstes und für sich selbst Seiendes, sondern daß er blos
das Mittel ist für den höhern Zweck der ewig gleichmäßig fortgehen-
den Ausbildung des rein Menschlichen in dieser Nation; daß es
allein das Gesicht und die Liebe dieser ewigen Fortbildung ist, welche
immerfort auch in ruhigen Zeitläuften die höhere Aufsicht über die
Staatsverwaltung führen soll, und welche, wo die Selbständigkeit
des Volks in Gefahr ist, allein dieselbe zu retten vermag. Bei den
Deutschen, unter denen als einem ursprünglichen Volke diese Vaterlandsliebe möglich und, wie wir fest zu wissen glauben, bisjetzt auch
wirklich war, konnte dieselbe bisjetzt mit einer hohen Zuversicht auf
die Sicherheit ihrer wichtigsten Angelegenheiten rechnen. Wie nur
noch bei den Griechen in der alten Zeit, war bei ihnen der Staat
und die Nation sogar voneinander gesondert und jedes für sich
dargestellt, der erste in den besondern deutschen Reichen und Für-
stenthümern, die letzte sichtbar im Reichsverbande, unsichtbar, nicht
zufolge eines niedergeschriebenen aber eines in aller Gemüther lebenden Rechts geltend und in ihren Folgen allenthalben in das Auge
springend, in einer Menge von Gewohnheiten und Einrichtungen.
So weit die deutsche Zunge reichte, konnte jeder, dem im Bezirke
derselben das Licht anbrach, sich doppelt betrachten als Bürger,
theils seines Geburtsstaats, dessen Fürsorge er zunächst empfohlen
war, theils des ganzen gemeinsamen Vaterlandes deutscher Nation.
Jedem war es verstattet, über die ganze Oberfläche dieses Vaterlandes
hin sich diejenige Bildung, die am meisten Verwandtschaft zu seinem
Geiste hatte, oder den derselben angemessensten Wirkungskreis aufzusuchen, und das Talent wuchs nicht hinein in seine Stelle wie ein Baum, sondern es war ihm erlaubt dieselbe zu suchen. Wer durch die Richtung, die
seine Bildung nahm, mit seiner nächsten Umgebung entzweit wurde, fand

leicht anderwärts willige Aufnahme, fand neue Freunde statt der verlorenen, fand Zeit und Ruhe um sich näher zu erklären, vielleicht die erzürnten selbst zu gewinnen und zu versöhnen und so das Ganze zu einigen. Kein deutschgeborener Fürst hat es je über sich vermocht, seinen Unterthanen das Vaterland innerhalb der Berge oder Flüsse, wo er regierte, abzustecken und dieselben zu betrachten als gebunden an die Erdscholle. Eine Wahrheit, die an einem Orte nicht laut werden durfte, durfte es an einem andern, an welchem vielleicht im Gegentheile diejenigen verboten waren, die dort erlaubt wurden; und so fand denn, bei manchen Einseitigkeiten und Engherzigkeiten der besondern Staaten, dennoch in Deutschland, dieses als ein Ganzes genommen, die höchste Freiheit der Erforschung und der Mittheilung statt, die jemals ein Volk besessen, und die höhere Bildung war und blieb allenthalben der Erfolg aus der Wechselwirkung der Bürger aller deutscher Staaten, und diese höhere Bildung kam denn in dieser Gestalt auch allmählich herab zum größern Volke, das somit immer fortfuhr sich selber durch sich selbst im großen und ganzen zu erziehen. Dieses wesentliche Unterpfand der Fortdauer einer deutschen Nation schmälerte, wie gesagt, kein am Ruder der Regierung sitzendes deutsches Gemüth; und wenn auch in Absicht anderer ursprünglichen Entscheidungen nicht immer geschehen sein sollte, was die höhere deutsche Vaterlandsliebe wünschen mußte, so ist wenigstens der Angelegenheit desselben nicht geradezu entgegengehandelt worden, man hat nicht versucht jene Liebe zu untergraben, sie auszurotten und eine entgegengesetzte Liebe an ihre Stelle zu bringen.

Wenn nun aber etwa die ursprüngliche Leitung sowol jener höhern Bildung als der Nationalmacht, die allein für jene und ihre Fortdauer als Zweck gebraucht werden darf, die Verwendung deutschen Gutes und deutschen Blutes, aus der Botmäßigkeit deutschen Gemüths in eine andere kommen sollte, was würde sodann nothwendig erfolgen müssen?

Hier ist der Ort, wo es der in unserer ersten Rede in Anspruch genommenen Geneigtheit, sich über die eigenen Angelegenheiten nicht täuschen zu wollen, und des Muthes, die Wahrheit sehen zu wollen und sie sich zu gestehen, vorzüglich bedarf; auch ist es, soviel mir bekannt, noch immer erlaubt in deutscher Sprache miteinander vom Vaterlande zu reden, wenigstens zu seufzen, und wir würden, glaube ich, nicht wohl thun, wenn wir aus unserer eigenen Mitte heraus ein solches Verbot verfrühten und dem Muthe, der ohne Zweifel über das Wagniß schon vorher mit sich zu Rathe gegangen sein wird, die Fessel der Zaghaftigkeit einzelner anlegen wollten.

Malen Sie sich also die vorausgesetzte neue Gewalt so gütig und so wohlwollend vor als Sie irgend wollen, machen Sie sie gut

wie Gott: werden Sie ihr auch göttlichen Verstand einsetzen können?
Mag sie alles Ernstes das höchste Glück und Wohlsein aller wollen:
wird das höchste Wohlsein, das sie zu fassen vermag, wol auch
deutsches Wohlsein sein? So hoffe ich über den Hauptpunkt, den
ich Ihnen heute vorgetragen, von Ihnen recht wohl verstanden wor=
den zu sein; ich hoffe, daß mehrere hierbei gedacht und gefühlt ha=
ben, ich drücke nur deutlich aus und spreche aus mit Worten wie
es ihnen von jeher im Gemüthe gelegen; ich hoffe, daß es auch mit
den übrigen Deutschen, die einst dieses lesen werden, sich also ver=
halten werde; auch haben vor mir mehrere Deutsche ungefähr dasselbe
gesagt, und dem immerfort bezeugten Widerstreben gegen eine bloß me=
chanische Einrichtung und Berechnung des Staats hat dunkel jene Ge=
sinnung zum Grunde gelegen. Und nun fordre ich alle, die mit der
neuen Literatur des Auslandes bekannt sind, auf, mir nachzuweisen
welcher neuere Weise, Dichter, Gesetzgeber derselben eine diesem ähn=
liche Ahnung, die das Menschengeschlecht als ein ewig fortschreiten=
des betrachte und alles sein Regen in der Zeit nur auf diesen
Fortschritt beziehe, jemals verrathen habe; ob irgendeiner, selbst in
dem Zeitpunkte als sie am kühnsten zu politischer Schöpfung sich
emporschwangen, mehr als nur nicht Ungleichheit, innern Frieden,
äußern Nationalruhm und, wo es aufs Höchste getrieben wurde,
häusliche Glückseligkeit vom Staate gefordert habe? Ist, wie man
aus allen diesen Anzeigen schließen muß, dieses ihr Höchstes, so
werden sie auch uns keine höhern Bedürfnisse und keine höhern For=
derungen an das Leben beimessen und, immer jene wohlthätigen
Gesinnungen gegen uns und die Abwesenheit alles Eigennutzes und
aller Sucht, mehr sein zu wollen denn wir, vorausgesetzt, trefflich
für uns gesorgt zu haben glauben, wenn wir alles das finden, was
sie allein als begehrungswürdig kennen; dasjenige aber, warum der
Edlere unter uns allein leben mag, ist sodann ausgetilgt aus dem
öffentlichen Leben, und das Volk, das für die Anregungen des
Edlern sich stets empfänglich gezeigt hat und welches man sogar
nach seiner Mehrheit zu jenem Adel emporzuheben hoffen durfte, ist,
sowie es behandelt wird wie jene behandelt sein wollen, herabgesetzt
unter seinen Rang, entwürdigt, ausgetilgt aus der Reihe der Dinge,
indem es zusammenfließt mit dem von niederer Art.

In wem nun jene höhern Anforderungen an das Leben nebst
dem Gefühle ihres göttlichen Rechts dennoch lebendig und kräftig
bleiben, der fühlt mit tiefem Unwillen sich zurückgedrängt in jene
ersten Zeiten des Christenthums, zu denen gesagt ist: „Ihr sollet
nicht widerstreben dem Uebel, sondern, so dir jemand einen Streich
gibt auf den rechten Backen, dem biete den andern auch dar, und
so jemand deinen Rock nehmen will, dem laß auch den Mantel;"
mit Recht das letzte, denn solange er noch einen Mantel an dir

sieht, sucht er einen Handel an dich, um dir auch diesen zu nehmen; erst wie du ganz nackend bist, entgehst du seiner Aufmerksamkeit und hast vor ihm Ruhe. Eben sein höherer Sinn, der ihn ehrt, macht ihm die Erde zur Hölle und zum Ekel, er wünscht nicht geboren zu sein, er wünscht daß sein Auge je eher je lieber sich dem An= blicke des Tages verschließe, unversiegbare Trauer bis an das Grab erfaßt seine Tage; dem was ihm lieb ist kann er keine bessere Gabe wünschen denn einen dumpfen und genügsamen Sinn, damit es mit weniger Schmerz einem ewigen Leben jenseit des Grabes entge= genlebe.

Diese Vernichtung jeder etwa ins Künftige unter uns aus= brechenden edlern Regung, und diese Heruntersetzung unserer ganzen Nation durch das einzige, nachdem die andern vergeblich angewen= det worden sind, noch übrigbleibende Mittel zu verhindern, tragen Ihnen diese Reden an. Sie tragen Ihnen an, die wahre und all= mächtige Vaterlandsliebe in der Erfassung unsers Volks als eines ewigen und als Bürger unserer eigenen Ewigkeit durch die Erziehung in aller Gemüther recht tief und unauslöschlich zu begründen. Welche Erziehung dies vermöge und auf welche Weise, werden wir in den folgenden Reden ersehen.

Neunte Rede.

An welchen in der Wirklichkeit vorhandenen Punkt die neue Nationalerziehung der Deutschen anzuknüpfen sei.

Durch unsere letzte Rede sind mehrere schon in der ersten versprochene Beweise geführt und vollendet worden. Es sei dermalen nur davon die Rede, sagten wir, und dies sei die erste Aufgabe, das Dasein und die Fortdauer des Deutschen schlechtweg zu retten; alle andern Unterschiede seien dem höhern Ueberblicke verschwunden, und es würde durch jenes den besondern Verbindlichkeiten, die etwa jemand zu haben glaube, kein Eintrag geschehen. Es ist, wenn uns nur der gemachte Unterschied zwischen Staat und Nation gegenwärtig bleibt, klar, daß auch schon früher die Angelegenheiten dieser beiden niemals in Widerstreit gerathen konnten. Die höhere Vaterlandsliebe für das gemeinsame Volk der deutschen Nation mußte und sollte ja ohnedies die oberste Leitung in jedem deutschen Staate führen; keiner von ihnen durfte ja diese höhere Angelegenheit aus den Augen verlieren, ohne alles Edle und Tüchtige von sich abwendig zu machen und so seinen eigenen Untergang zu beschleunigen: je mehr daher jemand von jener höhern Angelegenheit ergriffen und belebt war, ein desto bessrer Bürger war er auch für den besondern deutschen Staat, in den sein Wirkungskreis fiel. Deutsche Staaten konnten mit deutschen Staaten in Streit gerathen über besondere hergebrachte Gerechtsame. Wer die Fortdauer des hergebrachten Zustandes wollte — und jeder Verständige ohne Zweifel mußte um der fernern Folgen willen diese wollen —, der mußte wünschen daß die gerechte Sache siege, in wessen Händen sie auch sein möchte. Höchstens hätte ein besonderer deutscher Staat darauf ausgehen können, die ganze deutsche Nation unter seiner Regierung zu vereinigen und statt der hergebrachten Völkerrepublik Alleinherrschaft einzu=

führen. Wenn es wahr ist, wie ich z. B. es allerdings dafür halte,
daß gerade diese republikanische Verfassung bisher die vorzüglichste
Quelle deutscher Bildung und das erste Sicherungsmittel ihrer
Eigenthümlichkeit gewesen, so wäre, falls die vorausgesetzte Einheit
der Regierung nicht etwa selbst die republikanische, sondern die monarchische Form getragen hätte, in der es dem Gewalthaber doch
möglich gewesen wäre, irgendeinen Sproß ursprünglicher Bildung
über den ganzen deutschen Boden hinweg für seine Lebenszeit zu
zerdrücken; — wenn dieses wahr ist, sage ich, so wäre in diesem
Falle es allerdings ein großes Mißgeschick für die Angelegenheit
deutscher Vaterlandsliebe gewesen wenn dieser Vorsatz gelungen
wäre, und jeder Edle über die ganze Oberfläche des gemeinsamen
Bodens hinweg hätte dagegen sich stemmen müssen. Dennoch auch
in diesem schlimmsten Falle wären es doch immer Deutsche geblieben, die über Deutsche regiert und ihre Angelegenheiten ursprünglich geleitet hätten, und wenn auch auf eine vorübergehende Zeit
der eigenthümliche deutsche Geist vermißt worden wäre, so wäre
doch die Hoffnung geblieben daß er wieder erwachen werde, und
jedes kräftigere Gemüth über den ganzen Boden hinweg hätte sich
versprechen können Gehör zu finden und sich verständlich zu machen;
es wäre doch immer eine deutsche Nation im Dasein verblieben
und hätte sich selbst regiert, und sie wäre nicht untergegangen in
einem andern von niederer Ordnung. Immer bleibt hier das Wesentliche in unserer Berechnung, daß die deutsche Nationalliebe selbst
an dem Ruder des deutschen Staats entweder sitze, oder doch mit
ihrem Einflusse dahin gelangen könne. Wenn aber zufolge unsrer
frühern Voraussetzung dieser deutsche Staat — ob er nun als
einer oder mehrere erscheine, thut nichts zur Sache, in der That
ist es dennoch einer — überhaupt aus deutscher Leitung in fremde
fiele, so ist sicher, und das Gegentheil davon wäre gegen alle Natur
und schlechterdings unmöglich, es ist sicher, sage ich, daß von nun
an nicht mehr deutsche Angelegenheit, sondern eine fremde entscheiden
würde. Wo die gesammte Nationalangelegenheit der Deutschen
bisher ihren Sitz hatte und dargestellt wurde, am Ruder des Staats,
da wäre sie verwiesen. Soll sie nun hiermit nicht ganz ausgetilgt
sein von der Erde, so muß ihr ein anderer Zufluchtsort bereitet
werden, und zwar in dem was allein übrigbleibt, bei den Regierten, in den Bürgern. Wäre sie aber bei diesen und ihrer Mehrheit schon, so wären wir in den Fall, über welchen wir uns der-
mals berathschlagen, gar nicht gekommen; sie ist daher nicht bei
ihnen und muß erst in sie hineingebracht werden, das heißt mit
andern Worten, die Mehrheit der Bürger muß zu diesem vaterländischen Sinne erzogen werden, und damit man der Mehrheit
sicher sei, diese Erziehung muß an der Allheit versucht werden. Und

so ist denn zugleich, unumwunden und klar, der gleichfalls ehemals
versprochene Beweis geführt worden, daß es schlechthin nur die Erziehung und kein anderes mögliches Mittel sei, das die deutsche
Selbständigkeit zu retten vermöge; und es wäre ohne Zweifel nicht
unsere Schuld, wenn man selbst bisjetzt noch nicht den eigentlichen
Inhalt und die Absicht dieser unserer Reden, und den Sinn in welchem
alle unsere Aeußerungen zu nehmen sind, zu fassen vermöchte.

Um es noch kürzer zu fassen: immer unter unserer Voraussetzung, sind den Unmündigen ihre väterlichen und blutsverwandten
Vormünder abgegangen und Herren an ihre Stelle getreten; sollen
jene Unmündige nicht gar Sklaven werden: so müssen sie eben der
Vormundschaft entlassen und, damit sie dieses können, zu allererst
zur Mündigkeit erzogen werden. Die deutsche Vaterlandsliebe hat
ihren Sitz verloren; sie soll einen andern breitern und tiefern erhalten, in welcher sie in ruhiger Verborgenheit sich begründe und stähle,
und zu rechter Zeit in jugendlicher Kraft hervorbreche, und auch dem
Staate die verlorene Selbständigkeit wiedergebe. Wegen des letztern
können nun sowol das Ausland als die kleinlichen und engherzigen
Trübseligkeiten unter uns selbst in Ruhe verbleiben; man kann zu
ihrer aller Troste sie versichern, daß sie es insgesammt nicht erleben
werden, und daß die Zeit, die es erleben wird, anders denken
wird denn sie.

Ob nun, so streng auch die Glieder dieses Beweises aneinander schließen mögen, derselbe auch andere ergreifen und sie znr
Thätigkeit anrege werde, hängt zu allererst davon ab, ob es so
etwas, wie wir deutsche Eigenthümlichkeit und deutsche Vaterlandsliebe geschildert haben, überhaupt gebe, und ob diese der Erhaltung
und des Strebens dafür werth sei oder nicht. Daß der — auswärtige oder einheimische — Ausländer diese Frage mit Nein beantwortet, versteht sich: aber dieser ist auch nicht mit zur Berath-
schlagung berufen. Uebrigens ist hierbei anzumerken, daß die Entscheidung über diese Frage keineswegs auf einer Beweisführung durch
Begriffe beruht, welche hierin zwar klar machen, keineswegs aber
über wirkliches Dasein oder Werth Auskunft zu geben vermögen,
sondern daß die letztern lediglich durch eines jeglichen unmittelbare
Erfahrung an ihm selber bewährt werden können. In einem solchen
Falle mögen Millionen sagen: es sei nicht, so kann dadurch niemals
mehr gesagt sein, denn daß es nur in ihnen nicht sei, keineswegs daß
es überhaupt nicht sei; und wenn ein einziger gegen diese Millionen
auftritt und versichert, daß es sei, so behält er gegen sie alle
recht. Nichts verhindert, daß, da ich nun gerade rede, ich in dem
angegebenen Falle dieser einzige sei, der da versichert daß er aus
unmittelbarer Erfahrung an sich selbst wisse, daß es so etwas wie
deutsche Vaterlandsliebe gebe, daß er den unendlichen Werth des

Gegenstandes derselben kenne, daß diese Liebe allein ihn getrieben habe, auf jede Gefahr zu sagen was er gesagt hat und noch sagen wird, indem uns dermalen gar nichts übriggeblieben ist denn das Sagen, und sogar dieses auf alle Weise gehemmt und verkümmert wird. Wer dasselbe in sich fühlt, der wird überzeugt werden; wer es nicht fühlt, kann nicht überzeugt werden, denn allein auf jene Voraussetzung stützt sich mein Beweis, an ihm habe ich meine Worte verloren; aber wer wollte nicht etwas so Geringfügiges, als Worte sind, auf das Spiel setzen?

Diejenige bestimmte Erziehung, von der wir uns die Rettung der deutschen Nation versprechen, ist in unsrer zweiten und dritten Rede im allgemeinen beschrieben worden. Wir haben sie als eine gänzliche Umschaffung des Menschengeschlechts bezeichnet, und es wird passend sein, an diese Bezeichnung eine wiederholte Uebersicht des Ganzen anzuknüpfen.

In der Regel galt bisher die Sinnenwelt für die rechte, eigentliche, wahre und wirklich bestehende Welt, sie war die erste, die dem Zöglinge der Erziehung vorgeführt wurde; von ihr erst wurde er zum Denken und zwar meist zu einem Denken über diese und im Dienste derselben angeführt. Die neue Erziehung kehrt diese Ordnung geradezu um. Ihr ist nur die Welt, die durch das Denken erfaßt wird, die wahre und wirklich bestehende Welt; in diese will sie ihren Zögling, sogleich wie sie mit demselben beginnt, einführen. An diese Welt allein will sie seine ganze Liebe und sein ganzes Wohlgefallen binden sodaß ein Leben allein in dieser Welt des Geistes bei ihm nothwendig entstehe und hervorkomme. Bisher lebte in der Mehrheit allein das Fleisch, die Materie, die Natur; durch die neue Erziehung soll in der Mehrheit, ja gar bald in der Allheit, allein der Geist leben und dieselbe treiben; der feste und gewisse Geist, von welchem früher als von der einzig möglichen Grundlage eines wohleingerichteten Staats gesprochen worden, soll im allgemeinen erzeugt werden.

Durch eine solche Erziehung wird ohne Zweifel der Zweck, den wir zunächst uns vorgesetzt haben und von dem unsre Reden ausgegangen sind, erreicht. Jener zu erzeugende Geist führt die höhere Vaterlandsliebe, das Erfassen seines irdischen Lebens als eines ewigen und des Vaterlandes als des Trägers dieser Ewigkeit, und, falls er in den Deutschen aufgebaut wird, die Liebe für das deutsche Vaterland als einen seiner nothwendigen Bestandtheile unmittelbar in sich selber; und aus dieser Liebe folgt der muthige Vaterlandsvertheidiger und der ruhige und rechtliche Bürger von selbst. Es wird durch eine solche Erziehung sogar noch mehr erreicht als dieser nächste Zweck, wie das allemal der Fall ist wo ein großes Ziel durch ein durchgreifendes Mittel gewollt wird: der

ganze Mensch wird nach allen seinen Theilen vollendet, in sich selbst
abgerundet, nach außen zu allen seinen Zwecken in Zeit und Ewigkeit mit vollkommener Tüchtigkeit ausgestattet. Mit unsrer Gene-
sung für Nation und Vaterland hat die geistige Natur unsre voll-
kommne Heilung von allen Uebeln, die uns drücken, unzertrennlich
verknüpft.

Mit der stumpfen Bewunderung, daß eine solche Welt des
bloßen Gedankens behauptet und sogar als die ·einzig mögliche
Welt behauptet, dagegen die Sinnenwelt ganz weggeworfen werde,
sowie mit der Ableugnung der erstern entweder überhaupt, oder
nur der Möglichkeit daß selbst die Mehrheit des großen Volks in
dieselbe eingeführt werden könne, haben wir es hier nicht mehr zu
thun, sondern haben dieselben schon früher gänzlich von uns weg-
gewiesen. Wer noch nicht weiß, daß es eine Welt des Gedankens
gebe, der mag indessen anderwärts durch die vorhandenen Mittel
sich davon belehren, wir haben hier zu dieser Belehrung nicht Zeit;
wie aber sogar die Mehrheit des großen Volks zu derselben empor-
gehoben werden könne, dies wollen wir eben zeigen.

Indem nun, unserm eigenen wohlbedachten Sinne nach, der
Gedanke einer solchen neuen Erziehung keineswegs als ein bloßes
zur Uebung des Scharfsinns oder der Streitfertigkeit aufgestelltes
Bild zu betrachten ist, sondern derselbe vielmehr zur Stunde ausgeübt und ins Leben eingeführt werden soll, so kommt uns zuvörderst zu, anzugeben, an welches in der wirklichen Welt schon
vorliegende Glied diese Ausführung sich anknüpfen solle.

Wir geben auf diese Frage zur Antwort: an den von Johann
Heinrich Pestalozzi erfundenen, vorgeschlagenen und unter dessen Augen
schon in glücklicher Ausübung befindlichen Unterrichtsgang soll sie
sich anschließen. Wir wollen diese unsre Entscheidung tiefer begründen und näher bestimmen.

Zuvörderst, wir haben die eigenen Schriften des Mannes gelesen und durchdacht, und aus diesen unsern Begriff seiner Unter-
richts- und Erziehungskunst uns gebildet; gar keine Kunde aber
haben wir genommen von dem, was die gelehrten Neuigkeitsblätter
darüber berichtet und gemeint und über die Meinungen wieder
gemeint haben. Wir merken dies darum an, um jedem, der über
diesen Gegenstand gleichfalls einen Begriff zu haben begehrt, denselben Weg und die durchgängige Vermeidung des entgegengesetzten
zu empfehlen. Ebenso wenig haben wir bisjetzt etwas von der
wirklichen Ausübung sehen wollen, keineswegs aus Nichtachtung
sondern weil wir uns erst einen festen und sichern Begriff von der
wahren Absicht des Erfinders, hinter welcher die Ausübung oft
zurückbleiben kann, verschaffen wollten, aus diesem Begriffe aber
der Begriff von der Ausübung und dem nothwendigen Erfolge

ohne alles Probiren sich von selbst ergibt, und man nur mit diesem ausgestattet die Ausübung wahrhaftig verstehen und richtig beurtheilen kann. Sollte, wie einige glauben, auch dieser Unterrichts= gang schon hier und da in ein blindes empirisches Zutappen und in leere Spielerei und Schauauslegerei ausgeartet sein, so ist meines Erachtens der Grundbegriff des Erfinders wenigstens daran ganz unschuldig.

Für diesen Grundbegriff nun bürgt mir zuerst die Eigenthüm= lichkeit des. Mannes selber, wie er diese in seinen Schriften mit der treuesten und gemüthvollsten Offenheit darlegt. An ihm hätte ich ebenso gut wie an Luther, oder, falls es noch andere diesen Gleichende gegeben hat, an irgendeinem andern, die Grundzüge des deutschen Gemüths darlegen und den erfreuenden Beweis führen können, daß dieses Gemüh in seiner ganzen wunderwirkenden Kraft in dem Umkreise der deutschen Zunge noch bis auf diesen Tag walte. Auch er hat ein mühevolles Leben hindurch im Kampfe mit allen möglichen Hindernissen, von innen mit eigener hartnäckiger Unklarheit und Unbeholfenheit, und selbst höchst spärlich ausgestattet mit den gewöhnlichsten Hülfsmitteln der gelehrten Erziehung, äußerlich mit anhaltender Verkennung, gerungen nach einem bloß geahnten ihm selbst durchaus unbewußten Ziele, aufrecht gehalten und getrieben durch einen unversiegbaren und allmächtigen und deutschen Trieb, die Liebe zu dem armen verwahrlosten Volke. Diese allmächtige Liebe hatte ihn ebenso wie Luthern, nur in einer andern und seiner Zeit angemessnern Beziehung, zu ihrem Werkzeuge gemacht und war das Leben geworden in seinem Leben, sie war der ihm selbst unbe= kannte feste und unwandelbare Leitfaden dieses seines Lebens, der es hindurchführte durch alle ihn umgebende Nacht, und der den Abend desselben — denn es war unmöglich daß eine solche Liebe unbelohnt von der Erde abtrete — krönte mit seiner wahrhaft gei= stigen Erfindung, die weit mehr leistete, denn er je mit seinen kühn= sten Wünschen begehrt hatte. Er wollte bloß dem Volke helfen; aber seine Erfindung, in ihrer ganzen Ausdehnung genommen, hebt das Volk, hebt allen Unterschied zwischen diesem und einem gebildeten Stande auf, gibt statt der gesuchten Volkserziehung Na= tionalerziehung, und hätte wol das Vermögen, den Völkern und dem ganzen Menschengeschlechte aus der Tiefe seines dermaligen Elends emporzuhelfen.

Dieser sein Grundbegriff steht in seinen Schriften mit voll= kommener Klarheit und unverkennbarer Bestimmtheit da. Zuvörderst will er in Absicht der Form nicht die bisherige Wißkür und das blinde Herumtappen, sondern er will eine feste und sicher berechnete Kunst der Erziehung, wie auch wir es wollen, und wie deutsche Gründlichkeit es nothwendig wollen muß; und er erzählt sehr un=

befangen, wie eine französische Phrase, daß er nämlich die Erziehung mechanisiren wolle, ihm über diesen seinen Zweck aus dem Traume geholfen habe. In Absicht des Inhalts ist es der erste Schritt der von mir beschriebenen neuen Erziehung, daß sie die freie Geistes= thätigkeit des Zöglings, sein Denken, in welchem späterhin die Welt seiner Liebe ihm aufgeben soll, anrege und bilde; mit diesem ersten Schritte beschäftigen sich Pestalozzi's Schriften vorzüglich, und auf diesen Gegenstand geht unsre Prüfung seines Grundbegriffes zu allererst. In dieser Rücksicht ist nun desselben Tadel des bisherigen Unterrichts, daß derselbe den Schüler nur in Nebel und Schatten eingetaucht und denselben niemals zur wirklichen Wahrheit und Realität habe gelangen lassen, gleichbedeutend mit dem unsrigen, daß dieser Unterricht nicht vermocht habe in das Leben einzugreifen, noch die Wurzel desselben zu bilden; und Pestalozzi's dagegen vor= geschlagenes Hülfsmittel, den Zögling in die unmittelbare Anschauung einzuführen, ist gleichbedeutend mit dem unsrigen, die Geistesthätigkeit desselben zum Entwerfen von Bildern anzuregen, und nur an diesem freien Bilden ihn lernen zu lassen alles was er lernt: denn nur von dem Freientworfenen ist Anschauung möglich. Daß der Erfinder es wirklich also meint und keineswegs unter Anschauung jene blind= tappende und betastende Wahrnehmung versteht, beweist die nachher angegebene Ausübung, Gleichfalls ganz richtig wird dieser An= regung der Anschauung des Zöglings durch die Erziehung das all= gemeine und sehr tief eingreifende Gesetz gegeben, hierin mit dem Anfange und Fortschritte der zu entwickelnden Kräfte des Kindes genau Schritt zu halten.

Dagegen haben die gesammten Misgriffe dieses Pestalozzi'schen Unterrichtsplans in Ausdrücken und Vorschlägen die Eine gemein= schaftliche Quelle, daß der dürftige und begrenzte Zweck, auf welchen anfangs ausgegangen wurde, äußerst vernachlässigten Kindern aus dem Volke, unter der Voraussetzung daß das Ganze bliebe so wie es ist, die nothbürftigste Hülfe zu leisten, von einer Seite, und von der andern das zu einem weit höhern Zwecke führende Mittel in Vermengung und Widerstreit miteinander gerathen; und man wird vor allem Irrthume gesichert und erhält einen mit sich voll= kommen übereinstimmenden Begriff, wenn man das erstere, und alles was aus dessen Beachtung gefolgt ist, fallen läßt und sich blos an das letztere hält und es folgegemäß durchführt. Ohne Zweifel entstand lediglich aus dem Wunsche, jene Kinder der äußersten Ar= muth so bald als möglich aus der Schule zum Broderwerb zu ent= lassen, und dennoch sie mit einem Mittel zu versehen, wodurch sie den abgebrochenen Unterricht nachholen könnten, in Pestalozzi's liebendem Gemüthe die Ueberschätzung des Lesens und Schreibens, die Aufstellung dieser beinahe als Ziel und Gipfel des Volksunterrichts,

sein unbefangener Glaube an die Aussage der abgelaufenen Jahr-
tausende, daß dieses die besten Hülfsmittel der Belehrung seien;
da er ja außerdem gefunden haben würde, daß gerade dieses Lesen
und Schreiben bisher die eigentlichen Werkzeuge gewesen, um die
Menschen in Nebel und Schatten einzuhüllen und sie überklug zu
machen; da her auch rühren ohne Zweifel mehrere andere mit seinem
Grundsatze der unmittelbaren Anschauung im Widerspruche stehende
Vorschläge, und besonders seine durchaus irrige Ansicht der Sprache
als eines Mittels unser Geschlecht von dunkler Anschauung zu deutlichen Begriffen zu erheben.   Wir unsers Orts haben nicht von
Erziehung des Volks im Gegensatze höherer Stände geredet, indem
wir Volk in diesem Sinne, niedern und gemeinen Pöbel, gar nicht
länger haben wollen, noch er für die deutschen Nationalangelegenheiten ferner ertragen werden kann, sondern wir haben von Nationalerziehung geredet.   Soll es jemals zu dieser kommen, so muß der
armselige Wunsch, daß die Erziehung doch ja recht bald vollendet
sein und das Kind wieder hinter die Arbeit gestellt werden möge,
gar nicht mehr zu Odem kommen, sondern sogleich an der Schwelle
der Berathung über diese Angelegenheit abgelegt werden.   Zwar
wird meines Erachtens diese Erziehung nicht kostspielig sein, die
Anstalten werden gutentheils sich selbst erhalten können, und es
wird der Arbeit kein Eintrag geschehen; und ich werde meine Gedanken hierüber zur Zeit darlegen.   Aber wenn dies auch nicht so
wäre, so muß unbedingt und auf jede Gefahr der Zögling in der
Erziehung so lange bleiben, bis sie vollendet ist und vollendet sein
kann; jene halbe Erziehung ist um nichts besser denn gar keine,
sie läßt es eben beim alten: und wenn man dies will, so erspare
man sich lieber auch das Halbe und erkläre gleich von vornherein
geradezu, daß man nicht wolle daß der Menschheit geholfen werde.
Unter jener Voraussetzung nun kann in der bloßen Nationalerziehung, so lange dieselbe dauert, Lesen und Schreiben zu nichts
nützen, wohl aber kann es sehr schädlich werden, indem es von der
unmittelbaren Anschauung zum bloßen Zeichen, und von der Aufmerksamkeit, die da weiß, daß sie nichts fasse wenn sie es nicht
jetzt und zur Stelle faßt, zur Zerstreutheit, die sich ihres Nieder-
schreibens tröstet und irgendeinmal vom Papiere lernen will, was
sie wahrscheinlich nie lernen wird, und überhaupt zu der den Um-
gang mit Buchstaben so oft begleitenden Träumerei leichtlich ver-
leiten könnte, so wie es dieses auch bisher gethan hat.   Erst am
völligen Schlusse der Erziehung, und als das letzte Geschenk derselben mit auf den Weg, könnten diese Künste mitgetheilt und der
Zögling geleitet werden durch Zergliederung der Sprache, die er
schon längst vollkommen besitzt, die Buchstaben zu erfinden und zu

gebrauchen; welches ihm bei der übrigen Bildung, die er schon er-
langt hat, ein Spiel sein würde.

So in der bloßen und allgemeinen Nationalerziehung. Etwas
anderes ist es mit dem künftigen Gelehrten. Dieser soll einst nicht
bloß über das Alleingeltende sich aussprechen wie es ihm ums Herz
ist, sondern er soll auch in einsamem Nachdenken die verborgene
und ihm selber unbewußte eigenthümliche Tiefe seines Gemüths in
das Licht der Sprache erheben, und er muß darum früher an der
Schrift das Werkzeug dieses einsamen und dennoch lauten Denkens
in die Hände bekommen und bilden lernen; doch wird auch mit
ihm weniger zu eilen sein, als es bisher geschehen. Es wird dies
zu seiner Zeit bei der Unterscheidung der bloßen Nationalerziehung
von der gelehrten deutlicher erhellen.

In Gemäßheit dieser Ansicht ist alles, was der Erfinder über
Schall und Wort als Entwickelungsmittel der geistigen Kraft spricht,
zu berichten und zu beschränken. In das einzelne zu gehen, erlaubt mir nicht der Plan dieser Reden. Nur noch die folgende
tief in das Ganze greifende Bemerkung. Die Grundlage seiner
Entwickelung aller Erkenntniß enthält sein Buch für Mütter, indem er unter anderm gar sehr auf häusliche Erziehung rechnet.
Was zuvörderst diese, die häusliche Erziehung, selbst anbelangt,
so wollen wir zwar mit ihm keineswegs über die Hoffnungen,
die er sich von den Müttern macht, streiten; was aber unsern
höhern Begriff einer Nationalerziehung anbelangt, so sind wir fest
überzeugt, daß diese, besonders bei den arbeitenden Ständen, im
Hause der Eltern, und überhaupt ohne gänzliche Absonderung
der Kinder von ihnen, durchaus weder angefangen noch fortgesetzt
oder vollendet werden kann. Der Druck, die Angst um das
tägliche Auskommen, die kleinliche Genauigkeit und Gewinnsucht die sich hierzu fügt, würde die Kinder nothwendig anstecken,
herabziehen und sie verhindern einen freien Aufflug in die Welt
des Gedankens zu nehmen. Dies ist auch eine der Voraussetzungen,
die bei der Ausführung unsers Plans unbedingt ist und auf keine
Weise zu erlassen. Was daraus wird, wenn die Menschheit im
ganzen in jedem folgenden Zeitalter sich also wiederholt, wie sie im
vorhergehenden war, haben wir nun zur Genüge ersehen; soll eine
gänzliche Umbildung mit derselben vorgenommen werden, so muß
sie einmal ganz losgerissen werden von sich selber, und ein tren-
nender Einschnitt gemacht werden in ihr hergebrachtes Fortleben.
Erst nachdem ein Geschlecht durch die neue Erziehung hindurchgegangen sein wird, wird sich berathschlagen lassen, welchen Theil
von der Nationalerziehung man dem Hause anvertrauen wolle.

Dies nun abgerechnet, und das Pestalozzi'sche Buch für die
Mütter lediglich als erste Grundlage des Unterrichts betrachtet, ist auch

der Inhalt desselben, der Körper des Kindes, ein vollkommener Mißgriff. Er geht von dem sehr richtigen Satze aus, der erste Gegenstand der Erkenntniß des Kindes müsse das Kind selbst sein. Aber ist denn der Körper des Kindes das Kind selbst? wäre, wenn es doch ein menschlicher Körper sein sollte, der Körper der Mutter ihm nicht weit näher und sichtbarer? und wie kann doch das Kind eine anschauliche Erkenntniß von seinem Körper bekommen, ohne zuerst gelernt zu haben denselben zu gebrauchen? Jene Kenntniß ist keine Erkenntniß, sondern ein bloßes Auswendiglernen von willkürlichen Wortzeichen, das durch die Ueberschätzung des Redens herbeigeführt wird. Die wahre Grundlage des Unterichts und der Erkenntniß wäre, um es in der Pestalozzi'schen Sprache zu bezeichnen, ein ABC der Erfindungen. Wie das Kind anfängt Sprachtöne zu vernehmen und selbst nothwendig zu bilden, müßte es geleitet werden sich vollkommen deutlich zu machen, ob es hungere oder schläfrig sei, ob es die mit dem oder dem Ausdrucke bezeichnete ihm gegenwärtige Empfindung sehe, oder ob es vielmehr dieselbe höre, u. s. f., oder ob es wol gar etwas bloß hinzudenke, wie die verschiedenen durch besondere Wörter bezeichneten Eindrücke auf denselben Sinn, z. B. die Farben, die Schalle der verschiedenen Körper u. s. f., verschieden seien, und in welchen Abstufungen: alles dies in richtiger und das Empfindungsvermögen selbst regelmäßig entwickelnder Folge. Hierdurch erhält das Kind erst ein Ich, das es im freien und besonnenen Begriffe absondert und mit demselben durchdringt, und gleich bei seinem Erwachen ins Leben wird dem Leben ein geistiges Auge eingesetzt, das von nun an wol nicht wieder von demselben lassen wird. Hierdurch erhalten auch für die nachfolgenden Uebungen der Anschauung die an sich leeren Formen des Maßes und der Zahl ihren deutlich erkannten innern Gehalt, der bei der Pestalozzi'schen Verfahrungsweise doch nur durch dunkeln Hang und Zwang ihnen hinzugesetzt werden kann. Es kommt in den Pestalozzi'schen Schriften ein in dieser Rücksicht merkwürdiges Geständniß einer seiner Lehrer vor, der, in dieses Verfahren eingeweiht, anfing nur noch ausgeleerte geometrische Körper zu erblicken. So müßte es allen Zöglingen dieses Verfahrens ergehen, wenn nicht unvermerkt die geistige Natur dagegen sicherte. Hier auch, bei diesem deutlichen Erfassen dessen, was eigentlich empfunden wird, ist der Ort, wo, zwar nicht das Sprachzeichen, aber das Reden selbst und das Bedürfniß, sich für andere auszusprechen, den Menschen bildet und ihn aus der Dunkelheit und Verworrenheit zur Klarheit und Bestimmtheit erhebt. Auf das zuerst zum Bewußtsein erwachende Kind dringen alle Eindrücke der dasselbe umgebenden Natur zugleich ein und vermischen sich zu einem dumpfen Chaos, in welchem nichts einzelnes aus dem allgemeinen Gewühl hervorsteht. Wie soll es jemals herauskommen aus dieser Dumpfheit? Es bedarf der Hülfe anderer;

.es kann diese Hülfe auf keine andere Weise an sich bringen, denn dadurch daß es sein Bedürfniß bestimmt aussspreche, mit den Unter= scheidungen von ähnlichen Bedürfnissen, die schon in der Sprache niedergelegt sind. Es wird genöthigt, nach Anleitung jener Unter= scheidungen, mit Zurückziehung und Sammlung auf sich zu merken, das, was es wirklich fühlt, zu vergleichen und zu unterscheiden von anderm, das es wol auch kennt, aber gegenwärtig nicht fühlt. Hierdurch sondert sich erst ab in ihm ein besonnenes und freies Ich. Diesen Weg nun, den Noth und Natur mit uns anhebt, soll die Erziehung mit besonnener und freier Kunst fortsetzen.

Im Felde der objectiven Erkenntniß, die auf äußere Gegen= stände geht, fügt die Bekanntschaft mit dem Wortzeichen der Deut= lichkeit und Bestimmtheit der innern Erkenntniß für den Erkennenden selbst durchaus nichts hinzu, sondern sie erhebt dieselbe blos in den völlig verschiedenen Kreis der Mittheilbarkeit für andere. Die Klarheit jener Erkenntniß beruht gänzlich auf der Anschauung, und dasjenige, was man nach Belieben in allen seinen Theilen, gerade so wie es wirklich ist, in der Einbildungskraft wiedererzeugen kann, ist vollkommen erkannt, ob man nun dazu ein Wort habe oder nicht. Wir sind sogar der Ueberzeugung, daß jene Vollendung der An= schauung der Bekanntschaft mit dem Wortzeichen vorausgehen müsse, und daß der umgekehrte Weg gerade in jene Schatten= und Nebel= welt und zu dem frühen Maulbrauchen, welche beide Pestalozzi mit Recht so verhaßt sind, führe, ja daß der, der nur je eher je lieber das Wort wissen will, und der seine Erkenntnisse für vermehrt hält sobald er es weiß, eben in jener Nebelwelt lebt und blos um deren Erweiterung bekümmert ist. Des Erfinders Denkgebäude im ganzen erfassend, glaube ich, daß es gerade dieses ABC der Empfindung war, was er als erste Grundlage der geistigen Entwickelung und als Inhalt seines Buchs der Mütter anstrebte, und was ihm dunkel bei allen seinen Aeußerungen über die Sprache vorschwebte, und daß allein der Mangel an philosophischen Studien ihn verhinderte in diesem Punkte sich selber vollkommen klar zu werden.

Diese Entwickelung nun des erkennenden Subjects selbst an der Empfindung vorausgesetzt, und der Nationalerziehung, die wir beabsichtigen, als allererste Grundlage untergelegt, ist das Pesta= lozzi'sche ABC der Anschauung, die Lehre von den Zahl= und Maß= verhältnissen, die vollkommen zweckmäßige und vortreffliche Folge. An diese Anschauung kann ein beliebiger Theil der Sinnenwelt ge= knüpft werden, sie kann eingeführt werden in das Gebiet der Ma= thematik, so lange bis an diesen Vorübungen der Zögling hinläng= lich gebildet sei, um zur Entwerfung einer gesellschaftlichen Ordnung der Menschen, und zur Liebe dieser Ordnung, als dem zweiten und wesentlichen Schritte seiner Bildung angeführt zu werden.

Noch ist, gleich beim ersten Theile der Erziehung, ein anderer von Pestalozzi gleichfalls in Anregung gebrachter Gegenstand nicht zu übergehen: die Entwickelung der körperlichen Fertigkeit des Zög= lings, die mit der geistigen nothwendig Hand in Hand gehend fortschreiten muß. Er fordert ein ABC der Kunst, d. h. des körperlichen Könnens. Seine hervorstechendsten Aeußerungen hier= über sind folgende: „Schlagen, Tragen, Werfen, Stoßen, Ziehen, Drehen, Ringen, Schwingen u. s. f. seien die einfachsten Uebungen der Kraft. Es gebe eine naturgemäße Stufenfolge von den An= fängen in diesen Uebungen bis zu ihrer vollendeten Kunst, d. i. bis zum höchsten Grade des Nerventaktes, der Schlag und Stoß, Schwung und Wurf in hundertfachen Abwechselungen sichere und Hand und Fuß gewiß mache." Alles kommt hierbei auf die naturgemäße Stufenfolge an, und es reicht nicht hin daß man mit blinder Will= kür hineingreife und irgendeine Uebung einführe, damit doch von uns gesagt werden könne, wir hätten auch, etwa wie die Griechen, körperliche Erziehung. In dieser Rücksicht ist nun noch alles zu thun, denn Pestalozzi hat kein ABC der Kunst geliefert. Dieses müßte erst geliefert werden, und zwar bedarf es dazu eines Mannes, der, in der Anatomie des menschlichen Körpers und in der wissen= schaftlichen Mechanik auf gleiche Weise zu Hause, mit diesen Kennt= nissen ein hohes Maß philosophischen Geistes verbände, und der auf diese Weise fähig wäre in allseitiger Vollendung diejenige Maschine zu finden, zu der der menschliche Körper angelegt ist, und anzugeben wie diese Maschine allmählich, also daß jeder Schritt in der einzig möglichen richtigen Folge geschähe, durch jeden alle künftigen vorbereitet und erleichtert, und dabei die Gesundheit und Schönheit des Körpers und die Kraft des Geistes nicht nur nicht gefährdet, sondern sogar gestärkt und erhöht würde, wie, sage ich, auf diese Weise die Maschine aus jedem gesunden menschlichen Körper ent= wickelt werden könne. Die Unerlaßlichkeit dieses Bestandtheils für eine Erziehung, die den ganzen Menschen zu bilden verspricht, und die besonders für eine Nation sich bestimmt, welche ihre Selb= ständigkeit wiederherstellen und fernerhin erhalten soll, fällt ohne weitere Erinnerung in die Augen.

Was für nähere Bestimmung unsers Begriffs von deutscher Nationalerziehung noch ferner zu sagen ist, behalten wir vor der nächstkünftigen Rede.

Zehnte Rede.

Zur nähern Bestimmung der deutschen Nationalerziehung.

Die Anführung des Zöglings, zuerst seine Empfindungen, so=
dann seine Anschauungen sich klar zu machen, mit welcher eine
folgegemäße Kunstbildung seines Körpers Hand in Hand gehen
muß, ist der erste Haupttheil der neuen deutschen Nationalerziehung.
Was die Bildung der Anschauung betrifft, haben wir eine zweck=
mäßige Anleitung von Pestalozzi; die noch ermangelnde zur Bil=
dung des Empfindungsvermögens wird derselbe Mann und seine
Mitarbeiter, die zur Lösung dieser Aufgabe zunächst berufen sind,
leicht geben können. Eine Anweisung zur folgegemäßen Ausbildung
der körperlichen Kraft fehlt noch: es ist angegeben, was zur Lösung
dieser Aufgabe erfordert werde, und es ist zu hoffen, daß, wenn
die Nation Begierde nach dieser Lösung bezeigen sollte, dieselbe
sich finden werde. Dieser ganze Theil der Erziehung ist nur
Mittel und Vorübung zu dem zweiten, wesentlichen Theile der=
selben, der bürgerlichen und religiösen Erziehung. Was hierüber
im allgemeinen zu sagen dermalen noththut, ist in unsrer zweiten
und dritten Rede schon beigebracht, und wir haben in dieser Rück=
sicht nichts hinzuzusetzen. Eine bestimmte Anweisung zur Kunst
dieser Erziehung zu geben, ist — immer, wie sich versteht, in Be=
rathung und Rücksprache mit der Pestalozzi'schen eigentlichen Er=
ziehungskunst — die Sache derselben Philosophie, die eine deutsche
Nationalerziehung überhaupt in Vorschlag bringt; und diese Philo=
sophie wird, wenn nur erst das Bedürfniß einer solchen Anweisung
durch vollendete Ausübung des ersten Theils eintritt, nicht säumen
dieselbe zu liefern. Wie es möglich sein werde, daß jedweder Zög=
ling, auch aus dem niedrigsten Stande geboren, indem der Stand
der Geburt wahrhaftig keinen Unterschied in den Anlagen macht,
den Unterricht über diese Gegenstände, der allerdings, wenn man
so will, die allertiefste Metaphysik enthält und die Ausbeute der
abgezogensten Speculation ist, und welche zu fassen dermalen sogar

Gelehrten und selbst speculirenden Köpfen so unmöglich fällt, fassen und sogar leicht fassen werde, darüber ermüde man sich nur vorläufig nicht im Hin- und Herzweifeln; wenn man nur in Absicht der ersten Schritte folgen will, so wird dies späterhin die Erfahrung lehren. Nur darum, weil unsre Zeit überhaupt in der Welt der leeren Begriffe gefesselt und an keiner Stelle in die Welt der wahrhaftigen Realität und Anschauung hineingekommen ist, ist es ihr nicht anzumuthen, daß sie gerade bei der allerhöchsten und geistigsten Anschauung, und nachdem sie schon über alles Maß klug ist, das Anschauen anfange. Ihr muß die Philosophie anmuthen, ihre bisherige Welt aufzugeben und eine ganz andere sich zu verschaffen, und es ist kein Wunder, wenn eine solche Anmuthung ohne Erfolg bleibt. Der Zögling unsrer Erziehung aber ist gleich von Anbeginn an einheimisch geworden in der Welt der Anschauung und hat niemals eine andere gesehen; er soll seine Welt nicht verändern, sondern sie nur steigern, und dieses ergibt sich von selbst. Jene Erziehung ist zugleich, wie wir schon oben darauf deuteten, die einzig mögliche Erziehung für Philosophie und das einzige Mittel, diese letztere allgemein zu machen.

Mit dieser bürgerlichen und religiösen Erziehung nun ist die Erziehung beschlossen und der Zögling zu entlassen; und so wären wir denn fürs erste in Absicht des Inhalts der vorgeschlagenen Erziehung im Reinen.

Es müsse niemals das Erkenntnißvermögen des Zöglings angeregt werden, ohne daß die Liebe für den erkannten Gegenstand es zugleich werde, indem außerdem die Erkenntniß todt, und ebenso niemals die Liebe, ohne daß sie der Erkenntniß klar werde, indem außerdem die Liebe blind bleibe, — ist einer der Hauptgrundsätze der von uns vorgeschlagenen Erziehung, mit welchem auch Pestalozzi seinem ganzen Denkgebäude zufolge einverstanden sein muß. Die Anregung und Entwickelung dieser Liebe nun knüpft sich an den folgegemäßen Lehrgang am Faden der Empfindung und der Anschauung von selbst und kommt ohne allen unsern Vorsatz oder Zuthun. Das Kind hat einen natürlichen Trieb nach Klarheit und Ordnung; dieser wird in jenem Lehrgange immerfort befriedigt, und erfüllt so das Kind mit Freude und Lust; mitten in der Befriedigung aber wird er durch die neuen Dunkelheiten, die nun zum Vorschein kommen, wiederum angeregt und so ferner befriedigt: und so geht das Leben hin in Liebe und Lust am Lernen. Dies ist die Liebe, wodurch jeder einzelne an die Welt des Gedankens geknüpft wird, das Band der Sinnen- und Geisterwelt überhaupt. Durch diese Liebe entsteht, in dieser Erziehung sicher und berechnet, so wie bisher durch das Ungefähr bei wenigen vorzüglich begünstigten Köpfen, die leichte Entwickelung des Erkenntnißvermögens und die glückliche Bearbeitung der Felder der Wissenschaft.

Noch aber gibt es eine andre Liebe, diejenige, welche den Menschen an den Menschen bindet und alle einzelne zu einer einigen Vernunftgemeinde der gleichen Gesinnung verbindet. Wie jene die Erkenntniß, so bildet diese das handelnde Leben und treibt an, das Erkannte in sich und andern darzustellen Da es für unsern eigentlichen Zweck wenig helfen würde, blos die Gelehrtenerziehung zu verbessern, und die von uns beabsichtigte Nationalerziehung zunächst nicht darauf ausgeht, Gelehrte, sondern eben Menschen zu bilden, so ist klar, daß neben jener ersten auch die Entwickelung der zweiten Liebe unerlaßliche Pflicht dieser Erziehung ist.

Pestalozzi redet *) von diesem Gegenstande mit herzerhebender Begeisterung; dennoch aber müssen wir bekennen, daß alles dieses uns nicht im mindesten klar geschienen hat, und am allerwenigsten so klar, daß es einer kunstmäßigen Entwickelung jener Liebe zur Grundlage dienen könne. Es ist darum nöthig, daß wir unsre eigenen Gedanken zu einer solchen Grundlage mittheilen.

Die gewöhnliche Annahme, daß der Mensch von Natur selbst=süchtig sei, und auch das Kind mit dieser Selbstsucht geboren werde, und daß es allein die Erziehung sei, die demselben eine sittliche Triebfeder einpflanze, gründet sich auf eine sehr oberflächliche Beobachtung und ist durchaus falsch. Da aus Nichts sich nicht Etwas machen läßt, die noch so weit fortgesetzte Entwickelung eines Grund=triebes aber ihn doch niemals zu dem Gegentheile von sich selbst machen kann: wie sollte doch die Erziehung vermögen, jemals Sittlichkeit in das Kind hineinzubringen, wenn diese nicht ursprünglich und vor aller Erziehung vorher in demselben wäre? So ist sie es denn auch wirklich in allen menschlichen Kindern, die zur Welt geboren werden; die Aufgabe ist blos, die ursprünglichste und reinste Gestalt, in der sie zum Vorschein kommt, zu ergründen.

Durchgeführte Speculation sowol als die gesammte Beob=achtung stimmen überein, daß diese ursprünglichste und reinste Gestalt der Trieb nach Achtung sei, und daß diesem Triebe erst das Sitt=liche als einzig möglicher Gegenstand der Achtung, das Rechte und Gute, die Wahrhaftigkeit, die Kraft der Selbstbeherrschung in der Erkenntniß aufgehe. Beim Kinde zeigt sich dieser Trieb zuerst als Trieb auch geachtet zu werden von dem, was ihm die höchste Achtung einflößt; und es richtet sich dieser Trieb, zum sichern Beweise daß keineswegs aus der Selbstsucht die Liebe stamme, in der Regel weit stärker und entschiedener auf den ernstern, öfter abwesenden und nicht unmittelbar als Wohlthäter erscheinenden Vater denn

---

*) Ansichten, Erfahrungen und Mittel zur Beförderung einer der Menschennatur angemessenen Erziehungsweise (Leipzig 1807).

auf die mit ihrer Wohlthätigkeit stets gegenwärtige Mutter. Von diesem will das Kind bemerkt sein, es will seinen Beifall haben; nur inwiefern dieser mit ihm zufrieden ist, ist es selbst mit sich zufrieden: dies ist die natürliche Liebe des Kindes zum Vater, keineswegs als zum Pfleger seines sinnlichen Wohlseins, sondern als zu dem Spiegel, aus welchem ihm sein eigener Werth oder Unwerth entgegenstrahlt; an diese Liebe kann nun der Vater selbst schweren Gehorsam und jede Selbstverleugnung leicht anknüpfen; für den Lohn seines herzlichen Beifalls gehorcht es mit Freuden. Wiederum ist dies die Liebe, die es vom Vater begehrt, daß dieser bemerke sein Bestreben, gut zu sein, und es anerkenne, daß er sich merken lasse, es mache ihm Freude wenn er billigen könne, und thue ihm herzlich wehe wenn er mißbilligen müsse, er wünsche nichts mehr als immer mit demselben zufrieden sein zu können, und alle seine Forderungen an dasselbe haben nur die Absicht, das Kind selbst immer besser und achtungswürdiger zu machen; deren Anblick wiederum die Liebe des Kindes fortdauernd belebt und verstärkt und ihm zu allen seinen fernern Bestrebungen neue Kraft gibt. Dagegen wird diese Liebe ertödtet durch Nichtbeachtung oder anhaltendes unbilliges Verkennen; ganz besonders aber erzeugt es sogar Haß, wenn man in der Behandlung desselben Eigennützigkeit blicken läßt und z. B. einen durch Unvorsichtigkeit desselben verursachten Verlust als ein Hauptverbrechen behandelt. Es sieht sich sodann als ein bloßes Werkzeug betrachtet, und dies empört sein zwar dunkles, aber dennoch nicht abwesendes Gefühl, daß es durch sich selbst einen Werth haben müsse.

Um dies an einem Beispiele zu belegen. Was ist es doch, das dem Schmerze der Züchtigung beim Kinde noch die Scham hinzufügt, und was ist diese Scham? Offenbar ist sie das Gefühl der Selbstverachtung, die es sich zufügen muß, da ihm das Mißfallen seiner Aeltern und Erzieher bezeugt wird. Daher denn auch in einem Zusammenhange, wo die Bestrafung von keiner Scham begleitet wird, es mit der Erziehung zu Ende ist; die Bestrafung erscheint dann als eine Gewaltthätigkeit, über die der Zögling mit hohem Sinne sich hinwegsetzt und ihrer spottet.

Dies also ist das Band, was die Menschen zur Einheit des Sinnes verknüpft, und dessen Entwickelung ein Hauptbestandtheil der Erziehung zum Menschen ist — keineswegs sinnliche Liebe, sondern Trieb zu gegenseitiger Achtung. Dieser Trieb gestaltet sich auf eine doppelte Weise: im Kinde, ausgehend von unbedingter Achtung für die erwachsene Menschheit außer sich, zu dem Triebe, von dieser geachtet zu werden und an ihrer wirklichen Achtung, als seinem Maßstabe, abzunehmen inwiefern es auch selbst sich achten dürfe. Dieses Vertrauen auf einen fremden und außer uns befindlichen Maßstab der Selbstachtung ist auch der eigenthümliche

Grundzug der Kindheit und Unmündigkeit, auf dessen Vorhanden=
sein ganz allein die Möglichkeit aller Belehrung und aller Erziehung
der nachwachsenden Jugend zu vollendeten Menschen sich gründet.
Der mündige Mensch hat den Maßstab seiner Selbstschätzung in ihm
selber, und will von andern geachtet sein nur inwiefern sie selbst
erst seiner Achtung sich würdig gemacht haben; und bei ihm nimmt
dieser Trieb die Gestalt des Verlangens an, andere achten zu können
und Achtungswürdiges außer sich hervorzubringen. Wenn es nicht
einen solchen Grundtrieb im Menschen gäbe, woher käme doch die
Erscheinung, daß es dem auch nur erträglich guten Menschen wehe
thut, die Menschen schlechter zu finden als er sie sich dachte, und daß
es ihn tief schmerzt, sie verachten zu müssen; da es ja der Selbstsucht
im Gegentheile wohlthun müßte, über andere sich hochmüthig er=
heben zu können? Diesen letzten Grundzug der Mündigkeit nun
soll der Erzieher darstellen, so wie auf den ersten bei dem Zöglinge
sicher zu rechnen ist. Der Zweck der Erziehung in dieser Rücksicht
ist es eben, die Mündigkeit in dem von uns angegebenen Sinne
hervorzubringen, und nur nachdem dieser Zweck erreicht ist, ist die
Erziehung wirklich vollendet und zu Ende gebracht. Bisher sind
viele Menschen ihr ganzes Leben hindurch Kinder geblieben: die=
jenigen, welche zu ihrer Zufriedenheit des Beifalls der Umgebung
bedurften und nichts Rechtes geleistet zu haben glaubten, als wenn
sie dieser gefielen. Ihnen hat man entgegengesetzt, als starke und
kräftige Charaktere, die wenigen die über fremdes Urtheil sich zu
erheben und sich selbst zu genügen vermochten, und hat diese in der
Regel gehaßt, indeß man jene zwar nicht achtete, aber dennoch sie
liebenswürdig fand.

Die Grundlage aller sittlichen Erziehung ist es, daß man wisse,
es sei ein solcher Trieb im Kinde, und ihn festiglich voraussetze,
sodann daß man ihn in seiner Erscheinung erkenne und ihn durch
zweckmäßige Aufregung und Darreichung eines Stoffs, woran er
sich befriedige, allmählich immer mehr entwickle. Die allererste Regel ist,
daß man ihn auf den ihm allein angemessenen Gegenstand richte,
auf das Sittliche, keineswegs aber etwa in einem ihm fremdartigen
Stoffe ihn abfinde. Das Lernen z. B. führt seinen Reiz und seine
Belohnung in sich selber; höchstens könnte angestrengter Fleiß als
eine Uebung der Selbstüberwindung Beifall verdienen, aber dieser
freie und über die Forderung hinausgehende Fleiß wird wenigstens
in der bloßen allgemeinen Nationalerziehung kaum eine Stelle
finden. Daß daher der Zögling lerne was er soll, muß betrachtet
werden als etwas, das sich eben von selbst versteht und wovon
nicht weiter geredet wird; selbst das schnellere und bessere Lernen
des fähigern Kopfs muß betrachtet werden eben als ein bloßes
Naturereigniß, das ihm selber zu keinem Lobe oder Auszeichnung

dient, am allerwenigsten aber andere Mängel verdeckt. Nur im Sittlichen soll diesem Trieb sein Wirkungskreis angewiesen werden; aber die Wurzel aller Sittlichkeit ist die Selbstbeherrschung, die Selbstüberwindung, die Unterordnung seiner selbstsüchtigen Triebe unter den Begriff des Ganzen. Nur durch diese, und schlechthin durch nichts anderes, sei es dem Zöglinge möglich den Beifall des Erziehers zu erhalten, dessen für seine eigene Zufriedenheit zu bedürfen er von seiner geistigen Natur angewiesen und durch die Erziehung gewöhnt ist. Es gibt, wie wir schon in unsrer zweiten Rede erinnert haben, zwei sehr verschiedene Weisen jener Unterordnung des persönlichen Selbst unter das Ganze. Zuvörderst diejenige, die schlechthin sein muß und keinem in keinem Stücke erlassen werden kann, die Unterwerfung unter das um der bloßen Ordnung des Ganzen willen entworfene Gesetz der Verfassung. Wer gegen dieses sich nicht vergeht, den trifft nur nicht Mißfallen, keineswegs aber wird ihm Beifall zutheil; so wie den, der sich dagegen verginge, wirkliches Mißfallen und Tadel treffen würde, der da, wo öffentlich gefehlt worden, auch öffentlich ergehen müßte und, wo er fruchtlos bliebe, sogar durch hinzugefügte Strafe geschärft werden könnte. Sodann gibt es eine Unterordnung des einzelnen unter das Ganze, die nicht gefordert, sondern nur freiwillig geleistet werden kann: daß man durch eigene Aufopferung den Wohlstand desselben steigere und vermehre. Um das Verhältniß der bloßen Gesetzmäßigkeit und dieser höhern Tugend zueinander den Zöglingen gleich von Jugend auf recht einzuprägen, wird es zweckmäßig sein, nur demjenigen, gegen den einen gewissen Zeitraum hindurch in der ersten Rücksicht keine Klage gewesen, solche freiwillige Aufopferungen, gleichsam als den Lohn der Gesetzmäßigkeit, zu gestatten, dem aber, der in Regelmäßigkeit und Ordnung seiner selbst noch nicht ganz sicher ist, die Erlaubniß dazu zu versagen. Die Gegenstände solcher freiwilligen Leistungen sind im allgemeinen schon oben angezeigt und werden tiefer unten sich noch näher ergeben. Dieser Art der Aufopferung werde zutheil thätige Billigung, wirkliche Anerkennung ihrer Verdienstlichkeit, keineswegs zwar öffentlich als Lob, was das Gemüth verderben und eitel machen und es von der Selbständigkeit ableiten könnte, sondern im geheim und mit dem Zögling allein. Diese Anerkennung soll nichts mehr sein als das eigene, dem Zöglinge auch äußerlich dargestellte gute Gewissen desselben und die Bestätigung seiner Zufriedenheit mit sich selbst, seiner Selbstachtung, und die Ermunterung sich auch ferner zu vertrauen. Die hierbei beabsichtigten Vortheile würde folgende Einrichtung vortrefflich befördern. Wo mehrere Erzieher und Erzieherinnen sind, wie wir denn dies als die Regel voraussetzen, da wähle jedes Kind frei, und so wie sein Vertrauen und sein Gefühl dasselbe treibt, einen darunter zum besondern Freunde und gleichsam Gewissensrathe. Bei diesem suche es Rath in allen Fällen, wo es ihm schwer wird recht zu thun; er helfe ihm durch freundliche Zusprache nach; er sei der Vertraute der freiwilligen Leistungen, die es übernimmt; und er sei endlich derjenige, der das Treffliche mit seinem Beifalle krönt. In den Personen dieser Gewissensräthe nun müßte die Erziehung, jedem einzelnen nach seiner Weise, folgegemäß zu immer größerer Stärke in der Selbstüber= windung und Selbstbeherrschung emporhelfen; und so wird allmählich Festigkeit und Selbständigkeit entstehen, durch deren Erzeugung die Erziehung sich selbst abschließt und für die Zukunft aufhebt. Durch eigenes Thun und Handeln schließt sich uns am klarsten der Umfang der sittlichen Welt auf, und wem sie also aufgegangen ist, dem ist sie wahrhaftig aufgegangen. Ein solcher weiß nun selbst, was in ihr enthalten ist, und bedarf keines fremden Zeugnisses mehr über sich, sondern vermag es, selbst ein richtiges Gericht über sich zu halten, und ist von nun an mündig.

Wir haben durch das soeben Gesagte eine Lücke, die in unserm bisherigen Vortrage blieb, geschlossen und unsern Vorschlag erst wahrhaftig ausführbar gemacht. Das Wohlgefallen am Rechten und Guten um seiner selbst willen soll durch die neue Erziehung an die Stelle der bisher gebrauchten sinnlichen Hoffnung oder Furcht gesetzt werden, und dieses Wohlgefallen soll als einzig vorhandene Triebfeder alles künftige Leben in Bewegung setzen: dies ist die Hauptsache unsers Vorschlags. Die erste hierbei sich aufdringende Frage ist: aber wie soll denn nun jenes Wohlgefallen selbst er= zeugt werden? Erzeugt werden im eigentlichen Sinne des Worts kann es nun wol nicht; denn der Mensch vermag nicht aus Nichts Etwas zu machen. Es muß, wenn unser Vorschlag irgend aus= führbar sein soll, dieses Wohlgefallen ursprünglich vorhanden sein, und schlechthin in allen Menschen ohne Ausnahme vorhanden sein und ihnen angeboren werden. So verhält es sich denn auch wirklich. Das Kind ohne alle Ausnahme will recht und gut sein, keines= wegs will es, so wie ein junges Thier, blos wohl sein. Die Liebe ist der Grundbestandtheil des Menschen; diese ist da, so wie der Mensch da ist, ganz und vollendet, und es kann ihr nichts hinzugefügt werden; denn diese liegt hinaus über die fortwachsende Erscheinung des sinnlichen Lebens und ist unabhängig von ihm. Nur die Erkenntniß ist es, woran sich dieses sinnliche Leben knüpft, und welche mit demselben entsteht und fortwächst. Diese entwickelt sich nur langsam und allmählich im Fortlaufe der Zeit. Wie soll nun, so lange bis ein geordnetes Ganzes von Begriffen des Rechten und Guten entstehe, an welches das treibende Wohlgefallen sich knüpfen könne, jene angeborene Liebe über die Zeiten der Unwissenheit hinwegkommen, sich entwickeln und üben? Die vernünftige Natur hat ohne alles unser Zuthun der Schwierigkeit abgeholfen. Das dem Kinde in seinem Innern abgehende Bewußtsein stellt sich ihm äußerlich und verkörpert dar an dem Urtheile der erwachsenen Welt. Bis in ihm selbst ein verständiger Richter sich entwickle, wird es durch einen Naturtrieb an diese verwiesen und so ihm ein Gewissen außer ihm gegeben, bis in ihm selber sich eins erzeuge. Diese bisjetzt wenig bekannte Wahrheit soll die neue Erziehung anerkennen, und sie soll die ohne ihr Zuthun vorhandene Liebe auf das Rechte leiten. Bisjetzt ist in der Regel diese Unbefangenheit und diese kindliche Gläubigkeit der Unmündigen an die höhere Vollkommenheit der Erwachsenen zum Verderben derselben gebraucht worden; ihre Unschuld gerade, und ihr natürlicher Glauben an uns, machte es uns möglich ihnen statt des Guten, das sie innerlich wollten, unser Verderbniß, das sie verabscheut haben würden wenn sie es zu erkennen vermocht hätten, einzupflanzen noch ehe sie Gutes und Böses unterscheiden konnten.

Dies ist eben die allergrößte Vergehung, die unsrer Zeit zur Last fällt; und es wird hierdurch auch die täglich sich darbietende Erscheinung erklärt, daß in der Regel der Mensch um so schlechter, selbstsüchtiger, für alle guten Regungen erstorbener und zu jedem rechten Werke untauglicher wird, je mehr Jahre er zählt, und um je weiter daher er sich von den ersten Tagen seiner Unschuld, die fürs erste noch immer in einigen Ahnungen des Guten leise nachklingen, entfernt hat; es wird dadurch ferner bewiesen, daß das gegenwärtige Geschlecht, wenn es nicht einen durchaus trennenden Abschnitt in sein Fortleben macht, eine noch verdorbenere Nachkommenschaft, und diese eine abermals verdorbenere, nothwendig hinterlassen werde. Von solchen sagt ein verehrungswürdiger Lehrer des Menschengeschlechts mit treffender Wahrheit, daß es besser sei, wenn ihnen bei zeiten ein Mühlstein um den Hals gehängt würde und sie ersäufet würden im Meere, da wo es am tiefsten ist. Es ist eine abgeschmackte Verleumdung der menschlichen Natur, daß der Mensch als Sünder geboren werde: wäre dies wahr, wie könnte doch jemals an ihn auch nur ein Begriff von Sünde kommen, der ja nur im Gegensatze mit einer Nichtsünde möglich ist? Er lebt sich zum Sünder; und das bisherige menschliche Leben war in der Regel eine im steigenden Fortschritte begriffene Entwickelung der Sündhaftigkeit.

Das Gesagte zeigt in einem neuen Lichte die Nothwendigkeit, ohne Verzug Anstalt zu einer wirklichen Erziehung zu machen. Könnte nur die nachwachsende Jugend ohne alle Berührung mit den Erwachsenen und völlig ohne Erziehung aufwachsen, so möchte man ja immer den Versuch machen was sich hieraus ergeben würde. Aber wenn wir sie auch nur in unsrer Gesellschaft lassen, macht

ihre Erziehung, ohne allen unsern Wunsch oder Willen, sich
von selbst; sie selbst erziehen sich an uns: unsre Weise zu sein bringt
sich ihnen auf als ihr Muster, sie eifern uns nach auch ohne daß
wir es verlangen, und sie begehren nichts anderes denn also zu
werden wie wir sind. Nun aber sind wir in der Regel, und nach
der großen Mehrheit genommen, durchaus verkehrt, theils ohne es
zu wissen und indem wir selbst, ebenso unbefangen wie unsere Kinder,
unsere Verkehrtheit für das Rechte halten; oder wenn wir es auch
wüßten, wie vermöchten wir doch in der Gesellschaft unserer Kinder
plötzlich das, was ein langes Leben uns zur zweiten Natur gemacht
hat, abzulegen und unsern ganzen alten Sinn und Geist mit einem
neuen zu vertauschen! In der Berührung mit uns müssen sie ver=
derben, dies ist unvermeidlich; haben wir einen Funken Liebe für sie,
so müssen wir sie entfernen aus unserm verpestenden Dunstkreise
und einen reinern Aufenthalt für sie errichten. Wir müssen sie
in die Gesellschaft von Männern bringen, welche, wie es auch übrigens
um sie stehen möge, dennoch durch anhaltende Uebung und Ge=
wöhnung wenigstens die Fertigkeit sich erworben haben, sich zu be=
sinnen daß die Kinder sie beobachten, und das Vermögen, wenigstens
so lange sich zusammenzunehmen, und die Kenntniß, wie man vor
Kindern erscheinen muß; wir müssen aus dieser Gesellschaft in die
unsrige sie nicht eher wieder zurücklassen, bis sie unser ganzes Ver=
derben gehörig verabscheuen gelernt haben und vor aller Ansteckung
dadurch völlig gesichert sind.

So viel haben wir über die Erziehung zur Sittlichkeit im all=
gemeinen hier beizubringen für nöthig erachtet.

Daß die Kinder in gänzlicher Absonderung von den Erwachsenen
mit ihren Lehrern und Vorstehern allein zusammenleben sollen,
ist mehrmals erinnert. Es versteht sich ohne unser besonderes Be=
merken, daß beiden Geschlechtern diese Erziehung auf dieselbe Weise
zutheil werden müsse. Eine Absonderung dieser Geschlechter in be=
sondere Anstalten für Knaben und Mädchen würde zweckwidrig sein
und mehrere Hauptstücke der Erziehung zum vollkommenen Menschen
aufheben. Die Gegenstände des Unterrichts sind für beide Ge=
schlechter gleich; der in den Arbeiten stattfindende Unterschied kann
auch bei Gemeinschaftlichkeit der übrigen Erziehung leicht beobachtet
werden. Die kleinere Gesellschaft, in der sie zu Menschen gebildet
werden, muß ebenso wie die größere, in die sie einst als vollendete
Menschen eintreten sollen, aus einer Vereinigung beider Geschlechter
bestehen; beide müssen erst gegenseitig ineinander die gemeinsame
Menschheit anerkennen und lieben lernen und Freunde haben und
Freundinnen, ehe sich ihre Aufmerksamkeit auf den Geschlechtsunter=
schied richtet und sie Gatten und Gattinnen werden. Auch muß
das Verhältniß der beiden Geschlechter zueinander im ganzen,

starkmüthiger Schutz von der einen, liebevoller Beistand von der andern Seite, in der Erziehungsanstalt dargestellt und in den Zöglingen gebildet werden.

Wenn es zur Ausführung unsers Vorschlags kommen sollte, würde das erste Geschäft sein, ein Gesetz für die innere Verfassung dieser Erziehungsanstalten zu entwerfen. Wenn der von uns aufgestellte Grundbegriff nur gehörig durchgedrungen ist, so ist dies eine sehr leichte Arbeit, und wir wollen uns hier dabei nicht aufhalten.

Ein Haupterforderniß dieser neuen Nationalerziehung ist es, daß in ihr Lernen und Arbeiten vereinigt sei, daß die Anstalt durch sich selbst sich zu erhalten den Zöglingen wenigstens scheine, und daß jeder in dem Bewußtsein erhalten werde, zu diesem Zwecke nach aller seiner Kraft beizutragen. Dies wird, durchaus noch ohne alle Beziehung auf den Zweck der äußern Ausführbarkeit und der Sparsamkeit hierbei, die man unserm Vorschlage ohne Zweifel anmuthen wird, schon unmittelbar durch die Aufgabe der Erziehung selbst gefordert; theils darum weil alle, die blos durch die allgemeine Nationalerziehung hindurchgehen, zu den arbeitenden Ständen bestimmt sind, und zu deren Erziehung die Bildung zum tüchtigen Arbeiter ohne Zweifel gehört; besonders aber darum weil das gegründete Vertrauen, daß man sich stets durch eigene Kraft werde durch die Welt bringen können und für seinen Unterhalt keiner fremden Wohlthätigkeit bedürfe, zur persönlichen Selbständigkeit des Menschen gehört und die sittliche, weit mehr als man bisjetzt zu glauben scheint, bedingt. Diese Bildung würde einen andern, bisjetzt auch in der Regel dem blinden Ungefähr preisgegebenen Theil der Erziehung abgeben, den man die wirthschaftliche Erziehung nennen könnte, und der keineswegs aus der dürftigen und beschränkten Ansicht, über welche einige unter Benennung der Oekonomie spotten, sondern aus dem höhern sittlichen Standpunkte angesehen werden muß. Unsere Zeit stellt es oft als einen über alle Gegenrede erhabenen Grundsatz auf, daß man eben schmeicheln, kriechen, sich zu allem gebrauchen lassen müsse, wenn man leben wolle, und daß es auf keine andere Weise angehe. Sie besinnt sich nicht, daß, wenn man sie auch mit dem heroischen aber durchaus wahren Gegenspruche verschonen wollte, daß, wenn es so ist, sie eben nicht leben sondern sterben solle, noch die Bemerkung übrigbleibt, daß sie hätte lernen sollen mit Ehren leben zu können. Man erkundige sich nur näher nach den Personen, die durch ehrloses Betragen sich auszeichnen; immer wird man finden, daß sie nicht arbeiten gelernt haben oder die Arbeit scheuen, und daß sie noch überdies üble Wirthschafter sind. Darum soll der Zögling unsrer Erziehung an Arbeitsamkeit gewöhnt werden, damit er der Versuchung zur Unrechtlichkeit durch Nahrungssorgen überhoben sei, und tief und als erster Grundsatz

der Ehre soll es in sein Gemüth geprägt werden, daß es schändlich
sei, seinen Lebensunterhalt einem andern denn seiner Arbeit verdanken zu wollen.

Pestalozzi will während des Lernens zugleich allerlei Hand-
arbeiten treiben lassen. Indem wir die Möglichkeit dieser Vereinigung unter der von ihm angegebenen Bedingung, daß das
Kind die Handarbeit schon vollkommen fertig könne, nicht leugnen
wollen, scheint uns dennoch dieser Vorschlag aus der Dürftigkeit
des ersten Zwecks hervorzugehen. Der Unterricht muß meines Erachtens als so heilig und ehrwürdig dargestellt werden, daß er der
ganzen Aufmerksamkeit und Sammlung bedürfe und nicht neben
einem andern Geschäfte empfangen werden könne. Sollen in Jahres-
zeiten, welche die Zöglinge ohnedies ins Zimmer einschließen, in
den Arbeitsstunden dergleichen Arbeiten, als da ist Stricken, Spinnen
und dergl., getrieben werden, so wird es, damit der Geist in Thätigkeit bleibe, sehr zweckmäßig sein, gemeinschaftliche Geistesübungen
unter Aufsicht damit zu verknüpfen; dennoch ist jetzt die Arbeit die
Hauptsache, und diese Uebungen sind nicht zu betrachten als Unterricht, sondern blos als ein erheiterndes Spiel.

Alle Arbeiten dieser niedern Art müssen überhaupt nur als
Nebensache, keineswegs als die Hauptarbeit vorgestellt werden.
Diese Hauptarbeit ist die Ausübung des Acker- und Gartenbaues,
der Viehzucht und derjenigen Handwerke, deren sie in ihrem kleinen
Staate bedürfen. Es versteht sich, daß der Antheil hieran, der
einem zugemuthet wird, mit der körperlichen Kraft seines Alters
in Gleichgewicht zu bringen, und die abgehende Kraft durch neu-
zuerfindende Maschinen und Werkzeuge zu ersetzen ist. Die Haupt-
rücksicht hierbei ist die, daß sie, soweit möglich, in seinen Gründen
verstehen müssen was sie treiben, daß sie die zu ihren Geschäften
nöthigen Kenntnisse von der Erzeugung der Pflanzen, von den
Eigenschaften und Bedürfnissen des thierischen Körpers, von den
Gesetzen der Mechanik schon erhalten haben. Auf diese Art wird
theils ihre Erziehung schon ein folgegemäßer Unterricht über die Gewerbe, die sie künftig zu treiben haben, und es wird der denkende
Landwirth in unmittelbarer Anschauung gebildet, theils wird schon
jetzt ihre mechanische Arbeit veredelt und vergeistigt, sie ist in eben-
dem Grade Beleg in der freien Anschauung dessen, was sie begriffen haben, als sie Arbeit um den Unterhalt ist; und auch in
Gesellschaft mit dem Thiere und der Erdscholle bleiben sie dennoch
im Umkreise der geistigen Welt und sinken nicht herab zu den
letztern.

Das Grundgesetz dieses kleinen Wirthschaftsstaates sei dieses,
daß in ihm kein Artikel zu Speise, Kleidung u. s. w. noch, soweit
dies möglich ist, irgendein Werkzeug gebraucht werden dürfe, das

nicht in ihm selbst erzeugt und verfertigt sei. Bedarf die Haus=
haltung einer Unterstützung von außen, so werden ihr die Gegen=
stände in Natur, aber keine anderer Art als die sie auch selbst hat,
gereicht, und zwar ohne daß die Zöglinge erfahren daß ihre eigene
Ausbeute vermehrt worden, oder daß sie, wo das letztere zweckmäßig
ist, es nur als Darlehen erhalten und es zu bestimmter Zeit wieder
zurückerstatten. Für diese Selbständigkeit und Selbstgenügsamkeit
des Ganzen arbeite nun jeder einzelne aus aller seiner Kraft, ohne
daß er doch mit demselben abrechne oder für sich auf irgendein
Eigenthum Anspruch mache. Jeder wisse, daß er sich dem Ganzen
ganz schuldig ist, und genieße nur oder darbe, wenn es sich so fügt,
mit dem Ganzen. Dadurch wird die ehrgemäße Selbständigkeit des
Staats und der Familie, in die er einst treten soll, und das Ver=
hältniß ihrer einzelnen Glieder zu ihnen, der lebendigen Anschauung
dargestellt und wurzelt unaustilgbar ein in sein Gemüth.

Hier, bei dieser Anführung zur mechanischen Arbeit, ist der Ort
wo die in der allgemeinen Nationalerziehung liegende und auf sie
gestützte Gelehrtenerziehung von der ersten sich absondert, und wo
von derselben zu sprechen ist. Die in der allgemeinen National=
erziehung liegende Gelehrtenerziehung, habe ich gesagt. Ob es nicht
auch fernerhin jedem, der eigenes Vermögen genug zu haben glaubt
um zu studiren, oder der sich aus irgendeinem Grunde zu den
bisherigen höhern Ständen rechnet, freistehen werde den bisher
üblichen Weg der Gelehrtenerziehung zu beschreiten, lasse ich dahin=
gestellt sein: wie, wenn es nur einmal zur Nationalerziehung kommen
sollte, die Mehrheit dieser Gelehrten, ich will nicht sagen gegen den
in der neuen Schule gebildeten Gelehrten, sondern sogar gegen den
aus ihr hervorgehenden gemeinen Mann mit ihrer erkauften Ge=
lehrsamkeit bestehen werde, wird die Erfahrung lehren: ich aber
will jetzt nicht davon, sondern von der Gelehrtenerziehung in der
neuen Weise reden.

In den Grundsätzen derselben muß auch der künftige Gelehrte
durch die allgemeine Nationalerziehung hindurchgegangen sein und den
ersten Theil derselben, die Entwickelung der Erkenntniß an Empfindung,
Anschauung, und dem was an die letztere geknüpft wird, vollständig
und klar erhalten haben. Nur dem Knaben, der eine vorzügliche
Gabe zum Lernen und eine hervorstechende Hinneigung nach der
Welt der Begriffe zeigt, kann die neue Nationalerziehung erlauben
diesen Stand zu ergreifen; jedem aber, der diese Eigenschaften zeigt,
wird sie es ohne Ausnahme und ohne Rücksicht auf einen vorgeb=
lichen Unterschied der Geburt erlauben müssen; denn der Gelehrte
ist es keineswegs zu seiner eigenen Bequemlichkeit, und jedes Talent
dazu ist ein schätzbares Eigenthum der Nation, das ihr nicht ent=
rissen werden darf.

Der Ungelehrte ist bestimmt, das Menschengeschlecht auf dem Standpunkte der Ausbildung, die es errungen hat, durch sich selbst zu erhalten, der Gelehrte, nach einem klaren Begriffe und mit besonnener Kunst dasselbe weiterzubringen. Der letztere muß mit seinem Begriffe der Gegenwart immer voraus sein, die Zukunft erfassen und dieselbe in die Gegenwart zu künftiger Entwickelung hineinzupflanzen vermögen. Dazu bedarf es einer klaren Uebersicht des bisherigen Weltzustandes, einer freien Fertigkeit im reinen und von der Erscheinung unabhängigen Denken und, damit er sich mittheilen könne, des Besitzes der Sprache bis in ihre lebendige und schöpferische Wurzel hinein. Alles dieses erfordert geistige Selbstthätigkeit ohne alle fremde Leitung und einsames Nachdenken, in welchem darum der künftige Gelehrte, von der Stunde an da sein Beruf entschieden ist, geübt werden muß, keineswegs blos wie beim Ungelehrten ein Denken unter dem Auge des stets gegenwärtigen Lehrers; es erfordert eine Menge Hülfskenntnisse, die dem Ungelehrten für seine Bestimmung durchaus unbrauchbar sind. Die Arbeit des Gelehrten und das Tagwerk seines Lebens wird eben jenes einsame Nachdenken sein; zu dieser Arbeit ist er nun sogleich anzuführen, die andere, mechanische Arbeit ihm dagegen zu erlassen. Indeß also die Erziehung des künftigen Gelehrten zum Menschen überhaupt mit der allgemeinen Nationalerziehung wie bisher fortginge, und er dem daher eingeschlagenen Unterrichte mit allen übrigen beiwohnte, würden ihm nur diejenigen Stunden, die für die andern Arbeitsstunden sind, gleichfalls zu Lehrstunden gemacht werden müssen in demjenigen, was sein einstiger Beruf eigenthümlich erfordert; und dieses wäre der ganze Unterschied. Die allgemeinen Kenntnisse des Ackerbaues, anderer mechanischen Künste und der Handgriffe dabei, die schon dem bloßen Menschen anzumuthen sind, wird er ohne Zweifel schon bei seinem Durchgange durch die erste Klasse gelernt haben, oder diese Kenntnisse wären, falls dies nicht der Fall sein sollte, nachzuholen. Daß er weit weniger denn irgendein anderer von den eingeführten körperlichen Uebungen losgesprochen werden könne, versteht sich von selbst. Die besondern Lehrgegenstände aber, die in den gelehrten Unterricht fallen würden, sowie den dabei zu beobachtenden Lehrgang noch anzugeben, liegt außerhalb des Planes dieser Reden.

Elfte Rede.

Wem die Ausführung dieses Erziehungsplanes anheimfallen werde.

Der Plan der neuen deutschen Nationalerziehung ist für unsern Zweck hinreichend dargelegt. Die nächste Frage, die sich nun aufdringt, ist die: wer soll sich an die Spitze der Ausführung dieses Plans stellen, und auf wen ist dabei zu rechnen, und auf wen haben wir gerechnet?

Wir haben diese Erziehung als die höchste und dermalen sich einzig aufdringende Angelegenheit der deutschen Vaterlandsliebe aufgestellt und wollen an diesem Bande die Verbesserung und Umschaffung des gesammten Menschengeschlechts zuerst in die Welt einführen. Jene Vaterlandsliebe aber soll zunächst den deutschen Staat, allerthalben wo Deutsche regiert werden, begeistern und den Vorsitz haben und die treibende Kraft sein bei allen seinen Beschlüssen. Der Staat also wäre es, auf welchen wir zuerst unsere erwartenden Blicke zu richten hätten.

Wird dieser unsere Hoffnungen erfüllen? Welches sind die Erwartungen, die wir — immer, wie sich versteht, auf keinen besondern Staat, sondern auf ganz Deutschland sehend — nach dem Bisherigen von ihm fassen können?

Im neuern Europa ist die Erziehung ausgegangen nicht eigentlich vom Staate, sondern von derjenigen Gewalt, von der die Staaten meistens auch die ihrige hatten, von dem himmlisch-geistigen Reiche der Kirche. Diese betrachtete sich nicht sowol als ein Bestandtheil des irdischen Gemeinwesens, sondern vielmehr als eine demselben ganz fremde Pflanzstatt aus dem Himmel, die abgesandt sei diesem auswärtigen Staate allenthalben, wo sie Wurzel fassen konnte, Bürger anzuwerben; ihre Erziehung ging auf nichts anderes, denn daß die Menschen in der andern Welt keineswegs verdammt, sondern selig würden. Durch die Reformation wurde diese kirchliche Gewalt, die übrigens fortfuhr sich ebenso anzusehen wie bisher, mit der welt= lichen Macht, mit der sie bisher gar oft sogar im Widerstreite ge= legen hatte, nur vereinigt; dies war der ganze Unterschied, der in dieser Rücksicht aus jener Begebenheit erfolgte. Es blieb daher auch die alte Ansicht des Erziehungswesens. Auch in den neuesten Zeiten und bis auf diesen Tag ist die Bildung der vermögendern Stände betrachtet worden als eine Privatangelegenheit der Aeltern, die sie nach eigenem Gefallen einrichten möchten, und die Kinder dieser wur= den in der Regel nur dazu angeführt, daß sie sich selbst einst nütz= lich würden. Die einzige öffentliche Erziehung aber, die des Volks, war lediglich zur Seligkeit im Himmel; die Hauptsache war ein wenig Christenthum und Lesen, und falls es zu erschwingen war, Schreiben, alles um des Christenthums willen. Alle andere Entwickelung der Menschen wurde dem ohngefähren und blind wirkenden Einflusse der Gesellschaft, in welcher sie aufwuchsen, und dem wirklichen Leben selbst überlassen. Sogar die Anstalten zur gelehrten Erziehung waren vor= züglich auf die Bildung von Geistlichen berechnet; dies war die Haupt= facultät, zu der die übrigen nur den Anhang bildeten und meistens auch nur den Abgang von jener abgetreten erhielten.

Solange diejenigen, die an der Spitze des Regiments standen, über den eigentlichen Zweck desselben im Dunkeln blieben und selbst für ihre eigene Person ergriffen waren von jener gewissenhaften Sorge für ihre und anderer Seligkeit, konnte man auf ihren Eifer für diese Art der öffentlichen Erziehung und auf ihre ernstlichen Be= mühungen dafür sicher rechnen. Sobald sie aber über den ersten ins Klare kamen und begriffen, daß der Wirkungskreis des Staats innerhalb der sichtbaren Welt liege, so mußte ihnen einleuchten, daß jene Sorge für die ewige Seligkeit ihrer Unterthanen ihnen nicht zur Last fallen könne, und daß, wer da selig werden wolle, selbst sehen möge wie er es mache. Sie glaubten von nun an genug zu thun, wenn sie nur die aus gottseligern Zeiten herrührenden Stiftungen und Anstalten ihrer ersten Bestimmung fernerhin überließen; so wenig angemessen und ausreichend dieselben auch für die ganz veränderten Zeiten sein mochten, ihnen mit Ersparung an ihren anderweitigen Zwecken selbst zuzulegen, hielten sie sich nicht für verbunden, thätig ein= zugreifen und das zweckmäßige Neue an die Stelle des Veralteten und Unbrauchbaren zu setzen, nicht für berechtigt, und auf alle Vorschläge dieser Art war die stets fertige Antwort: hierzu habe der Staat kein Geld. Wurde ja einmal eine Ausnahme von dieser Regel gemacht, so geschah es zum Vortheile der höhern Lehranstalten, die einen Glanz weit umher verbreiten und ihren Beförderern Ruhm bereiten; die Bildung derjenigen Klasse aber, die der eigentliche Boden des Menschengeschlechts ist, aus welcher die höhere Bildung sich immerfort ergänzt und auf welche die letztere fortdauernd zurückwirken muß, die des Volks, blieb unbeachtet und befindet sich seit der Reformation bis auf diesen Tag im Zustande des steigenden Verfalls.

Sollen wir nun für die Zukunft und von Stund an für unsere Angelegenheit vom Staate eine bessere Hoffnung fassen können, so wäre nöthig, daß derselbe den Grundbegriff vom Zwecke der Erziehung, den er bisher gehabt zu haben scheint, mit einem ganz andern vertauschte; daß er einsähe, er habe mit seiner bisherigen Ablehnung der Sorge für die ewige Seligkeit seiner Mitbürger vollkommen recht, indem es für diese Seligkeit gar keiner besondern Bildung bedürfe, und eine solche Pflanzschule für den Himmel wie die Kirche, deren Gewalt zuletzt ihm übertragen worden, gar nicht stattfinde, aller tüchtigen Bildung nur im Wege stehe und des Dienstes entlassen werden müsse; daß es dagegen sehr bedürfe der Bildung für das Leben auf der Erde, und daß aus der gründlichen Erziehung für dieses sich die für den Himmel als eine leichte Zugabe von selbst ergebe. Der Staat scheint bisher, je aufgeklärter er zu sein meinte, desto fester geglaubt zu haben, daß er, auch ohne alle Religion und Sittlichkeit seiner Bürger, durch die bloße Zwangsanstalt seinen eigentlichen Zweck erreichen könne, und daß in Absicht jener diese es halten möchten wie sie könnten. Möchte er aus den neuen Erfahrungen wenigstens dies gelernt haben, daß er das nicht vermag, und daß er gerade durch den Mangel der Religion und der Sittlichkeit dahin gekommen ist, wo er sich dermalen befindet.

Möchte man ihn, in Absicht seines Zweifels ob er auch wol das Vermögen habe den Aufwand einer Nationalerziehung zu bestreiten, überzeugen können, daß er durch diese einzige Ausgabe seine meisten übrigen auf die wirthschaftlichste Weise besorgen, und daß, wenn er diese nur übernimmt, er bald nur diese einzige Hauptausgabe haben werde. Bisjetzt ist der bei weitem größte Theil der Einkünfte des Staats auf die Unterhaltung stehender Heere verwendet worden. Den Erfolg dieser Verwendung haben wir gesehen; dies reicht hin, denn tiefer in die besondern Gründe dieses Erfolgs aus der Einrichtung dieser Heere einzugehen, liegt außerhalb unsers Plans. Dagegen würde der Staat, der die von uns vorgeschlagene Nationalerziehung allgemein einführte, von dem Augenblicke an, da ein Geschlecht der nachgewachsenen Jugend durch sie hindurchgegangen wäre, gar keines besondern Heeres bedürfen, sondern er hätte an ihnen ein Heer wie es noch keine Zeit gesehen. Jeder einzelne ist zu jedem möglichen Gebrauche seiner körperlichen Kraft vollkommen geübt und begreift sie auf der Stelle, zur Ertragung jeder Anstrengung und Mühseligkeit gewöhnt; sein in unmittelbarer Anschauung aufgewachsener Geist ist immer gegenwärtig und bei sich selbst, in seinem Gemüthe lebt die Liebe des Ganzen, dessen Mitglied er ist, des

Staats und des Vaterlands, und vernichtet jede andere selbstische
Regung. Der Staat kann sie rufen und sie unter die Waffen stellen,
sobald er will, und kann sicher sein daß kein Feind sie schlägt. Ein
anderer Theil der Sorgfalt und der Ausgabe in weise regierten
Staaten ging bisher auf die Verbesserung der Staatswirthschaft im
ausgedehntesten Sinne und in allen ihren Zweigen, und es ist hier=
bei durch die Ungelehrigkeit und Unbehülflichkeit der niedern Stände
manche Sorgfalt und mancher Aufwand vergebens gemacht worden,
und die Sache hat allenthalben nur geringen Fortgang gehabt. Durch
unsere Erziehung erhält der Staat arbeitende Stände, die des Nach=
denkens über ihr Geschäft von Jugend auf gewohnt sind, und die
schon sich selbst durch sich selbst zu helfen Vermögen und Neigung
haben; vermag nun noch überdies der Staat ihnen auf eine zweck=
mäßige Weise unter die Arme zu greifen, so werden sie ihn auf das
halbe Wort verstehen und seine Belehrung sehr dankbar aufnehmen.
Alle Zweige der Haushaltung werden ohne viele Mühe in kurzer
Zeit einen Flor gewinnen, den auch noch keine Zeit gesehen hat, und
dem Staate wird, wenn er ja rechnen will, und wenn er etwa bis
dahin nebenbei auch noch den wahren Grundwerth der Dinge kennen
lernen sollte, seine erste Auslage tausendfältige Zinsen tragen. Bis=
her hat der Staat für Gerichts= und Polizeianstalten vieles thun
müssen und doch niemals genug für sie thun können; Zucht= und
Verbesserungshäuser haben ihm Ausgaben gemacht; die Armenan=
stalten endlich erforderten, je mehr auf sie gewendet wurde, einen
um so größern Aufwand und erschienen in der ganzen bisherigen
Lage eigentlich als Anstalten Arme zu machen. Die erstern werden
in einem Staate, der die neue Erziehung allgemein macht, sehr ver=
ringert werden, die letztern gänzlich wegfallen. Frühe Zucht sichert
vor der spätern sehr mißlichen Zucht und Verbesserung; Arme aber
gibt es unter einem also erzogenen Volke gar nicht.

Möchte der Staat, und alle die denselben berathen, es wagen,
seine eigentliche dermalige Lage ins Auge zu fassen und sie sich zu
gestehen! Möchte er lebendig einsehen, daß ihm durchaus kein an=
derer Wirkungskreis übriggelassen ist, in welchem er als ein wirk=
licher Staat ursprünglich und selbständig sich bewegen und etwas
beschließen könne, außer diesem, der Erziehung der kommenden Ge=
schlechter; daß, wenn er nicht überhaupt nichts thun will, er nur noch
dieses thun kann; daß man aber auch dieses Verdienst ihm unge=
schmälert und unbeneidet überlassen werde. Daß wir es nicht mehr
vermögen thätigen Widerstand zu leisten, ist als in die Augen sprin=
gend und von jedermann zugestanden schon früher von uns voraus=
gesetzt worden. Wie können wir nun die Fortdauer unsers dadurch
erwirkten Daseins gegen den Vorwurf der Feigheit und einer un=
würdigen Liebe zum Leben rechtfertigen? Auf keine andere Weise,

als wenn wir uns entschließen nicht für uns selbst zu leben, und
dieses durch die That darthun; wenn wir uns zum Samenkorne einer
würdigern Nachkommenschaft machen und lediglich um dieserwillen
uns so lange erhalten wollen, bis wir sie hingestellt haben. Jenes
ersten Lebenszwecks verlustig, was könnten wir denn noch anderes
thun? Unsere Verfassungen wird man uns machen, unsere Bünd=
nisse und die Anwendung unserer Streitkräfte wird man uns an=
zeigen, ein Gesetzbuch wird man uns leihen, selbst Gericht und Ur=
theilsspruch und die Ausübung derselben wird man uns zuweilen
abnehmen; mit diesen Sorgen werden wir auf die nächste Zukunft
verschont bleiben. Blos an die Erziehung hat man nicht gedacht;
suchen wir ein Geschäft, so laßt uns dieses ergreifen! Es ist zu er=
warten, daß man in demselben uns ungestört lassen werde. Ich hoffe
— vielleicht täusche ich mich selbst darin, aber da ich nur um dieser
Hoffnung willen noch leben mag, so kann ich es nicht lassen zu
hoffen — ich hoffe daß ich einige Deutsche überzeugen und sie zur
Einsicht bringen werde, daß es allein die Erziehung sei, die uns
retten könne von allen Uebeln die uns drücken. Ich rechne beson=
ders darauf, daß die Noth uns zum Aufmerken und zum ernsten
Nachdenken geneigter gemacht habe. Das Ausland hat andern Trost
und andere Mittel; es ist nicht zu erwarten, daß es diesem Gedanken,
falls er je an dasselbe kommen sollte, einige Aufmerksamkeit schenken
oder einigen Glauben beimessen werde; ich hoffe vielmehr, daß es
zu einer reichen Quelle von Belustigung für die Leser ihrer Jour=
nale gedeihen werde, wenn sie je erfahren, daß sich jemand von der
Erziehung so große Dinge verspreche.

Möge der Staat, und diejenigen die denselben berathen, sich
nicht lässiger machen lassen in Ergreifung dieser Aufgabe durch die
Betrachtung, daß der gehoffte Erfolg in der Entfernung liege. Wollte
man unter den mannichfaltigen und höchst verwickelten Gründen, die
unser dermaliges Schicksal zur Folge gehabt haben, das, was allein
und eigenthümlich den Regierungen zur Last fällt, absondern, so
würde sich finden, daß diese, die vor allen andern verbunden sind
die Zukunft ins Auge zu fassen und zu beherrschen, beim Andrange
der großen Zeitbegebenheiten auf sie immer nur gesucht sich aus der
unmittelbar gegenwärtigen Verlegenheit zu ziehen, so gut sie es ver=
mochten, in Absicht der Zukunft aber nicht auf ihre Gegenwart,
sondern auf irgendeinen Glückszufall, der den stetigen Faden der Ur=
sachen und Wirkungen abschneiden sollte, gerechnet haben. Aber der=
gleichen Hoffnungen sind betrüglich. Eine treibende Kraft, die man
einmal in die Zeit hinein hat kommen lassen, treibt fort und voll=
endet ihren Weg, und nachdem einmal die erste Nachlässigkeit be=
gangen worden, kann die zu spät kommende Besinnung sie nicht auf=
halten. Des ersten Falles, blos die Gegenwart zu bedenken, hat

fürs nächste unser Schicksal uns überhoben; die Gegenwart ist nicht mehr unser. Mögen wir nur nicht den zweiten beibehalten, eine bessere Zukunft von irgendetwas anderm zu hoffen denn von uns selber! Zwar kann keinen unter uns, der zum Leben noch etwas mehr bedarf denn Nahrung, die Gegenwart über die Pflicht zu leben trösten; die Hoffnung einer bessern Zukunft allein ist das Element, in dem wir noch athmen können. Aber nur der Träumer kann diese Hoffnung auf etwas anderes gründen denn auf ein solches, das er selbst für die Entwickelung einer Zukunft in die Gegenwart zu legen vermag. Vergönnen diejenigen, die über uns regieren, daß wir ebenso gut auch von ihnen denken, als wir unter uns voneinander denken und als der Bessere sich fühlt; stellen sie sich an die Spitze des auch uns ganz klaren Geschäfts, damit wir noch vor unsern Augen das- jenige entstehen sehen, was die dem deutschen Namen vor unsern Augen zugefügte Schmach einst von unserm Andenken abwaschen wird!

Uebernimmt der Staat die ihm angetragene Aufgabe, so wird er diese Erziehung allgemein machen, über die ganze Oberfläche seines Gebiets, für jeden seiner nachgebornen Bürger ohne alle Ausnahme; auch ist es allein diese Allgemeinheit, zu der wir des Staats be- dürfen, indem zu einzelnen Anfängen und Versuchen hier und da auch wol das Vermögen von wohlgesinnten Privatpersonen hinreichen würde. Nun ist allerdings nicht zu erwarten, daß die Aeltern all- gemein willig sein werden sich von ihren Kindern zu trennen und sie dieser neuen Erziehung, von der es schwer sein wird ihnen einen Begriff beizubringen, zu überlassen; sondern es ist nach der bisherigen Erfahrung darauf zu rechnen, daß jeder, der noch etwa das Vermögen zu haben glaubt seine Kinder im Hause zu nähren, gegen die öffent- liche Erziehung und besonders gegen eine so scharf trennende und so lange dauernde öffentliche Erziehung sich setzen wird. In solchen Fällen ist man nun, bei zu erwartender Widersetzlichkeit, von den Staatsmännern bisher gewohnt, daß sie den Vorschlag mit der Ant- wort abweisen: der Staat habe nicht das Recht für diesen Zweck Zwang anzuwenden. Indem sie nun warten wollen bis die Men- schen im allgemeinen den guten Willen haben, ohne Erziehung aber es niemals zu allgemeinem guten Willen kommen kann, so sind sie dadurch gegen alle Verbesserung geschützt und können hoffen, daß es beim alten bleiben wird bis an das Ende der Tage. Inwiefern dies nun etwa solche sind, welche entweder überhaupt die Erziehung für einen entbehrlichen Luxus halten, in Rücksicht dessen man sich so spärlich einrichten müsse als möglich, oder die in unserm Vorschlage nur einen neuen wagenden Versuch mit der Menschheit erblicken, der da gelingen könne oder auch nicht, ist ihre Gewissenhaftigkeit zu loben; solchen, die von der Bewunderung des bisherigen Zustandes der öffentlichen Bildung und von dem Entzücken, zu welcher Vollkommenheit dieselbe unter ihrer Leitung emporgewachsen sei, eingenommen sind, läßt sich nun vollends gar nicht anmuthen, daß sie auf etwas, das sie nicht auch schon wissen, eingehen sollten: mit diesen insgesammt ist für unsern Zweck nichts zu thun, und es wäre zu beklagen, wenn die Entscheidung über diese Angelegenheit ihnen anheimfallen sollte. Möchten sich aber Staatsmänner finden und hierbei zu Rathe gezogen werden, welche vor allen Dingen durch ein tiefes und gründliches Studium der Philosophie und der Wissenschaft überhaupt sich selbst Erziehung gegeben haben, denen es ein rechter Ernst ist mit ihrem Geschäfte, die einen festen Begriff vom Menschen und seiner Bestim- mung besitzen, die da fähig sind die Gegenwart zu verstehen und zu begreifen was eigentlich der Menschheit dermalen unausbleiblich noth- thut. Hätten diese aus jenen Vorbegriffen etwa selbst eingesehen, daß nur Erziehung vor der außerdem unaufhaltsam über uns herein- brechenden Barbarei und Verwilderung uns retten könne, schwebte ihnen ein Bild vor von dem neuen Menschengeschlechte, das durch diese Erziehung entstehen würde, wären sie selbst innig überzeugt von der Unfehlbarkeit und Untrüglichkeit der vorgeschlagenen Mittel: so ließe von solchen sich auch erwarten, daß sie zugleich begriffen, der Staat, als höchster Verweser der menschlichen Angelegenheiten und als der Gott und seinem Gewissen allein verantwortliche Vormund der Unmündigen, habe das vollkommene Recht die letztern zu ihrem Heile auch zu zwingen. Wo gibt es denn dermalen einen Staat, der da zweifle, ob er auch wol das Recht habe seine Unterthanen zu Kriegsdiensten zu zwingen und den Aeltern für diesen Behuf die Λ Kinder wegzunehmen, ob nun eins von beiden oder beide wollen oder nicht wollen? Und dennoch ist dieser Zwang zu Ergreifung einer dauernden Lebensart wider den eigenen Willen weit bedenklicher und häufig von den nachtheiligsten Folgen für den sittlichen Zustand und für Gesundheit und Leben der Gezwungenen; dahingegen derjenige Zwang, von dem wir reden, nach vollendeter Erziehung die ganze persönliche Freiheit zurückgibt und gar keine andern denn die heil- bringendsten Folgen haben kann. Wol hat man früher auch die Er- greifung der Kriegsdienste dem freien Willen überlassen; nachdem sich aber gefunden daß dieser für den beabsichtigten Zweck nicht aus- reichend war, hat man kein Bedenken getragen ihm durch Zwang nachzuhelfen, darum, weil die Sache uns wichtig genug war und die Noth den Zwang gebot. Möchten nun auch in dieser Rücksicht uns die Augen aufgehen über unsere Noth, und der Gegenstand uns gleichfalls wichtig werden, so würde jene Bedenklichkeit von selbst wegfallen; da zumal es nur in dem ersten Geschlechte des Zwangs bedürfen, und derselbe in den folgenden, selber durch diese Erziehung hindurchgegangenen hinwegfällt, auch jener erste Zwang zum Kriegsdienste dadurch aufgehoben wird, indem die also Erzogenen alle gleich willig sind die Waffen für das Vaterland zu führen. Will man ja, um anfangs des Geschreies nicht zu viel zu haben, diesen Zwang zur öffentlichen Nationalerziehung auf dieselbe Weise beschränken, wie bisher der Zwang zum Kriegsdienste beschränkt gewesen, und die von dem letztern befreiten Stände auch von jenem ausnehmen, so ist dies von keinen bedeutenden nachtheiligen Folgen. Die verständigen Ael= tern unter den ausgenommenen werden freiwillig ihre Kinder dieser Erziehung übergeben; die gegen das Ganze unbedeutende Anzahl der Kinder unverständiger Aeltern aus diesen Ständen mag immer auf die bisherige Weise aufwachsen und in das zu erzeugende bessere Zeit= alter hineinreichen, brauchbar lediglich als ein merkwürdiges An= denken der alten Zeit und um die neue zur lebhaften Erkenntniß ihres höhern Glücks anzufeuern.

Soll nun diese Erziehung Nationalerziehung der Deutschen schlechtweg sein, und soll die große Mehrheit aller, die die deutsche Sprache reden, keineswegs aber etwa nur die Bürgerschaft dieses oder jenes besondern deutschen Staats, dastehen als ein neues Menschen= geschlecht, so müssen alle deutsche Staaten, jeder für sich und un= abhängig von allen andern, diese Aufgabe ergreifen. Die Sprache, in der diese Angelegenheit zuerst in Anregung gebracht worden, in der die Hülfsmittel verfaßt sind und ferner werden verfaßt werden, in der die Lehrer geübt werden, der durch alles dieses hindurchgehende Eine Gang der Sinnbildlichkeit, ist allen Deutschen gemeinsam. Ich kann mir kaum denken wie und mit welchen Umwandlungen diese Bildungsmittel insgesammt, besonders in derjenigen Ausdehnung die wir dem Plane gegeben haben, in irgendeine Sprache des Aus= landes übertragen werden könnten, also daß es nicht als fremdes und übersetztes Ding, sondern als einheimisch und aus dem eigenen Leben ihrer Sprache hervorgehend erschiene. Für alle Deutschen ist diese Schwierigkeit auf die gleiche Weise gehoben: für sie ist die Sache fertig, und sie dürfen nur dieselbe ergreifen.

Wohl uns hierbei, daß es noch verschiedene und voneinander abgetrennte deutsche Staaten gibt! Was so oft zu unserm Nachtheile gereicht ist, kann bei dieser wichtigen Nationalangelegenheit vielleicht zu unserm Vortheile dienen. Vielleicht kann Nacheiferung der mehrern, und die Begierde einander zuvorzukommen, bewirken, was die ruhige Selbstgenügsamkeit des einzelnen nicht hervorgebracht hätte; denn es ist klar, daß derjenige unter allen deutschen Staaten, der in dieser Sache den Anfang machen wird, an Achtung, an Liebe, an Dankbarkeit des Ganzen für ihn den Vorrang gewinnen wird, daß er dastehen wird als der höchste Wohlthäter und der eigentliche Stifter der Na= tion. Er wird den übrigen Muth machen, ihnen ein belehrendes Beispiel geben und ihr Muster werden; er wird Bedenklichkeiten, in

denen die andern hängen blieben, beseitigen; aus seinem Schoße
werden die Lehrbücher und die ersten Lehrer ausgehen und den an=
dern geliehen werden; und wer nach ihm der zweite sein wird, wird
den zweiten Ruhm erwerben. Zum erfreulichen Zeugnisse daß unter
den Deutschen ein Sinn für das Höhere noch nie ganz ausgestorben,
haben bisher mehrere deutsche Stämme und Staaten miteinander um
den Ruhm größerer Bildung gestritten; diese haben ausgedehntere
Preßfreiheit, freiere Hinwegsetzung über die hergebrachte Meinung,
andere besser eingerichtete Schulen und Universitäten, andere ehe=
maligen Ruhm und Verdienste, andere etwas anderes für sich ange=
führt, und der Streit hat nicht entschieden werden können. Bei der
gegenwärtigen Veranlassung wird er es werden. Diejenige Bildung
allein, die da strebt und die es wagt sich allgemein zu machen und
alle Menschen ohne Unterschied zu erfassen, ist ein wirklicher Bestand=
theil des Lebens und ist ihrer selbst sicher. Jede andere ist eine
fremde Zuthat, die man blos zum Prunk anlegt, und die man nicht
einmal mit recht gutem Gewissen an sich trägt. Es wird sich bei
dieser Gelegenheit verrathen müssen, wo etwa die Bildung, deren
man sich rühmt, nur bei wenigen Personen des Mittelstandes statt=
findet, die dieselbe in Schriften darlegen, dergleichen Männer alle
deutschen Staaten aufzuweisen haben; und wo hingegen dieselbe auch
zu den höhern Ständen, welche den Staat berathen, hinaufgestiegen
sei. Es wird sich sodann auch zeigen, wie man den hier und da
gezeigten Eifer für die Errichtung und den Flor höherer Lehranstalten
zu beurtheilen habe, und ob demselben reine Liebe zur Menschen=
bildung, die ja wol jedweden Zweig und besonders die allererste
Grundlage derselben mit dem gleichen Eifer ergreifen würde, oder
ob ihm blos Sucht zu glänzen und vielleicht dürftige Finanzspecula=
tionen zu Grunde gelegen haben.

Welcher deutsche Staat in Ausführung dieses Vorschlags der
erste sein wird, der wird den größten Ruhm davon haben, sagte ich.
Aber ferner, es wird dieser deutsche Staat nicht lange allein stehen,
sondern ohne allen Zweifel bald Nachfolger und Nacheiferer finden.
Daß nur der Anfang gemacht werde, ist die Hauptsache. Wäre es
auch nichts anderes, so wird Ehrgefühl, Eifersucht, die Begierde, auch
zu haben was ein anderer hat und wo möglich es noch besser zu
haben, einen nach dem andern treiben dem Beispiele zu folgen. Auch
werden sodann die oben von uns beigebrachten Betrachtungen über
den eigenen Vortheil des Staats, die vielleicht dermalen manchem
zweifelhaft vorkommen dürften, in der lebendigen Anschauung be=
währt, einleuchtender werden.

Wäre zu erwarten, daß sogleich jetzt und von Stund an alle
deutsche Staaten ernstliche Anstalten machten jenen Plan auszuführen,
so könnte schon nach fünfundzwanzig Jahren das bessere Geschlecht,

deſſen wir bedürfen, daſtehen, und wer hoffen dürfte noch ſo lange
zu leben, könnte hoffen es mit ſeinen Augen zu ſehen.

Sollte aber, wie wir denn freilich auch auf dieſen Fall rechnen
müſſen, unter allen dermalen beſtehenden deutſchen Staaten kein ein=
ziger ſein, der unter ſeinen höchſten Berathern einen Mann hätte,
der da fähig wäre alles das oben Vorausgeſetzte einzuſehen und da=
von ergriffen zu werden, und in welchem die Mehrheit der Berather
dieſem einen wenigſtens nicht ſich widerſetzte: ſo würde freilich dieſe
Angelegenheit wohlgeſinnten Privatperſonen anheimfallen, und es
wäre nun von dieſen zu wünſchen daß ſie einen Anfang mit der
vorgeſchlagenen neuen Erziehung machten. Zuvörderſt haben wir
hierbei im Auge große Gutsbeſitzer, die auf ihren Landgütern der=
gleichen Erziehungsanſtalten für die Kinder ihrer Unterthanen er=
richten könnten. Es gereicht Deutſchland zum Ruhme und zur ſehr
ehrenvollen Auszeichnung vor den übrigen Nationen des neuern
Europa, daß es unter dem genannten Stande immerfort hier und
da mehrere gegeben hat, die es ſich zum ernſtlichen Geſchäfte machten,
für den Unterricht und die Bildung der Kinder auf ihren Beſitzungen
zu ſorgen, und die gern das Beſte, was ſie wußten, dafür thun woll=
ten. Es iſt von dieſen zu hoffen, daß ſie auch jetzt geneigt ſein
werden über das Vollkommene, das ihnen angetragen wird, ſich zu
belehren und das Größere und Durchgreifende ebenſo gern zu thun,
als ſie bisher das Kleinere und Unvollſtändige thaten. Wol mag
hier und da die Einſicht dazu beigetragen haben, daß es vortheil=
hafter für ſie ſelbſt ſei, gebildete Unterthanen zu haben denn un=
gebildete. Wo etwa der Staat durch Aufhebung des Verhältniſſes
der Unterthänigkeit dieſen letzten Antrieb weggenommen hat, möge
er da deſto ernſtlicher ſeine unerlaßliche Pflicht bedenken, nicht zu=
gleich das einzige Gute, das bei Wohldenkenden an dieſes Verhält=
niß geknüpft wurde, mit aufzuheben, und möge er in dieſem Falle
ja nicht verſäumen zu thun, was ohnedies ſeine Schuldigkeit iſt, nach=
dem er diejenigen, die es freiwillig ſtatt ſeiner thaten, deſſen erledigt
hat. Wir richten ferner in Abſicht der Städte hierbei unſere Augen
auf freiwillige Verbindungen gutgeſinnter Bürger für dieſen Zweck.
Der Hang zur Wohlthätigkeit iſt noch immer, ſo weit ich habe blicken
können, unter keinem Drucke der Noth in deutſchen Gemüthern er=
loſchen. Durch eine Anzahl von Mängeln in unſern Einrichtungen,
die ſich insgeſammt unter der Einheit der vernachläſſigten Erziehung
würden zuſammenfaſſen laſſen, hilft dieſe Wohlthätigkeit der Noth
dennoch ſelten ab, ſondern ſcheint oft ſie noch zu vermehren. Möchte
man jenen trefflichen Hang endlich vorzüglich auf diejenige Wohl=
that richten, die aller Noth und aller fernern Wohlthätigkeit ein Ende
macht, auf die Wohlthat der Erziehung. Noch aber bedürfen wir
und rechnen wir auf eine Wohlthat und Aufopferung anderer Art,

die nicht in Geben, sondern in Thun und Leisten besteht. Möchten angehende Gelehrte, denen es ihre Lage verstattet, den Zeitraum, der ihnen zwischen der Universität und ihrer Anstellung in einem öffentlichen Amte übrigbleibt, dem Geschäfte, über die Lehrweise an diesen Anstalten sich zu belehren und an denselben selbst zu lehren, widmen! Abgerechnet daß sie sich hierdurch höchst verdient um das Ganze machen werden, kann man ihnen noch überdies versichern, daß sie selbst den allerhöchsten Gewinn davontragen werden. Ihre gesammten Kenntnisse, die sie aus dem gewöhnlichen Universitätsunterrichte oft so erstorben mit hinwegtragen, werden im Elemente der allgemeinen Anschauung, in welches sie hier hineinkommen, Klarheit und Lebendigkeit erhalten; sie werden lernen dieselben mit Fertigkeit wiederzugeben und zu gebrauchen; sie werden sich, da im Kinde die ganze Fülle der Menschheit unschuldig und offen daliegt, einen Schatz von der wahren Menschenkenntniß, die allein diesen Namen verdient, erwerben; sie werden zu der großen Kunst des Lebens und Wirkens angeleitet werden, zu welcher in der Regel die hohe Schule keine Anweisung gibt.

Läßt der Staat die ihm angetragene Aufgabe liegen, so ist es für die Privatpersonen, welche dieselbe aufnehmen, ein desto größerer Ruhm. Fern sei es von uns, der Zukunft durch Muthmaßungen vorzugreifen oder den Ton des Zweifels und des Mangels an Vertrauen selber anzuheben; worauf unsere Wünsche zunächst gehen, haben wir deutlich ausgesprochen, nur dies sei uns erlaubt anzumerken: daß, wenn es wirklich also kommen sollte, daß der Staat und die Fürsten die Sache Privatpersonen überließen, dies dem bisherigen schon oben angemerkten und mit Beispielen belegten Gange der deutschen Entwickelung und Bildung gemäß sein, und dieser bis ans Ende sich gleich bleiben würde. Auch in diesem Falle würde der Staat zu seiner Zeit nachfolgen, fürs erste wie ein einzelner, der den auf seinen Theil fallenden Beitrag eben auch leisten will, bis er sich etwa später besinnt, daß er kein Theil sondern das Ganze sei, und daß das Ganze zu besorgen er so Pflicht als Recht habe. Von Stund an fallen alle selbständige Bemühungen der Privatpersonen weg und unterordnen sich dem allgemeinen Plane des Staats.

Sollte die Angelegenheit diesen Gang nehmen, so wird es mit der beabsichtigten Verbesserung unsers Geschlechts freilich nur langsam und ohne eine sichere und feste Uebersicht und mögliche Berechnung des Ganzen vorwärts schreiten. Aber lasse man sich ja dadurch nicht abhalten einen Anfang zu machen! Es liegt in der Natur der Sache selbst, daß sie niemals untergehen könne, sondern, nur einmal ins Werk gesetzt, durch sich selbst fortlebe und immer weiter um sich greifend sich verbreite. Jeder, der durch diese Bildung hindurchgegangen ist, wird ein Zeuge für sie und ein eifriger Verbreiter, jeder wird den Lohn der erhaltenen Lehre dadurch abtragen, daß er selbst wieder Lehrer wird und so viele Schüler, die einst auch wieder Lehrer werden, macht als er kann; und dies geht noth= wendig so lange fort, bis das Ganze ohne alle Ausnahme er= griffen sei.

Im Falle der Staat sich mit der Sache nicht befassen sollte, so haben Privatunternehmungen zu befürchten, daß alle nur irgend ver= mögende Aeltern ihre Kinder dieser Erziehung nicht überlassen wer= den. Wende man sich sodann in Gottes Namen und mit voller Zu= versicht an die armen Verwaisten, an die im Elende auf den Straßen Herumliegenden, an alles was die erwachsene Menschheit ausgestoßen und weggeworfen hat! So wie bisher, besonders in denjenigen deut= schen Staaten, in denen die Frömmigkeit der Vorfahren die öffent= lichen Erziehungsanstalten sehr vermehrt und reichlich ausgestattet hatte, eine Menge von Aeltern den Ihrigen den Unterricht angedeihen ließen, weil sie dabei zugleich, wie bei keinem andern Gewerbe, den Unterhalt fanden: so laßt es uns nothgedrungen umkehren und Brot geben denen, denen kein anderer es gibt, damit sie mit dem Brote zugleich auch Geistesbildung annehmen. Befürchten wir nicht, daß die Armseligkeit und die Verwilderung ihres vorigen Zustandes un= serer Absicht hinderlich sein werde! Reißen wir sie nur plötzlich und gänzlich heraus aus demselben und bringen sie in eine durchaus neue Welt; lassen wir nichts an ihnen, das sie an das Alte erinnern könnte, so werden sie ihrer selbst vergessen und dastehen als neue soeben erst erschaffene Wesen. Daß in diese frische und reine Tafel nur das Gute eingegraben werde, dafür muß unser Unterrichtsgang bürgen und unsere Hausordnung. Es wird ein für alle Nachwelt warnendes Zeugniß sein über unsere Zeit, wenn gerade diejenigen, die sie ausgestoßen hat, durch diese Ausstoßung allein das Vorrecht erhalten, ein besseres Geschlecht anzuheben, wenn diese den Kindern derer, die mit ihnen nicht zusammen sein mochten, die beseligende Bildung bringen, und wenn sie die Stammväter werden unserer künf= tigen Helden, Weisen, Gesetzgeber, Heilande der Menschheit.

Für die erste Errichtung bedarf es zuvörderst tauglicher Lehrer und Erzieher. Dergleichen hat die Pestalozzi'sche Schule gebildet, und ist stets erbötig mehrere zu bilden. Ein Hauptaugenmerk wird anfangs sein, daß jede Anstalt der Art sich zugleich betrachte als eine Pflanzschule für Lehrer, und daß außer den schon fertigen Lehrern um diese herum sich eine Menge junger Männer versammle, die das Lehren lernen und ausüben zu gleicher Zeit, und in der Ausübung es immer besser lernen. Dies wird auch, falls diese Anstalten an= fangs mit der Dürftigkeit zu ringen haben sollten, die Erhaltung der Lehrer sehr erleichtern. Die meisten sind doch in der Absicht gegen= wärtig um selbst zu lernen; dafür mögen sie denn auch ohne ander=

weitige Entschädigung das Gelernte eine Zeit lang zum Vortheil der Anstalt, wo sie es lernten, anwenden.

Ferner bedarf eine solche Anstalt Dach und Fach, die erste Ausstattung und ein hinlängliches Stück Land. Daß im weitern Fortgange dieser Einrichtungen, wenn die verhältnißmäßige Menge von schon herangewachsener Jugend in den Jahren, wo sie nach der bisherigen Einrichtung als Dienstboten nicht blos ihren Unterhalt sondern zugleich auch ein Jahrlohn erwerben, sich in diesen Anstalten befinden wird, diese die schwächere Jugend übertragen, und bei der ohnedies nothwendigen Arbeitsamkeit und weisen Wirthschaft diese Anstalten sich größtentheils selbst werden erhalten können, scheint einzuleuchten. Fürs erste, solange die erstgenannte Art der Zöglinge noch nicht vorhanden ist, dürften dieselben größerer Zuschüsse bedürfen. Es ist zu hoffen, daß man sich zu Beiträgen, deren Ende man absieht, williger finden werde. Sparsamkeit, die dem Zwecke Eintrag thut, bleibe fern von uns, und ehe wir diese uns erlauben, ist es weit besser daß wir gar nichts thun.

Und so halte ich denn dafür, daß, blos guten Willen vorausgesetzt, bei der Ausführung dieses Plans keine Schwierigkeit ist, die nicht durch Vereinigung mehrerer und durch die Richtung aller ihrer Kräfte auf diesen einigen Zweck leichtlich sollte überwunden werden können.

Zwölfte Rede.

Ueber die Mittel, uns bis zur Erreichung unsers Hauptzwecks aufrecht zu erhalten.

Diejenige Erziehung, die wir den Deutschen zu ihrer künftigen Nationalerziehung vorschlagen, ist nun sattsam beschrieben. Wird das Geschlecht, das durch dieselbe gebildet ist, nur einmal dastehen, dieses lediglich durch seinen Geschmack am Rechten und Guten und schlechthin durch nichts anderes getriebene, dieses mit einem Verstande, der für seinen Standpunkt ausreichend das Rechte allemal sicher erkennt, versehene, dieses mit jeder geistigen und körperlichen Kraft, das Gewollte allemal durchzusetzen, ausgerüstete Geschlecht: so wird alles, was wir mit unsern kühnsten Wünschen begehren können, aus dem Dasein desselben von selbst sich ergeben und aus ihm natürlich hervorwachsen. Diese Zeit bedarf unserer Vorschriften so wenig, daß wir vielmehr von derselben zu lernen haben würden.

Da inzwischen dieses Geschlecht noch nicht gegenwärtig ist, sondern erst heraufgezogen werden soll, und, wenn auch alles über unser Erwarten trefflich gehen sollte, wir dennoch eines beträchtlichen Zwischenraums bedürfen werden um in jene Zeit hinüberzukommen, so entsteht die näherliegende Frage: Wie sollen wir uns auch nur durch diesen Zwischenraum hindurchbringen? Wie sollen wir, da wir nichts Besseres können, uns erhalten wenigstens als den Boden, auf dem die Verbesserung vorgehen, und als den Ausgangspunkt, an welchen dieselbe sich anknüpfen könne? Wie sollen wir verhindern, daß, wenn einst das also gebildete Geschlecht aus seiner Absonderung hervor unter uns träte, es nicht an uns eine Wirklichkeit vor sich finde, die nicht die mindeste Verwandtschaft habe zu der Ordnung der Dinge welche es als das Rechte begriffen, und in welcher niemand dasselbe verstehe oder den mindesten Wunsch und Bedürfniß einer solchen Ordnung der Dinge hege, sondern das Vorhandene als das ganz Natürliche und das einzig Mögliche ansehe? Würden nicht diese eine andere Welt im Busen Tragenden gar bald irre werden, und würde so nicht die neue Bildung ebenso

unnütz für die Verbesserung des wirklichen Lebens verhallen, wie
die bisherige Bildung verhallt ist? Geht die Mehrheit in ihrer bisherigen Unachtsamkeit, Gedanken=
losigkeit und Zerstreutheit so ferner hin, so ist gerade dieses als das
nothwendig sich Ergebende zu erwarten. Wer sich, ohne Aufmerk=
samkeit auf sich selbst, gehen läßt und von den Umständen sich ge=
stalten wie sie wollen, der gewöhnt sich bald an jede mögliche Ord=
nung der Dinge. So sehr auch sein Auge durch etwas beleidigt
werden mochte, als er es das erste mal erblickte: laßt es nur täglich
auf dieselbe Weise wiederkehren, so gewöhnt er sich daran und findet es
späterhin natürlich und als eben so sein müssend, gewinnt es zuletzt gar
lieb, und es würde ihm mit der Herstellung des erstern bessern Zustandes
wenig gedient sein, weil dieser ihn aus seiner nun einmal gewohnten
Weise zu sein herausrisse. Auf diese Weise gewöhnt man sich sogar an
Sklaverei, wenn nur unsere sinnliche Fortdauer dabei ungekränkt bleibt,
und gewinnt sie mit der Zeit lieb; und dies ist eben das Gefährlichste
an der Unterworfenheit, daß sie für alle wahre Ehre abstumpft und
sodann ihre sehr erfreuliche Seite hat für den Trägen, indem sie
ihn mancher Sorge und manches Selbstdenkens überhebt.

Laßt uns auf der Hut sein gegen diese Ueberraschung der
Süßigkeit des Dienens, denn diese raubt sogar unsern Nachkommen
die Hoffnung künftiger Befreiung. Wird unser äußeres Wirken in
hemmende Fesseln geschlagen, laßt uns desto kühner unsern Geist
erheben zum Gedanken der Freiheit, zum Leben in diesem Gedanken,
zum Wünschen und Begehren nur dieses einigen. Laßt die Frei=
heit auf einige Zeit verschwinden aus der sichtbaren Welt: geben
wir ihr eine Zuflucht im Innersten unsrer Gedanken, so lange bis
um uns herum die neue Welt emporwachse, die da Kraft habe diese
Gedanken auch äußerlich darzustellen. Machen wir uns mit dem=
jenigen was ohne Zweifel unserm Ermessen freibleiben muß, mit
unserm Gemüthe, zum Vorbilde, zur Weissagung, zum Bürgen des=
jenigen was nach uns Wirklichkeit werden wird. Lassen wir nur
nicht mit unserm Körper zugleich auch unsern Geist niedergebeugt
und unterworfen und in die Gefangenschaft gebracht werden!

Fragt man mich, wie dies zu erreichen sei, so ist darauf die
einzige alles in sich fassende Antwort diese: wir müssen eben zur
Stelle werden, was wir ohnedies sein sollten, Deutsche. Wir sollen
unsern Geist nicht unterwerfen: so müssen wir eben vor allen Dingen
einen Geist uns anschaffen, und einen festen und gewissen Geist;
wir müssen ernst werden in allen Dingen, und nicht fortfahren blos
leichtsinniger Weise und nur zum Scherze dazusein: wir müssen uns
haltbare und unerschütterliche Grundsätze bilden, die allem unserm
übrigen Denken und unserm Handeln zur festen Richtschnur dienen;
Leben und Denken muß bei uns aus Einem Stücke sein und ein

sich durchdringendes und gediegenes Ganzes; wir müssen in beiden der Natur und der Wahrheit gemäß werden und die fremden Kunst= stücke von uns werfen; wir müssen, um es mit einem Worte zu sagen, uns Charakter anschaffen; denn Charakter haben und deutsch sein ist ohne Zweifel gleichbedeutend, und die Sache hat in unsrer Sprache keinen besondern Namen weil sie eben ohne alles unser Wissen und Besinnung aus unserm Sein unmittelbar hervorgehen soll.

Wir müssen zuvörderst über die großen Ereignisse unsrer Tage, ihre Beziehung auf uns, und das was wir von ihnen zu erwarten haben, mit eigener Bewegung unsrer Gedanken nachdenken und uns eine klare und feste Ansicht von allen diesen Gegenständen und ein entschiedenes und unwandelbares Ja oder Nein über die hierher fallenden Fragen verschaffen; jeder, der den mindesten An= spruch auf Bildung macht, soll das. Das thierische Leben des Menschen läuft in allen Zeitaltern ab nach denselben Gesetzen, und hierin ist alle Zeit sich gleich. Verschiedene Zeiten sind da nur für den Verstand, und nur derjenige, der sie mit dem Begriffe durch= dringt, lebt sie mit und ist da zu dieser seiner Zeit; ein anderes Leben ist nur ein Thier= und Pflanzenleben. Alles was da ge= schieht unvernommen an sich vorübergehen zu lassen, gegen dessen Andrang wol gar geflissentlich Auge und Ohr zu verstopfen, sich dieser Gedankenlosigkeit wol gar noch als großer Weisheit zu rühmen, mag anständig sein einem Felsen, an den die Meereswellen schlagen ohne daß er es fühlt, oder einem Baumstamme, den Stürme hin und her reißen ohne daß er es bemerkt, keinesweges aber einem denkenden Wesen. Selbst das Schweben in höhern Kreisen des Denkens spricht nicht los von dieser allgemeinen Verbindlichkeit seine Zeit zu verstehen. Alles Höhere muß eingreifen wollen auf seine Weise in die unmittelbare Gegenwart, und wer wahrhaftig in jenem lebt, lebt zugleich auch in der letztern; lebte er nicht auch in dieser, so wäre dies der Beweis daß er auch in jenem nicht lebte, sondern in ihm nur träumte. Jene Achtlosigkeit auf das was unter unsern Augen vorgeht, und die künstliche Ableitung der allenfalls entstandenen Aufmerksamkeit auf andere Gegenstände, wäre das Erwünschteste was einem Feinde unsrer Selbständigkeit begegnen könnte. Ist er sicher daß wir uns bei keinem Dinge etwas denken, so kann er eben, wie mit leblosen Werkzeugen, alles mit uns vor= nehmen was er will: die Gedankenlosigkeit eben ist es, die sich an alles gewöhnt, wo aber der klare und umfassende Gedanke, und in diesem das Bild dessen was da sein sollte, immerfort wachsam bleibt, da kommt es zu keiner Gewöhnung.

Diese Reden haben zunächst Sie eingeladen, und sie werden einladen die ganze deutsche Nation, inwieweit es dermalen mög= lich ist dieselbe durch den Bücherdruck um sich zu versammeln, bei sich selbst eine feste Entscheidung zu fassen und innerlich mit sich einig zu werden über folgende Fragen: 1) ob es wahr sei oder nicht wahr, daß es eine deutsche Nation gebe, und daß deren Fortdauer in ihrem eigenthümlichen und selbständigen Wesen dermalen in Ge= fahr sei; 2) ob es der Mühe werth sei oder nicht werth sei, die= selbe zu erhalten; 3) ob es irgendein sicheres und durchgreifendes Mittel dieser Erhaltung gebe, und welches dieses Mittel sei.

Vorher war die hergebrachte Sitte unter uns diese, daß wenn irgendein ernsthaftes Wort, mündlich oder im Drucke, sich ver= nehmen ließ, das tägliche Geschwätz sich desselben bemächtigte und es in einen spaßhaften Unterhaltungsstoff seiner drückenden Lange= weile verwandelte. Zunächst um mich herum habe ich dermalen nicht, so wie ehemals, bemerkt daß man von meinen gegenwärtigen Vorträgen denselben Gebrauch gemacht hätte; von dem zeitigen Tone aber der geselligen Zusammenkünfte auf dem Boden des Bücher= drucks, ich meine die Literaturzeitungen und anderes Journalwesen, habe ich keine Kunde genommen, und weiß nicht ob von diesem sich Scherz oder Ernst erwarten lasse. Wie dies sich verhalten möge, meine Absicht wenigstens ist es nicht gewesen zu scherzen, und den bekannten Witz, den unser Zeitalter besitzt, wieder in den Gang zu bringen. Tiefer unter uns eingewurzelt, fast zur andern Natur geworden und das Gegentheil beinahe unerhört, war unter den Deutschen die Sitte, daß man alles, was auf die Bahn gebracht wurde, be= trachtete als eine Aufforderung an jeden, der einen Mund hätte, nur geschwind und auf der Stelle sein Wort auch dazuzugeben und uns zu berichten, ob er auch derselben Meinung sei oder nicht; nach welcher Abstimmung denn die ganze Sache vorbei sei, und das öffentliche Gespräch zu einem neuen Gegenstande eilen müsse. Auf diese Weise hatte sich aller literarischer Verkehr unter den Deutschen verwandelt, so wie die Echo der alten Fabel, in einen bloßen reinen Laut ohne allen Leib und körperlichen Gehalt. Wie in den bekannten schlechten Gesellschaften des persönlichen Verkehrs, so kam es auch in dieser nur darauf an daß die Menschenstimme forthalle, und daß jeder ohne Stocken sie aufnehme und sie dem Nachbar zuwerfe, keineswegs aber darauf was da ertönte. Was ist Charakterlosigkeit und Undeutschheit, wenn es das nicht ist? Auch dies ist nicht meine Absicht gewesen, dieser Sitte zu huldigen und nur das öffentliche Gespräch rege zu erhalten. Ich habe eben auch, indem ich etwas anderes wollte, meinen persönlichen Antheil zu dieser öffentlichen Unterhaltung schon vorlängst hinlänglich ab= getragen, und man könnte mich endlich davon lossprechen. Ich will nicht gerade auf der Stelle wissen, wie dieser oder jener über die in Anregung gebrachten Fragen denke, d. h. wie er bisher

darüber gedacht oder auch nicht gedacht habe. Er soll es bei sich selbst
überlegen und durchdenken, so lange bis sein Urtheil fertig ist und
vollkommen klar, und soll sich die nöthige Zeit dazu nehmen; und
geben ihm etwa die gehörigen Vorkenntnisse und der ganze Grad
der Bildung, der zu einem Urtheile in diesen Angelegenheiten erfordert
wird, noch ab, so soll er sich auch dazu die Zeit nehmen, sich dieselben
zu erwerben. Hat nun einer auf diese Weise sein Urtheil fertig
und klar, so wird nicht gerade verlangt daß er es auch öffentlich
abgebe; sollte dasselbe mit dem hier Gesagten übereinstimmen, so
ist dieses eben schon gesagt, und es bedarf nicht eines zweiten
Sagens, nur wer etwas Anderes und Besseres sagen kann, ist aufgefordert zu reden; dagegen aber soll es jeder in jedem Falle nach
seiner Weise und Lage wirklich leben und treiben.

Am allerwenigsten endlich ist es meine Absicht gewesen, an
diesen Reden unsern deutschen Meistern in Lehre und Schrift eine
Schreibeübung vorzulegen, damit sie dieselbe verbessern, und ich
bei dieser Gelegenheit erfahre was sich etwa von mir hoffen läßt.
Auch in dieser Rücksicht ist guter Lehre und Rathes schon sattsam
an mich gewendet worden, und es müßte sich schon jetzt gezeigt
haben, wenn Besserung zu erwarten wäre.

Nein, das war zunächst meine Absicht, aus dem Schwarme
von Fragen und Untersuchungen und aus dem Heere widersprechen-
der Meinungen über dieselben, in welchem die Gebildeten unter
uns bisher herumgeworfen worden sind, so viele derselben ich könnte
auf einen Punkt zu führen, bei welchem sie sich selbst standhielten,
und zwar auf denjenigen, der uns am allernächsten liegt, den unserer
eigenen gemeinschaftlichen Angelegenheiten; in diesem einigen Punkte
sie zu einer festen Meinung, bei der es nun unverrückt bleibe, und
zu einer Klarheit, in der sie wirklich sich zurechtfinden, zu bringen;
so viel anderes auch zwischen ihnen streitig sein möge, wenigstens
über dieses Eine sie zur Einmüthigkeit des Sinnes zu verbinden;
auf diese Weise endlich einen festen Grundzug des Deutschen hervorzubringen, den, daß er es gewürdigt habe sich über die Angelegenheit der Deutschen eine Meinung zu bilden; dagegen derjenige,
der über diesen Gegenstand nichts hören und nichts denken möchte,
von nun an mit Recht angesehen werden könnte als nicht zu uns
gehörend.

Die Erzeugung einer solchen festen Meinung, und die Vereinigung und das gegenseitige Sichverstehen mehrerer über diesen
Gegenstand, wird, so wie es unmittelbar die Rettung ist unsers Charakters aus der unserer unwürdigen Zerflossenheit, zugleich auch
ein kräftiges Mittel werden unsern Hauptzweck, die Einführung
der neuen Nationalerziehung, zu erreichen. Besonders darum weil
wir selber, sowol jeder mit sich als alle untereinander, niemals einig

waren, heute dieses und morgen etwas anderes wollten, und jeder
anders hineinschrie in das dumpfe Geräusch, sind auch unsere Re=
gierungen, die allerdings und oft mehr als rathsam war auf uns
hörten, irregemacht worden und haben hin und her geschwankt ebenso
wie unsre Meinung. Soll endlich 'einmal ein fester und gewisser
Gang in die gemeinsamen Angelegenheiten kommen: was verhindert
daß wir zunächst bei uns selbst anfangen und das Beispiel der
Entschiedenheit und Festigkeit geben? Lasse sich nur einmal eine
übereinstimmende und sich gleichbleibende Meinung hören, lasse ein
entschiedenes und als allgemein sich ankündigendes Bedürfniß sich
vernehmen, das der Nationalerziehung wie wir voraussetzen: ich
halte dafür, unsere Regierungen werden uns hören, sie werden
uns helfen, wenn wir die Neigung zeigen uns helfen zu lassen.
Wenigstens würden wir im entgegengesetzten Falle sodann erst das
Recht haben uns über sie zu beklagen; dermalen, da unsre Re=
gierungen ungefähr also sind wie wir sie wollen, steht uns das
Klagen übel an.

Ob es ein sicheres und durchgreifendes Mittel gebe zur Er=
haltung der deutschen Nation, und welches dieses Mittel sei, ist
die bedeutendste unter den Fragen, die ich dieser Nation zur
Entscheidung vorgelegt habe. Ich habe diese Frage beantwortet
und die Gründe meiner Art der Beantwortung dargelegt, keineswegs
um das Endurtheil vorzuschreiben, was zu nichts helfen könnte,
indem jeder, der in dieser Sache Hand anlegen soll, in seinem eigenen
Innern durch eigene Thätigkeit sich überzeugt haben muß, sondern
nur um zum eigenen Nachdenken und Urtheilen anzuregen. Ich muß
von nun an jeden sich selbst überlassen; nur warnen kann ich noch,
daß man durch seichte und oberflächliche Gedanken, die auch über
diesen Gegenstand sich im Umlaufe befinden, sich nicht täuschen,
vom tiefern Nachdenken sich nicht abhalten, und durch nichtige Ver=
tröstungen sich nicht abfinden lasse.

Wir haben z. B. schon lange vor den letzten Ereignissen,
gleichsam auf den Vorrath, hören müssen und es ist uns seitdem
häufig wiederholt worden, daß, wenn auch unsre politische Selb=
ständigkeit verloren sei, wir dennoch unsre Sprache behielten und
unsre Literatur, und in diesen immer eine Nation blieben, und
damit über alles andere uns leichtlich trösten könnten.

Worauf gründet sich denn zuvörderst die Hoffnung, daß wir
auch ohne politische Selbständigkeit dennoch unsere Sprache behalten
werden? Jene, die also sagen, schreiben doch wol nicht ihrem
Zureden und ihren Ermahnungen auf Kind und Kindeskind hinaus,
und auf alle künftigen Jahrhunderte, diese wunderwirkende Kraft
zu? Was von den jetzt lebenden und gemachten Männern sich ge=
wöhnt hat in deutscher Sprache zu reden, zu schreiben, zu lesen,

wird ohne Zweifel also fortfahren; aber was wird das nächst=
künftige Geschlecht thun, und was erst das dritte? Welches Gegen=
gewicht gedenken wir denn in diese Geschlechter hineinzulegen, das
ihrer Begierde, demjenigen, bei welchem aller Glanz ist und das
alle Begünstigungen austheilt, auch durch Sprache und Schrift zu
gefallen, die Wage halte? Haben wir denn niemals von einer
Sprache gehört, welche die erste der Welt ist, unerachtet bekannt
wird daß die ersten Werke in derselben noch zu schreiben sind, und
sehen wir nicht schon jetzt unter unsern Augen, daß Schriften, durch
deren Inhalt man zu gefallen hofft, in ihr erscheinen? Man be=
ruft sich auf das Beispiel zweier andern Sprachen, eine der alten,
eine der neuen Welt, welche unerachtet des politischen Unterganges
der Völker, die sie redeten, dennoch als lebendige Sprachen fort=
gedauert. Ich will in die Weise dieser Fortdauer nicht einmal hin=
eingehen; so viel aber ist auf den ersten Blick klar, daß beide Sprachen
etwas in sich hatten, das die unsrige nicht hat, wodurch sie vor
den Ueberwindern Gnade fanden, welche die unsrige niemals
finden kann. Hätten diese Vertröster besser um sich geschaut, so
würden sie ein anderes unseres Erachtens hier durchaus passendes
Beispiel gefunden haben, das der wendischen Sprache. Auch diese
dauert seit der Reihe von Jahrhunderten, daß das Volk derselben
seine Freiheit verloren hat, noch immer fort, in den ärmlichen Hütten
des an die Scholle gebundenen Leibeigenen nämlich, damit er in
ihr, unverstanden von seinem Bedrücker, sein Schicksal beklagen könne.

Oder setze man den Fall, daß unsre Sprache lebendig und eine
Schriftstellersprache bleibe und so ihre Literatur behalte: was kann
denn das für eine Literatur sein, die Literatur eines Volks ohne
politische Selbständigkeit? Was will denn der vernünftige Schrift=
steller, und was kann er wollen? Nichts anderes, denn eingreifen
in das allgemeine und öffentliche Leben und dasselbe nach seinem
Bilde gestalten und umschaffen; und wenn er dies nicht will, so ist
alles sein Reden leerer Laut zum Kitzel müßiger Ohren. Er will
ursprünglich und aus der Wurzel des geistigen Lebens heraus denken
für diejenigen, die ebenso ursprünglich wirken, d. i. regieren. Er
kann deswegen nur in einer solchen Sprache schreiben, in der auch
die Regierenden denken, in einer Sprache in der regiert wird, in
der eines Volkes, das einen selbständigen Staat ausmacht. Was
wollen denn zuletzt alle unsere Bemühungen selbst um die abge=
zogensten Wissenschaften? Lasset sein, der nächste Zweck dieser Be=
mühungen sei der, die Wissenschaft fortzupflanzen von Geschlecht
zu Geschlecht und in der Welt zu erhalten: warum soll sie denn
auch erhalten werden? Offenbar nur um zu rechter Zeit das all=
gemeine Leben und die ganze menschliche Ordnung der Dinge zu
gestalten. Dies ist ihr letzter Zweck; mittelbar dient sonach, sei es

auch erst in einer spätern Zukunft, jede wissenschaftliche Bestrebung
dem Staate. Gibt sie diesen Zweck auf, so ist auch ihre Würde
und ihre Selbständigkeit verloren. Wer aber diesen Zweck hat, der
muß schreiben in der Sprache des herrschenden Volkes.

Wie es ohne Zweifel wahr ist, daß allenthalben wo eine be=
sondere Sprache angetroffen wird, auch eine besondere Nation vor=
handen ist, die das Recht hat selbständig ihre Angelegenheiten
zu besorgen und sich selber zu regieren: so kann man umgekehrt
sagen, daß, wie ein Volk aufgehört hat sich selbst zu regieren, es
eben auch schuldig sei seine Sprache aufzugeben und mit den Ueber=
windern zusammenzufließen, damit Einheit, innerer Friede und die
gänzliche Vergessenheit der Verhältnisse, die nicht mehr sind, entstehe.
Ein nur halbverständiger Anführer einer solchen Mischung muß
hierauf dringen, und wir können uns sicher darauf verlassen daß
in unserm Falle darauf gedrungen werden wird. Bis diese Ver=
schmelzung erfolgt sei, wird es Uebersetzungen der verstatteten Schul=
bücher in die Sprache der Barbaren geben, d. i. derjenigen, die
zu ungeschickt sind die Sprache des herrschenden Volkes zu lernen,
und die eben dadurch von allem Einflusse auf die öffentlichen An=
gelegenheiten sich ausschließen und sich zur lebenslänglichen Unter=
würfigkeit verdammen; auch wird es diesen, die zur Stummheit
über die wirklichen Begebenheiten sich selbst verurtheilt haben, ver=
stattet werden an erdichteten Welthändeln ihre Redefertigkeit zu
üben, oder ehemalige und alte Formen sich selber nachzuahmen,
wo man für das erste an der zum Beispiel angeführten alten,
für das letzte an der neuen Sprache die Belege aufsuchen mag.
Eine solche Literatur möchten wir vielleicht noch auf einige Zeit
behalten, und mit derselben mag sich trösten der, der keinen bessern
Trost hat; daß aber auch solche, die wol fähig wären sich zu er=
mannen, die Wahrheit zu sehen und aufgeschreckt zu werden durch
ihren Anblick zu Entschluß und That, durch solchen nichtigen Trost,
mit welchem einem Feinde unsrer Selbständigkeit recht eigentlich ge=
dient sein würde, in dem trägen Schlummer erhalten werden: dieses
möchte ich verhindern wenn ich es könnte.

Man verheißt uns also die Fortdauer einer deutschen Literatur
auf die künftigen Geschlechter. Um die Hoffnungen, die wir hier=
über fassen können, näher zu beurtheilen, würde es sehr zuträglich
sein, sich umzusehen ob wir denn auch nur bis auf diesen Augen=
blick eine deutsche Literatur im wahren Sinne des Wortes noch
haben. Das edelste Vorrecht und das heiligste Amt des Schrift=
stellers ist dies, seine Nation zu versammeln und mit ihr über ihre
wichtigsten Angelegenheiten zu berathschlagen; ganz besonders aber
ist dies von jeher das ausschließende Amt des Schriftstellers ge=
wesen in Deutschland, indem dieses in mehrere abgesonderte Staaten

zertrennt war und als gemeinsames Ganzes fast nur durch das
Werkzeug des Schriftstellers, durch Sprache und Schrift, zusammen=
gehalten wurde; am eigentlichsten und dringendsten wird es sein
Amt in dieser Zeit, nachdem das letzte äußere Band, das die
Deutschen vereinigte, die Reichsverfassung, auch zerrissen ist. Sollte
es sich nun etwa zeigen — wir sprechen hieran nicht etwa aus
was wir wüßten oder befürchteten, sondern nur einen möglichen
Fall, auf den wir jedoch ebenfalls im voraus Bedacht nehmen
müssen — sollte es sich, sage ich, etwa zeigen, daß schon jetzt Diener
besonderer Staaten von Angst, Furcht und Schrecken so eingenommen
wären, daß sie solchen eine Nation eben noch als daseiend voraus=
setzenden und an dieselbe sich wendenden Stimmen zuerst das Laut=
werden oder durch Verbote die Verbreitung versagten: so wäre
dies ein Beweis, daß wir schon jetzt keine deutsche Schriftstellerei
mehr hätten, und wir wüßten wie wir mit den Aussichten auf eine
künftige Literatur daran wären.

Was könnte es doch sein, das diese fürchteten? Etwa daß
dieser und jener dergleichen Stimmen nicht gern hören werde? Sie
würden für ihre zarte Besorgtheit wenigstens die Zeit übel gewählt
haben. Schmähungen und Herabwürdigungen des Vaterländischen,
abgeschmackte Lobpreisungen des Ausländischen können sie ja doch
nicht verhindern; seien sie doch nicht so strenge gegen ein dazwischen=
tönendes vaterländisches Wort! Es ist wol möglich daß nicht alle
alles gleich gern hören; aber dafür können wir zur zeit nicht
sorgen, uns treibt die Noth, und wir müssen eben sagen was diese
zu sagen gebietet. Wir ringen ums Leben: wollen sie, daß wir
unsre Schritte abmessen, damit nicht etwa durch den erregten Staub
irgendein Staatskleid bestäubt werde? Wir gehen unter in den Fluten:
sollen wir nicht um Hülfe rufen, damit nicht irgendein schwach=
nerviger Nachbar erschreckt werde?

Wer sind denn diejenigen, die es nicht gerne hören könnten,
und unter welcher Bedingung könnten sie es denn nicht gern hören?
Allenthalben ist es nur die Unklarheit und die Finsterniß, die da
schreckt. Jedes Schreckbild verschwindet wenn man es fest ins Auge
faßt. Lasset uns mit derselben Unbefangenheit und Unumwunden=
heit, mit der wir bisher jeden in diese Vorträge fallenden Gegen=
stand zerlegt haben, auch diesem Schrecknisse unter die Augen treten.

Man nimmt an, entweder daß das Wesen, dem dermalen die
Leitung eines großen Theils der Weltangelegenheiten anheimgefallen
ist, ein wahrhaft großes Gemüth sei, oder man nimmt das Gegen=
theil an, und ein drittes ist nicht möglich. Im ersten Falle, wo=
rauf beruht denn alle menschliche Größe außer auf der Selbständig=
keit und Ursprünglichkeit der Person, und daß sie nicht sei ein er=
künsteltes Gemächte ihres Zeitalters, sondern ein Gewächs aus der

ewigen und ursprünglichen Geisterwelt, ganz so wie es ist hervor=
gewachsen, daß ihr eine neue und eigenthümliche Ansicht des Welt=
ganzen aufgegangen sei, und daß sie festen Willen habe und eiserne
Kraft, diese ihre Ansicht einzuführen in die Wirklichkeit? Aber es
ist schlechthin unmöglich daß ein solches Gemüth nicht auch außer
sich, an Völkern und einzelnen, ehre was in seinem Innern seine
eigene Größe ausmacht, die Selbständigkeit, die Festigkeit, die Eigen=
thümlichkeit des Daseins. So gewiß es sich in seiner Größe fühlt
und derselben vertraut, verschmäht es über armseligen Knechtssinn
zu herrschen und groß zu sein unter Zwergen; es verschmäht den
Gedanken, daß es die Menschen erst herabwürdigen müsse, um über
sie zu gebieten: es ist gedrückt durch den Anblick des dasselbe um=
gebenden Verderbens, es thut ihm weh die Menschen nicht achten
zu können; alles aber was sein verbrüdertes Geschlecht erhebt, ver=
edelt, in ein würdigeres Licht setzt, thut wohl seinem selbstedeln
Geiste und ist sein höchster Genuß. Ein solches Gemüth sollte un=
gern vernehmen, daß die Erschütterungen, die die Zeiten herbeige=
führt haben, benutzt werden um eine alte ehrwürdige Nation, den
Stamm der mehrsten Völker des neuen Europa und die Bildnerin aller,
aus dem tiefen Schlummer aufzuregen und dieselbe zu bewegen,
daß sie ein sicheres Verwahrungsmittel ergreife um sich zu er=
heben aus dem Verderben, welches dieselbe zugleich sichert nie wieder
herabzusinken und mit sich selbst zugleich alle übrigen Völker zu er=
heben? Es wird hier nicht angeregt zu ruhestörenden Auf=
tritten; es wird vielmehr vor diesen als sicher zum Verderben
führend gewarnt, es wird eine feste unwandelbare Grundlage an=
gegeben, worauf endlich in einem Volke der Welt die höchste, reinste
und noch niemals also unter den Menschen gewesene Sittlichkeit
aufgebaut, für alle folgende Zeiten gesichert, und von da aus über
alle andere Völker verbreitet werde; es wird eine Umschaffung des
Menschengeschlechts angegeben aus irdischen und sinnlichen Geschöpfen
zu reinen und edeln Geistern. Durch einen solchen Vorschlag,
meint man, könne ein Geist, der selbst rein ist und edel und groß,
oder irgendjemand, der nach ihm sich bildet, beleidigt werden?

Was würden dagegen diejenigen, welche diese Furcht hegten
und dieselbe durch ihr Handeln zugeständen, annehmen und laut
vor aller Welt bekennen daß sie es annehmen? Sie würden be=
kennen, daß sie glaubten daß ein menschenfeindliches und ein sehr
kleines und niedriges Princip über uns herrsche, dem jede Regung
selbständiger Kraft bange mache, der von Sittlichkeit, Religion, Ver=
edlung der Gemüther nicht ohne Angst hören könne, indem allein
in der Herabwürdigung der Menschen, in ihrer Dumpfheit und
ihren Lastern für ihn Heil sei und Hoffnung sich zu erhalten.
Mit diesem ihrem Glauben, der unsern andern Uebeln noch die drückende

Schmach hinzufügen würde, von einem solchen beherrscht zu sein, sollen wir nun ohne weiteres und ohne die vorhergegangen einleuchtende Beweisführung einverstanden sein und in demselben handeln?

Den schlimmsten Fall gesetzt, daß sie recht hätten, keineswegs aber wir die wir das erstere durch unsere That annehmen: soll denn nun wirklich, einem zu Gefallen dem damit gedient ist, und ihnen zu Gefallen die sich fürchten, das Menschengeschlecht herab=gewürdigt werden und versinken, und soll keinem, dem sein Herz es gebietet, erlaubt sein sie vor dem Verfalle zu warnen? Gesetzt daß sie nicht bloß recht hätten, sondern daß man sich auch noch ent=schließen sollte, im Angesichte der Mitwelt und der Nachwelt ihnen recht zu geben und das eben hingelegte Urtheil über sich selbst laut auszusprechen: was wäre denn nun das Höchste und Letzte, das für den unwillkommenen Warner daraus erfolgen könnte? Kennen sie etwas Höheres denn den Tod? Dieser erwartet uns ohnedies alle, und es haben vom Anbeginn der Menschheit an Edle um ge=ringerer Angelegenheiten willen — denn wo gab es jemals eine höhere als die gegenwärtige? — der Gefahr desselben getrotzt. Wer hat das Recht zwischen ein Unternehmen, das auf diese Ge=fahr begonnen ist, zu treten?

Sollte es, wie ich nicht hoffe, solche unter uns Deutschen geben, so würden diese ungebeten, ohne Dank und, wie ich hoffe, zurück=gewiesen ihren Hals dem Joche der geistigen Knechtschaft darbieten; sie würden, bitter schmähend indem sie staatsklug zu schmeicheln glauben, weil sie nicht wissen wie wahrer Größe zu Muthe ist, und die Gedanken derselben nach denen ihrer eigenen Kleinheit messen, sie würden die Literatur, mit der sie nichts anderes anzu=fangen wissen, gebrauchen um durch die Abschlachtung derselben als Opferthier ihren Hof zu machen. Wir dagegen preisen durch die That unsers Vertrauens und unsers Muthes, weit mehr denn Worte es je vermöchten, die Größe des Gemüthes, bei dem die Gewalt ist. Ueber das ganze Gebiet der ganzen deutschen Zunge hinweg, wo irgendhin unsre Stimme frei und unaufgehalten ertönt, ruft sie durch ihr bloßes Dasein den Deutschen zu: niemand will eure Unterdrückung, euern Knechtssinn, eure sklavische Unterwürfig=keit; sondern eure Selbständigkeit, eure wahre Freiheit, eure Er=hebung und Veredlung will man, denn man hindert nicht, daß man sich öffentlich mit euch darüber berathschlage und euch das un=fehlbare Mittel dazu zeige. Findet diese Stimme Gehör und den beabsichtigten Erfolg, so setzt sie ein Denkmal dieser Größe und unsers Glaubens an dieselbe ein in den Fortlauf der Jahrhunderte, welches keine Zeit zu zerstören vermag, sondern das mit jedem neuen Geschlechte höher wächst und sich weiter verbreitet. Wer darf sich gegen den Versuch setzen, ein solches Denkmal zu errichten?

Anstatt also mit der zukünftigen Blüte unserer Literatur über unsre verlorene Selbständigkeit uns zu trösten, und von der Aufsuchung eines Mittels, dieselbe wiederherzustellen, uns durch dergleichen Trost abhalten zu lassen, wollen wir lieber wissen, ob diejenigen Deutschen, denen eine Art von Bevormundung der Literatur zugefallen ist, den übrigen selbst schreibenden oder lesenden Deutschen eine Literatur im wahren Sinne des Worts noch bis diesen Tag erlauben, und ob sie dafür halten, daß eine solche Literatur dermalen in Deutschland noch erlaubt sei, oder nicht; wie sie aber wirklich darüber denken, das wird sich demnächst entscheiden müssen.

Nach allem ist das Nächste was wir zu thun haben, um bis zur völligen und gründlichen Verbesserung unseres Stammes uns auch nur aufzubehalten, dies, daß wir uns Charakter anschaffen, und diesen zunächst dadurch bewähren, daß wir uns durch eigenes Nachdenken eine feste Meinung bilden über unsere wahre Lage und über das sichere Mittel, dieselbe zu verbessern. Die Nichtigkeit des Trostes aus der Fortdauer unsrer Sprache und Literatur ist gezeigt. Noch aber gibt es andere, in diesen Reden noch nicht erwähnte Vorspiegelungen, welche die Bildung einer solchen festen Meinung verhindern. Es ist zweckmäßig, daß wir auch auf diese Rücksicht nehmen; jedoch behalten wir dieses Geschäft vor der nächsten Rede.

Dreizehnte Rede.

Fortsetzung der angefangenen Betrachtung.

————

Es sei noch ein Mehreres von nichtigen Gedanken und täu=
schenden Lehrgebäuden über die Angelegenheiten der Völker unter
uns im Umlaufe, welches die Deutschen verhindere eine ihrer Eigen=
thümlichkeit gemäße feste Ansicht über ihre gegenwärtige Lage zu fassen,
äußerten wir am Ende unserer vorigen Rede. Da diese Traumbilder
gerade jetzt mit größerm Eifer zur öffentlichen Verehrung herum=
geboten werden und, nachdem so vieles andere wankend geworden,
von manchem lediglich zur Ausfüllung der entstandenen leeren Stellen
aufgefaßt werden könnten, so scheint es zur Sache zu gehören, die=
selben mit größerm Ernste, als außerdem ihre Wichtigkeit verdienen
dürfte, einer Prüfung zu unterwerfen.

Zuvörderst und vor allen Dingen: Die ersten, ursprünglichen
und wahrhaft natürlichen Grenzen der Staaten sind ohne Zweifel
ihre innern Grenzen. Was dieselbe Sprache redet, das ist schon vor
aller menschlichen Kunst vorher durch die bloße Natur mit einer
Menge von unsichtbaren Banden aneinandergeknüpft; es versteht
sich untereinander und ist fähig sich immerfort klarer zu verständigen,
es gehört zusammen und ist natürlich Eins und ein unzertrennliches
Ganzes. Ein solches kann kein Volk anderer Abkunft und Sprache
in sich aufnehmen und mit sich vermischen wollen, ohne wenigstens
fürs erste sich zu verwirren und den gleichmäßigen Fortgang seiner
Bildung mächtig zu stören. Aus dieser innern, durch die geistige
Natur des Menschen selbst gezogenen Grenze ergibt sich erst die äußere
Begrenzung der Wohnsitze als die Folge von jener, und in der na=
türlichen Ansicht der Dinge sind keineswegs die Menschen, welche
innerhalb gewisser Berge und Flüsse wohnen, um deswillen Ein Volk,
sondern umgekehrt wohnen die Menschen beisammen und, wenn ihr

Glück es so gefügt hat, durch Flüsse und Berge gedeckt, weil sie schon früher durch ein weit höheres Naturgesetz Ein Volk waren. So saß die deutsche Nation, durch gemeinschaftliche Sprache und Denkart sattsam unter sich vereinigt und scharf genug abgeschnitten von den andern Völkern, in der Mitte von Europa da, als scheidender Wall nicht verwandter Stämme, zahlreich und tapfer genug um ihre Grenzen gegen jeden fremden Anfall zu schützen, sich selbst überlassen durch ihre ganze Denkart wenig geneigt Kunde von den benachbarten Völkerschaften zu nehmen, in derselben Angelegenheiten sich zu mischen und durch Beunruhigungen sie zur Feindseligkeit aufzureizen. Im Verlaufe der Zeiten bewahrte sie ihr günstiges Geschick vor dem unmittelbaren Antheile am Raube der andern Welten; dieser Begebenheit, durch welche vor allen andern die Weise der Fortentwickelung der neuern Weltgeschichte, die Schicksale der Völker und der größte Theil ihrer Begriffe und Meinungen begründet worden sind. Seit dieser Begebenheit erst zertheilte sich das christliche Europa, das vorher, auch ohne sein eigenes deutliches Bewußtsein, Eins gewesen war und als solches in gemeinschaftlichen Unternehmungen sich gezeigt hatte, in mehrere abgesonderte Theile; seit jener Begebenheit erst war eine gemeinschaftliche Beute aufgestellt, nach der jeder auf die gleiche Weise begehrte, weil alle sie auf die gleiche Weise brauchen konnten, und die jeder mit Eifersucht in den Händen des andern erblickte; erst nun war ein Grund vorhanden zu geheimer Feindschaft und Kriegslust aller gegen alle. Auch wurde es nun erst zum Gewinne für Völker, Völker auch anderer Abkunft und Sprachen durch Eroberung oder, wenn dies nicht möglich wäre, durch Bündnisse sich einzuverleiben und ihre Kräfte sich zuzueignen. Ein der Natur treu gebliebenes Volk kann, wenn seine Wohnsitze ihm zu enge werden, dieselben durch Eroberung des benachbarten Bodens erweitern wollen, um mehr Raum zu gewinnen, und es wird sodann die frühern Bewohner vertreiben; es kann einen rauhen und unfruchtbaren Himmelsstrich gegen einen mildern und gesegnetern vertauschen wollen, und es wird in diesem Falle abermals die frühern Besitzer austreiben; es kann, wenn es auch ausartet, bloße Raubzüge unternehmen, auf denen es, ohne des Bodens oder der Bewohner zu begehren, blos alles Brauchbaren sich bemächtigt und die ausgeleerten Länder wieder verläßt; es kann endlich die frühern Bewohner des eroberten Bodens als eine gleichfalls brauchbare Sache wie Sklaven der einzelnen unter sich vertheilen: aber daß es die fremde Völkerschaft, so wie dieselbe besteht, als Bestandtheile des Staats sich anfüge, dabei hat es nicht den geringsten Gewinn, und es wird niemals in Versuchung kommen dies zu thun. Ist aber der Fall der, daß einem gleich starken oder wol noch stärkern Nebenbuhler eine reizende gemeinschaftliche Beute abgekämpft werden soll, so steht die Rechnung anders. Wie auch übrigens sonst das überwundene Volk zu uns passen möge, so sind wenigstens seine Fäuste zur Bekämpfung des von uns zu beraubenden Gegners brauchbar, und jedermann ist uns als eine Vermehrung der öffentlichen Streitkraft willkommen. So nun irgendeinem Weisen, der Friede und Ruhe gewünscht hätte, über diese Lage der Dinge die Augen klar aufgegangen wären, wovon hätte derselbe Ruhe erwarten können? Offenbar nicht von der natürlichen Beschränkung der menschlichen Habsucht, dadurch daß das Ueberflüssige keinem nütze, denn eine Beute, wodurch alle versucht werden, war vorhanden; und ebenso wenig hätte er sie erwarten können von dem sich selbst eine Grenze setzenden Willen, denn unter solchen, von denen jedweder alles an sich reißt was er vermag, muß der sich selbst Beschränkende nothwendig zu Grunde gehen. Keiner will mit dem andern theilen was er dermalen zu eigen besitzt; jeder will dem andern das Seinige rauben, wenn er irgend kann. Ruht einer, so geschieht dies nur darum, weil er sich nicht für stark genug hält Streit anzufangen; er wird ihn sicher anfangen, sobald er die erforderliche Stärke in sich verspürt. Somit ist das einzige Mittel die Ruhe zu erhalten dieses, daß niemals einer zu der Macht gelange dieselbe stören zu können, und daß jedweder wisse, es sei auf der andern Seite gerade so viel Kraft zum Widerstande als auf seiner Seite sei zum Angriffe, daß also ein Gleichgewicht und Gegengewicht der gesammten Macht entstehe, wodurch allein, nachdem alle andere Mittel verschwunden sind, jeder in seinem gegenwärtigen Besitzstande und alle in Ruhe erhalten werden. Diese beiden Stücke demnach: einen Raub, auf den kein einziger einiges Recht habe, alle aber nach ihm die gleiche Begierde, sodann die allgemeine, immerfort thätig sich regende wirkliche Raubsucht, setzt jenes bekannte System eines Gleichgewichts der Macht in Europa voraus; und unter diesen Voraussetzungen würde dieses Gleichgewicht freilich das einzige Mittel sein die Ruhe zu erhalten, wenn nur erst das zweite Mittel gefunden wäre, jenes Gleichgewicht hervorzubringen und es aus einem leeren Gedanken in ein wirkliches Ding zu verwandeln.

Aber waren denn auch jene Voraussetzungen allgemein und ohne alle Ausnahme zu machen? War nicht im Mittelpunkte von Europa die übermächtige deutsche Nation rein geblieben von dieser Beute und von der Ansteckung mit der Lust danach, und fast ohne Vermögen Anspruch auf dieselbe zu machen? Wäre nur diese zu Einem gemeinschaftlichen Willen und Einer gemeinschaftlichen Kraft vereinigt geblieben, hätten doch dann die übrigen Europäer sich morden mögen in allen Meeren und auf allen Inseln und Küsten: in der Mitte von Europa hätte der feste Wall der Deutschen sie verhindert aneinanderzukommen, hier wäre Friede geblieben, und die Deutschen

hätten sich, und mit sich zugleich einen Theil der übrigen europäi=
schen Völker, in Ruhe und Wohlstand erhalten.

Es war dem nur den nächsten Augenblick berechnenden Eigen=
nutze des Auslandes nicht gemäß, daß es also bliebe. Sie fanden
die deutsche Tapferkeit brauchbar, um durch sie ihre Kriege zu führen,
und die Hände derselben, um mit ihnen ihren Nebenbuhlern die Beute
zu entreißen; es mußte ein Mittel gefunden werden um diesen Zweck
zu erreichen, und die ausländische Schlauheit siegte leicht über die
deutsche Unbefangenheit und Verdachtlosigkeit. Das Ausland war
es, welches zuerst der über Religionsstreitigkeiten entstandenen Ent=
zweiung der Gemüther in Deutschland sich bediente, um diesen In=
begriff des gesammten christlichen Europa im kleinen aus der innig
verwachsenen Einheit ebenso in abgesonderte und für sich bestehende
Theile künstlich zu zertrennen, wie erst jenes über einen gemeinsamen
Raub sich natürlich zertrennt hatte; das Ausland wußte diese also
entstandenen besondern Staaten im Schoße der Einen Nation, die
keinen Feind hatte denn das Ausland selbst, und keine Angelegen=
heit denn die gemeinsame, gegen die Verführungen und die Hinter=
list dieses mit vereinigter Kraft sich zu setzen — es mußte diese ein=
ander gegenseitig vorzustellen als natürliche Feinde, gegen die jeder
immerfort auf der Hut sein müsse, sich selbst dagegen darzustellen als
die natürlichen Verbündeten gegen diese von den eigenen Landsleuten
drohende Gefahr, als die Verbündeten mit denen allein sie selbst
ständen oder fielen, und die sie daher gleichfalls in ihren Unterneh=
mungen mit aller ihrer Macht unterstützen müßten. Nur durch die=
ses künstliche Bindungsmittel wurden alle Zwiste, die über irgend=
einen Gegenstand in der alten oder neuen Welt sich entspinnen
mochten, zu eigenen Zwisten der deutschen Stämme untereinander;
jeder aus irgendeinem Grunde entstandene Krieg mußte auf deutschem
Boden und mit deutschem Blute ausgefochten werden, jede Verrückung
des Gleichgewichts in derjenigen Nation, der der ganze Urquell die=
ser Verhältnisse fremd war, ausgeglichen werden, und die deutschen
Staaten, deren abgesondertes Dasein schon gegen alle Natur und
Vernunft stritt, mußten, damit sie doch etwas wären, zu Zulagen
gemacht werden zu den Hauptgewichten in der Wage des europäischen
Gleichgewichts, deren Zuge sie blind und willenlos folgten. So wie
man in manchem ausländischen Staate die Bürger bezeichnet dadurch,
daß sie von dieser oder einer andern fremden Partei seien und
für dieses oder jenes auswärtige Bündniß stimmten, solche aber, die
von der vaterländischen Partei seien, nicht namhaft zu machen weiß:
so waren die Deutschen schon längst nur für irgendeine fremde Par=
tei, und man traf selten auf einen, der die Partei der Deutschen ge=
halten und gemeint hätte, daß dieses Land sich mit sich selbst ver=
bünden sollte.

Dies also ist der wahre Ursprung und die Bedeutung, dies der Erfolg für Deutschland und für die Welt von dem berüchtigten Lehrgebäude eines künstlich zu erhaltenden Gleichgewichts der Macht unter den europäischen Staaten. Wäre das christliche Europa Eins geblieben, wie es sollte und wie es ursprünglich war, so hätte man nie Veranlassung gehabt einen solchen Gedanken zu erzeugen; das Eine ruht auf sich selbst und trägt sich selbst und zertheilt sich nicht in streitende Kräfte, die miteinander in ein Gleichgewicht gebracht werden müßten; nur für das unrechtlich gewordene und zertheilte Europa erhielt jener Gedanke eine nothdürftige Bedeutung. Zu diesem unrechtlich gewordenen und zertheilten Europa gehörte Deutschland nicht. Wäre nur wenigstens dieses Eins geblieben, so hätte es auf sich selbst geruht im Mittelpunkte der gebildeten Erde, so wie die Sonne im Mittelpunkte der Welt; es hätte sich in Ruhe erhalten, und durch sich seine nächste Umgebung, und hätte, ohne alle künstliche Vorkehrung, durch sein bloßes natürliches Dasein allem das Gleichgewicht gegeben. Nur der Trug des Auslandes mischte dasselbe in seine Unrechtlichkeit und seine Zwiste und brachte ihm jenen hinterlistigen Begriff bei, als eins der wirksamsten Mittel dasselbe über seinen wahren Vortheil zu täuschen und in der Täuschung zu erhalten. Dieser Zweck ist nun hinlänglich erreicht, und der beabsichtigte Erfolg liegt vollendet da vor unsern Augen. Können wir nun auch diesen nicht aufheben, warum sollen wir nicht wenigstens die Quelle desselben in unserm eigenen Verstande, der fast noch das einzige ist, das unserer Botmäßigkeit überlassen geblieben, austilgen? Warum soll das alte Traumbild noch immer uns vor die Augen gestellt werden, nachdem das Uebel uns aus dem Schlafe geweckt hat? Warum sollen wir nicht wenigstens jetzt die Wahrheit sehen und das einzige Mittel, das uns hätte erretten können, erblicken — ob vielleicht unsere Nachkommen thun möchten, was wir einsehen; so wie wir jetzt leiden, weil unsere Väter träumten. Laßt uns begreifen, daß der Gedanke eines künstlich zu erhaltenden Gleichgewichts zwar für das Ausland ein tröstender Traum sein konnte bei der Schuld und dem Uebel, welche dasselbe drückten; daß er aber, als ein durchaus ausländisches Erzeugniß, niemals in dem Gemüthe eines Deutschen hätte Wurzel fassen, und die Deutschen niemals in die Lage hätten kommen sollen daß er bei ihnen Wurzel fassen gekonnt hätte; daß wir wenigstens jetzt in seiner Nichtigkeit ihn durchdringen, und daß wir einsehen müssen daß nicht bei ihm, sondern allein bei der Einigkeit der Deutschen unter sich selber das allgemeine Heil zu finden sei.

Ebenso fremd ist dem Deutschen die in unsern Tagen so häufig gepredigte Freiheit der Meere; ob nun wirklich diese Freiheit, oder blos das Vermögen daß man selbst alle andern von derselben aus-

schließen könne, beabsichtigt werde. Jahrhunderte hindurch, während
des Wetteifers aller andern Nationen, hat der Deutsche wenig Be=
gierde gezeigt an derselben in einem ausgedehnten Maße theilzu=
nehmen, und er wird es nie. Auch bedarf er derselben nicht. Sein
reichlich ausgestattetes Land und sein Fleiß gewährt ihm alles, dessen
der gebildete Mensch zum Leben bedarf; an Kunstfertigkeit, dasselbe
für den Zweck zu verarbeiten, gebricht es ihm auch nicht: und um
den einigen wahrhaften Gewinn, den der Welthandel mit sich führt,
die Erweiterung der wissenschaftlichen Kenntniß der Erde und ihrer
Bewohner, an sich zu bringen, wird es sein eigener wissenschaftlicher
Geist ihm nicht an einem Tauschmittel fehlen lassen. O möchte doch
nur den Deutschen sein günstiges Geschick ebenso vor dem mittelbaren
Antheile an der Beute der andern Welt bewahrt haben, wie es ihn
vor dem unmittelbaren bewahrte! Möchte Leichtgläubigkeit, und die
Sucht auch fein und vornehm zu leben wie die andern Völker, uns
nicht die entbehrlichen Waaren, die in fremden Welten erzeugt wer=
den, zum Bedürfnisse gemacht haben; möchten wir in Absicht der
weniger entbehrlichen lieber unserm freien Mitbürger erträgliche Be=
dingungen haben machen, als von dem Schweiße und Blute eines
armen Sklaven jenseit der Meere Gewinn ziehen wollen: so hätten
wir wenigstens nicht selbst den Vorwand geliefert zu unserm der=
maligen Schicksale und würden nicht bekriegt als Abkäufer und zu
Grunde gerichtet als ein Marktplatz. Fast vor einem Jahrzehnt,
ehe irgendjemand voraussehen konnte was seitdem sich ereignet, ist
den Deutschen gerathen worden, vom Welthandel sich unabhängig zu
machen und als Handelsstaat sich zu schließen. Dieser Vorschlag ver=
stieß gegen unsere Gewöhnungen, besonders aber gegen unsere ab=
göttische Verehrung der ausgeprägten Metalle, und wurde leidenschaft=
lich angefeindet und beiseitegeschoben. Seitdem lernen wir, durch
fremde Gewalt genöthigt und mit Unehre, das und noch weit mehr
entbehren, was wir damals mit Freiheit und zu unserer höchsten Ehre
nicht entbehren zu können versicherten. Möchten wir diese Gelegen=
heit, da der Genuß wenigstens uns nicht besticht, ergreifen, um auf
immer unsere Begriffe zu berichtigen! Möchten wir endlich einsehen,
daß alle jene schwindelnden Lehrgebäude über Welthandel und Fabri=
kation für die Welt zwar für den Ausländer passen und gerade unter
die Waffen desselben gehören, womit er von jeher uns bekriegt hat,
daß sie aber bei den Deutschen keine Anwendung haben, und daß,
nächst der Einigkeit dieser unter sich selber, ihre innere Selbständig=
keit und Handelsunabhängigkeit das zweite Mittel ist ihres Heils, und
durch sie des Heils von Europa.
      Wage man es endlich auch noch das Traumbild einer Universal=
monarchie, das, an die Stelle des seit einiger Zeit immer unglaub=
licher werdenden Gleichgewichts, der öffentlichen Verehrung dargeboten

zu werden anfängt, in seiner Hassenswürdigkeit und Vernunftlosigkeit zu erblicken. Die geistige Natur vermochte das Wesen der Mensch= heit nur in höchst mannichfaltigen Abstufungen an einzelnen und an der Einzelheit im großen und ganzen, an Völkern, darzustellen. Nur wie jedes dieser letzten, sich selbst überlassen, seiner Eigenheit gemäß, und in jedem derselben jeder einzelne jener gemeinsamen sowie seiner besondern Eigenheit gemäß sich entwickelt und gestaltet, tritt die Er= scheinung der Gottheit in ihrem eigentlichen Spiegel heraus, so wie sie soll; und nur der, der entweder ohne alle Ahnung für Gesetz= mäßigkeit und göttliche Ordnung oder ein verstockter Feind derselben wäre, könnte einen Eingriff in jenes höchste Gesetz der Geisterwelt wagen wollen. Nur in den unsichtbaren und den eigenen Augen verborgenen Eigenthümlichkeiten der Nationen, als demjenigen wo= durch sie mit der Quelle ursprünglichen Lebens zusammenhängen, liegt die Bürgschaft ihrer gegenwärtigen und zukünftigen Würde, Tugend, Verdienstes; werden diese durch Vermischung und Verreibung abge= stumpft, so entsteht Abtrennung von der geistigen Natur, aus dieser Flachheit, aus dieser die Verschmelzung aller zu dem gleichmäßigen und aneinanderhangenden Verderben. Sollen wir es den Schrift= stellern, die über alle unsere Uebel uns mit der Aussicht trösten, daß wir dafür auch Unterthanen der beginnenden neuen Universalmon= archie sein werden, glauben, daß irgendjemand eine solche Zerreibung aller Keime des Menschlichen in der Menschheit beschlossen habe, um den zerfließenden Teig in irgendeine Form zu drücken, und daß eine so ungeheure Roheit oder Feindseligkeit gegen das menschliche Ge= schlecht in unserm Zeitalter möglich sei? Oder wenn wir uns auch entschließen wollten dieses durchaus Unglaubliche fürs erste zu glau= ben: durch welches Werkzeug soll denn ferner ein solcher Plan aus= geführt werden, welche Art von Volk soll es denn sein, die bei dem gegenwärtigen Bildungszustande von Europa für irgendeinen neuen Universalmonarchen die Welt erobere? Schon seit einer Reihe von Jahrhunderten haben die Völker Europas aufgehört Wilde zu sein und einer zerstörenden Thätigkeit um ihrer selbst willen sich zu freuen. Alle suchen hinter dem Kriege einen endlichen Frieden, hinter der Anstrengung die Ruhe, hinter der Verwirrung die Ordnung, und alle wollen ihre Laufbahn mit dem Frieden eines häuslichen und stillen Lebens gekrönt sehen. Auf eine Zeit lang mag selbst ein nur vorgebildeter Nationalvortheil sie zum Kriege begeistern; wenn die Aufforderung immer auf dieselbe Weise zurückkehrt, verschwindet das Traumbild und die Fieberkraft, die dasselbe gegeben hat, die Sehn= sucht nach ruhiger Ordnung kehrt zurück, und die Frage: für welchen Zweck thue und trage ich denn nun dies alles? erhebt sich. Diese Gefühle alle müßte zuvörderst ein Welteroberer unserer Zeit aus= tilgen und in dieses Zeitalter, das durch seine Natur ein Volk von

Wilden nicht gibt, mit beſonnener Kunſt eins hineinbilden. Aber noch mehr. Dem von Jugend auf an einen gebildeten Anbau der Länder, an Wohlſtand und Ordnung gewöhnten Auge thut, wenn man den Menſchen nur ein wenig zur Ruhe kommen läßt, der An⸗ blick derſelben, allenthalben wo er ihn antrifft, wohl, indem er ihm den Hintergrund ſeiner eigenen, doch niemals ganz auszurottenden Sehnſucht darſtellt, und es ſchmerzt ihn ſelbſt denſelben zerſtören zu müſſen. Auch gegen dieſes dem geſellſchaftlichen Menſchen tief ein⸗ geprägte Wohlwollen und gegen die Wehmuth über die Uebel, die der Krieger über die eroberten Länder bringt, muß ein Gegengewicht gefunden werden. Es gibt kein anderes denn die Raubſucht. Wird es zum herrſchenden Antrieb des Kriegers ſich einen Schatz zu machen, und wird er gewöhnt bei Verheerung blühender Länder an nichts anderes mehr zu denken, denn daran was er für ſeine Perſon bei dem allgemeinen Elende gewinnen könne, ſo iſt zu erwarten daß die Gefühle des Mitleids und des Erbarmens in ihm verſtummen. Außer jener barbariſchen Roheit müßte demnach ein Welteroberer unſerer Zeit die Seinigen auch noch zur kühlen und beſonnenen Raub⸗ ſucht bilden; er müßte Erpreſſungen nicht beſtrafen, ſondern vielmehr aufmuntern. Auch müßte die Schande, die natürlich auf der Sache ruht, erſt wegfallen, und Rauben müßte für ein ehrenvolles Zeichen eines feinen Verſtandes gelten, zu den Großthaten gezählt werden und den Weg zu allen Ehren und Würden bahnen. Wo iſt eine Nation im neuern Europa alſo ehrlos, daß man ſie auf dieſe Weiſe abrichten könnte? Oder geſetzt daß ihm ſelbſt dieſe Umbildung ge⸗ länge, ſo wird nun gerade durch ſein Mittel die Erreichung ſeines Zwecks vereitelt werden. Ein ſolches Volk erblickt von nun an in eroberten Menſchen, Ländern und Kunſterzeugungen nichts mehr denn ein Mittel in höchſter Eile Geld zu machen, um weiterzugehen und abermals Geld zu machen; es erpreßt ſchnell und wirft das Aus⸗ geſogene weg auf jedes mögliche Schickſal; es haut ab den Baum, zu deſſen Früchten es gelangen will: wer mit ſolchen Werkzeugen handelt, dem werden alle Künſte der Verführung, der Ueberredung und des Truges vereitelt; nur aus der Entfernung können ſie täu⸗ ſchen, wie man ſie in der Nähe erblickt, fällt die thieriſche Roheit und die ſchamloſe und freche Raubſucht ſelbſt dem Blödſinnigſten in die Augen, und der Abſcheu des ganzen menſchlichen Geſchlechts er⸗ klärt ſich laut. Mit ſolchen kann man die Erde zwar ausplündern und wüſte machen und ſie zu einem dumpfen Chaos zerreiben, nimmer⸗ mehr aber ſie zu einer Univerſalmonarchie ordnen.

Die genannten Gedanken, und alle Gedanken dieſer Art, ſind Erzeugniſſe eines blos mit ſich ſelber ſpielenden und in ſeinem Ge⸗ ſpinſte zuweilen auch hängen bleibenden Denkens, unwerth deutſcher Gründlichkeit und Ernſtes. Höchſtens ſind einige dieſer Bilder, wie

z. B. das eines politischen Gleichgewichts, taugliche Hülfslinien um
in einem ausgedehnten und verworrenen Mannichfaltigen der Erschei=
nung sich zurechtzufinden und es zu ordnen; aber an das natür=
liche Vorhandensein dieser Dinge zu glauben oder ihre Verwirklichung
anzustreben, ist ebenso, als ob jemand die Pole, die Mittagslinie, die
Wendekreise, durch die seine Betrachtung auf der Erde sich zurecht=
findet, an der wirklichen Erdkugel ausgedrückt und bezeichnet aufsuchte.
Möchte es Sitte werden in unserer Nation, nicht blos zum Scherze
und gleichsam versuchend was dabei herauskommen werde, zu denken,
sondern also als ob wahr sein solle und wirklich gelten im Leben
was wir denken: so wird es überflüssig werden, vor solchen Trug=
gestalten einer ursprünglich ausländischen und die Deutschen blos be=
rückenden Staatsklugheit zu warnen.

Diese Gründlichkeit, Ernst und Gewicht unserer Denkweise wird,
wenn wir sie einmal besitzen, auch hervorbrechen in unserm Leben.
Besiegt sind wir; ob wir nun zugleich auch verachtet und mit Recht
verachtet sein wollen, ob wir zu allem andern Verluste auch noch die
Ehre verlieren wollen, das wird noch immer von uns abhängen.
Der Kampf mit den Waffen ist beschlossen; es erhebt sich, so wir es
wollen, der neue Kampf der Grundsätze, der Sitten, des Charakters.

Geben wir unsern Gästen ein Bild treuer Anhänglichkeit an
Vaterland und Freunde, unbestechlicher Rechtschaffenheit und Pflicht=
liebe, aller bürgerlichen und häuslichen Tugenden als freundliches
Gastgeschenk mit in ihre Heimat, zu der sie doch wol endlich einmal
zurückkehren werden. Hüten wir uns, sie zur Verachtung gegen uns
einzuladen; durch nichts aber würden wir es sicherer, als wenn wir
sie entweder übermäßig fürchteten, oder unsere Weise dazusein auf=
zugeben und in der ihrigen ihnen ähnlich zu werden strebten. Fern
zwar sei von uns die Ungebühr, daß der einzelne die einzelnen
herausfordere und reize; übrigens aber wird es die sicherste Maß=
regel sein, allenthalben unsern Weg also fortzugehen, als ob wir mit
uns selber allein wären, und durchaus kein Verhältniß anzuknüpfen
das uns die Nothwendigkeit nicht schlechthin auflegt; und das sicherste
Mittel hierzu wird sein, daß jeder sich mit dem begnüge was die
alten vaterländischen Verhältnisse ihm zu leisten vermögen, die ge=
meinschaftliche Last nach seinen Kräften mittrage, jede Begünstigung
aber durch das Ausland für eine entehrende Schmach halte. Leider
ist es beinahe allgemeine europäische, und so auch deutsche Sitte ge=
worden, daß man im Falle der Wahl lieber sich wegwerfen, denn
als das erscheinen wolle was man imponirend nennt, und es dürfte
vielleicht das ganze Lehrgebäude der angenommenen guten Lebens=
art auf die Einheit jenes Grundsatzes sich zurückführen lassen. Möch=
ten wir Deutsche bei der gegenwärtigen Veranlassung lieber gegen
diese Lebensart denn gegen etwas Höheres verstoßen! Möchten wir,

obwol dies ein ſolcher Verſtoß ſein dürfte, bleiben ſo wie wir ſind,
ja, wenn wir es vermöchten, noch ſtärker und entſchiedener werden,
alſo wie wir ſein ſollen! Möchten wir der Ausſtellungen die man
uns zu machen pflegt, daß es uns gar ſehr an Schnelligkeit und
leichter Fertigkeit gebreche, und daß wir über allem zu ernſt, zu ſchwer
und zu gewichtig werden, uns ſo wenig ſchämen, daß wir uns viel=
mehr beſtrebten ſie immer mit größerm Rechte und in weiterer Aus=
dehnung zu verdienen. Es befeſtige uns in dieſem Entſchluſſe die
leicht zu erlangende Ueberzeugung, daß wir mit aller unſerer Mühe
dennoch niemals jenen recht ſein werden, wenn wir nicht ganz auf=
hören wir ſelber zu ſein, was dem überhaupt gar nicht mehr Da=ſein
gleich gilt. Es gibt nämlich Völker, welche, indem ſie ſelbſt ihre
Eigenthümlichkeit beibehalten und dieſelbe geehrt wiſſen wollen, auch
den andern Völkern die ihrigen zugeſtehen und ſie ihnen gönnen und   ⋀
verſtatten; zu dieſen gehören ohne Zweifel die Deutſchen, und es iſt
dieſer Zug in ihrem ganzen vergangenen und gegenwärtigen Welt=
leben ſo tief begründet, daß ſie ſehr oft, um gerecht zu ſein ſowol
gegen das gleichzeitige Ausland als gegen das Alterthum, ungerecht
geweſen ſind gegen ſich ſelbſt. Wiederum gibt es andere Völker,
denen ihr eng in ſich ſelbſt verwachſenes Selbſt niemals die Frei=
heit geſtattet, ſich zu kalter und ruhiger Betrachtung des Fremden ab=
zuſondern, und die daher zu glauben genöthigt ſind, es gebe nur eine
einzige mögliche Weiſe als gebildeter Menſch zu beſtehen, und dies
ſei jedesmal die, welche in dieſem Zeitpunkte gerade ihnen irgend=
ein Zufall angeworfen; alle übrigen Menſchen in der Welt hätten
keine andere Beſtimmung, denn alſo zu werden wie ſie ſind, und ſie
hätten ihnen den größten Dank abzuſtatten, wenn ſie die Mühe über
ſich nehmen wollten ſie alſo zu bilden. Zwiſchen Völkern der erſten
Art findet eine der Ausbildung zum Menſchen überhaupt höchſt wohl=
thätige Wechſelwirkung der gegenſeitigen Bildung und Erziehung ſtatt,
und eine Durchdringung bei welcher dennoch jeder, mit dem guten
Willen des andern, ſich ſelbſt gleich bleibt. Völker von der zweiten
Art vermögen nichts zu bilden, denn ſie vermögen nichts in ſeinem
vorhandenen Sein anzufaſſen; ſie wollen nur alles Beſtehende ver=
nichten und außer ſich allenthalben eine leere Stätte hervorbringen,
in der ſie nur immer die eigene Geſtalt wiederholen können; ſelbſt
ihr anfängliches ſcheinbares Hineingehen in fremde Sitte iſt nur die
gutmüthige Herablaſſung des Erziehers zum jetzt noch ſchwachen, aber
gute Hoffnung gebenden Lehrlinge; ſelbſt die Geſtalten der vollen=
deten Vorwelt gefallen ihnen nicht bis ſie dieſelben in ihr Gewand
gehüllt haben, und ſie würden, wenn ſie könnten, dieſelben aus den
Gräbern aufwecken um ſie nach ihrer Weiſe zu erziehen. Ferne
zwar bleibe von mir die Vermeſſenheit, irgendeine vorhandene Nation
im ganzen und ohne Ausnahme jener Beſchränktheit zu beſchuldigen.

Laßt uns vielmehr annehmen, daß auch hier diejenigen, die sich nicht äußern, die bessern sind. Soll man aber die, die unter uns er= schienen sind und sich geäußert haben, nach diesen ihren Aeußerungen beurtheilen, so scheint zu folgen daß sie in die geschilderte Klasse zu setzen sind. Eine solche Aeußerung scheint eines Beleges zu be= dürfen, und ich führe, von den übrigen Ausflüssen dieses Geistes, die vor den Augen von Europa liegen, schweigend, nur den einigen Umstand an, den folgenden: Wir haben miteinander Krieg geführt: wir unserstheils sind die Ueberwundenen, jene die Sieger: dies ist wahr und wird zugestanden. Damit nun könnten jene ohne Zweifel sich begnügen. Ob nun etwa jemand unter uns fortführe dafür zu halten, wir hätten dennoch die gerechte Sache für uns gehabt und den Sieg verdient, und es sei zu beklagen daß er nicht uns zutheil geworden: wäre denn dies so übel, und könnten es uns denn jene, die ja von ihrer Seite gleichfalls denken mögen was sie wollen, so sehr verargen? Aber nein, jenes zu denken sollen wir uns nicht unterstehen. Wir sollen zugleich erkennen, welch ein Unrecht es sei, jemals anders zu wollen denn sie und ihnen zu widerstehen; wir sollen unsere Niederlagen als das heilsamste Ereigniß für uns selbst und sie als unsere größten Wohlthäter segnen. Anders kann es ja nicht sein, und man hat diese Hoffnung zu unserm guten Ver= stande. Doch was spreche ich länger aus, was beinahe vor zwei= tausend Jahren mit vieler Genauigkeit, z. B. in den Geschichtsbüchern des Tacitus, ausgesprochen worden ist? Jene Ansicht der Römer von dem Verhältnisse der bekriegten Barbaren gegen sie, welche Ansicht bei diesen denn doch auf einen einige Entschuldigung verdienenden Schein sich gründete, daß es verbrecherische Rebellion und Auflehs nung gegen göttliche und menschliche Gesetze sei, ihnen Widerstand zu leisten, und daß ihre Waffen den Völkern nichts anderes zu bringen vermöchten denn Segen, und ihre Ketten nichts anderes denn Ehre — diese Ansicht ist es, die man in diesen Tagen von uns genommen und mit sehr vieler Gutmüthigkeit uns selbst angemuthet und bei uns vorausgesetzt hat. Ich gebe dergleichen Aeußerungen nicht für über= müthigen Hohn aus, ich kann begreifen wie man bei großem Eigen= dünkel und Beschränktheit im Ernste also glauben und dem Gegen= theile ehrlich denselben Glauben zutrauen könne, wie ich denn z. B. dafür halte daß die Römer wirklich so glaubten; aber ich gebe nur zu bedenken, ob diejenigen unter uns, denen es unmöglich fällt je= mals zu jenem Glauben sich zu bekehren, auf irgendeine Ausgleichung rechnen können.

Tief verächtlich machen wir uns dem Auslande, wenn wir vor den Ohren desselben uns, einer den andern, deutsche Stämme, Stände, Personen, über unser gemeinschaftliches Schicksal anklagen und ein= ander gegenseitige bittere und leidenschaftliche Vorwürfe machen.

Zuvörderst sind alle Anklagen dieser Art größtentheils unbillig, un=
gerecht, ungegründet. Welche Ursachen es sind, die Deutschlands letztes
Schicksal herbeigeführt haben, haben wir oben angegeben; diese sind
seit Jahrhunderten bei allen deutschen Stämmen ohne Ausnahme auf
die gleiche Weise einheimisch gewesen; die letzten Ereignisse sind nicht
die Folgen irgendeines besondern Fehltrittes eines einzelnen Stam=
mes oder seiner Regierung, sie haben sich lange genug vorbereitet
und hätten, wenn es blos auf die in uns selbst liegenden Gründe an=
gekommen wäre, schon vor langem uns ebenso wohl treffen können.
Hierin ist die Schuld oder Unschuld aller wol gleich groß, und die
Berechnung ist nicht wohl mehr möglich. Bei der Herbeieilung des
endlichen Erfolgs hat sich gefunden, daß die einzelnen deutschen Staa=
ten nicht einmal sich selbst, ihre Kräfte und ihre wahre Lage kann=
ten: wie könnte denn irgendeiner sich anmaßen, aus sich selbst heraus=
zutreten und über fremde Schuld ein auf gründliche Kenntniß sich
stützendes Endurtheil zu fällen?

Mag es sein daß über alle Stämme des deutschen Vaterlandes
hinweg einen gewissen Stand ein gegründeterer Vorwurf trifft, nicht
weil er eben auch nicht mehr eingesehen oder vermocht als die an=
dern alle, was eine gemeinschaftliche Schuld ist, sondern weil er sich
das Ansehen gegeben als ob er mehr einsähe und vermöchte und
alle übrigen von der Verwaltung der Staaten verdrängt. Wäre nun
auch ein solcher Vorwurf gegründet, wer soll ihn aussprechen, und
wozu ist es nöthig daß er gerade jetzt lauter und bitterer denn je
ausgesprochen und verhandelt werde? Wir sehen daß Schriftsteller
es thun. Haben diese nun ehemals, als bei jenem Stande noch alle
Macht und alles Ansehen, mit der stillschweigenden Einwilligung der
entschiedenen Mehrheit des übrigen Menschengeschlechts, sich befand,
eben also geredet wie sie jetzt reden: wer kann es ihnen verdenken, daß
sie an ihre durch die Erfahrung sehr bestätigte ehemalige Rede erinnern?
Wir hören auch, daß sie einzelne genannte Personen, die ehemals an der
Spitze der Geschäfte standen, vor das Volksgericht führen, ihre Untaug=
lichkeit, ihre Trägheit, ihren bösen Willen darlegen, und klar darthun daß
aus solchen Ursachen nothwendig solche Wirkungen hervorgehen mußten.
Haben sie schon ehemals, als bei den Angeklagten noch die Gewalt war
und die aus ihrer Verwaltung nothwendig erfolgen müssenden Uebel
noch abzuwenden waren, ebendasselbe eingesehen, was sie jetzt einsehen,
und es ebenso laut ausgesprochen; haben sie schon damals ihre Schul=
digen mit derselben Kraft angeklagt und kein Mittel unversucht ge=
lassen das Vaterland aus ihren Händen zu erretten, und sind sie
blos nicht gehört worden: so thun sie sehr recht, an ihre damals ver=
schmähte Warnung zu erinnern. Haben sie aber etwa ihre dermalige
Weisheit nur aus dem Erfolge gezogen, aus welchem seitdem alles
Volk mit ihnen ebendieselbe gezogen hat: warum sagen jetzt eben sie,

was alle andern nun ebenso wohl wissen? Oder haben sie vielleicht gar damals aus Gewinnsucht geschmeichelt, oder aus Furcht geschwiegen vor dem Stande und den Personen, über die jetzt, nachdem sie die Gewalt verloren haben, ungemäßigt ihre Strafrede hereinbricht: o so vergessen sie künftig nicht unter den Quellen unserer Uebel neben dem Adel und den untauglichen Ministern und Feldherren auch noch die politischen Schriftsteller anzuführen, die erst nach gegebenem Erfolge wissen was da hätte geschehen sollen, so wie der Pöbel auch, und die den Gewalthabern schmeicheln, die Gefallenen aber schadenfroh verhöhnen!

Oder rügen sie etwa die Irrthümer der Vergangenheit, die freilich durch alle ihre Rüge nicht vernichtet werden kann, nur darum damit man sie in der Zukunft nicht wieder begehe; und ist es blos ihr Eifer, eine gründliche Verbesserung der menschlichen Verhältnisse zu bewirken, der sie über die Rücksichten der Klugheit und des Anstandes so kühn hinwegsetzt? Gern möchten wir ihnen diesen guten Willen zutrauen, wenn nur die Gründlichkeit der Einsicht und des Verstandes sie berechtigte in diesem Fache guten Willen zu haben. Nicht sowol die einzelnen Personen, die von ohngefähr auf den höchsten Plätzen sich befunden haben, sondern die Verbindung und Verwickelung des Ganzen, der ganze Geist der Zeit, die Irrthümer, die Unwissenheit, Seichtigkeit, Verzagtheit, und der von diesen unabtrennliche unsichere Schritt, die gesammten Sitten der Zeit sind es, die unsere Uebel herbeigeführt haben; und so sind es denn weit weniger die Personen, welche gehandelt haben, denn die Plätze, und jedermann und die heftigen Tadler selbst können mit hoher Wahrscheinlichkeit annehmen, daß sie, an demselben Platze sich befindend, durch die Umgebungen ohngefähr zu demselben Ziele würden hingedrängt worden sein. Träume man weniger von überlegter Bosheit und Verrath! Unverstand und Trägheit reichen fast allenthalben aus um die Begebenheiten zu erklären; und dies ist eine Schuld, von der keiner ohne tiefe Selbstprüfung sich ganz lossprechen sollte, da zumal, wo in der ganzen Masse sich ein sehr hohes Maß von Kraft der Trägheit befindet, dem einzelnen, der da durchdringen sollte, ein sehr hoher Grad von Kraft der Thätigkeit beiwohnen müßte. Werden daher auch die Fehler der einzelnen noch so scharf ausgezeichnet, so ist dadurch der Grund des Uebels noch keineswegs entdeckt, noch wird er dadurch, daß diese Fehler in der Zukunft vermieden werden, gehoben. Bleiben die Menschen fehlerhaft, so können sie nicht anders denn Fehler machen, und wenn sie auch die ihrer Vorgänger fliehen, so werden in dem unendlichen Raume der Fehlerhaftigkeit gar leicht sich neue finden. Nur eine gänzliche Umschaffung, nur das Beginnen eines ganz neuen Geistes kann uns helfen. Werden sie auf desselben Entwickelung mit hinarbeiten, dann wollen wir ihnen neben dem Ruhme

des guten Willens auch noch den des rechten und heilbringenden Ver=
standes gern zugestehen.

Diese gegenseitigen Vorwürfe sind, sowie sie ungerecht sind und
unnütz, zugleich äußerst unklug und müssen uns tief herabsetzen in
den Augen des Auslandes, dem wir zum Ueberflusse die Kunde der=
selben auf alle Weise erleichtern und aufbringen. Wenn wir nicht
müde werden ihnen vorzuerzählen wie verworren und abgeschmackt
alle Dinge bei uns gewesen seien, und in welchem hohen Grade wir
elend regiert worden: müssen sie nicht glauben, daß, wie auch irgend
sie sich gegen uns betragen möchten, sie doch noch immer viel zu gut
für uns seien und niemals uns zu schlecht werden könnten; müssen
sie nicht glauben, daß wir bei unserer großen Ungeschicktheit und Un=
beholfenheit mit dem demüthigsten Danke jedwedes Ding aufzunehmen
haben, das sie aus dem reichen Schatze ihrer Regierungs=, Verwal=
tungs= und Gesetzgebungskunst uns schon dargereicht haben oder noch
für die Zukunft uns zudenken? Bedarf es von unserer Seite dieser
Unterstützung ihrer ohnedies nicht unvortheilhaften Meinung von sich
selbst und der geringfügigen von uns? Werden nicht dadurch ge=
wisse Aeußerungen, die man außerdem für bittern Hohn halten
müßte, als: daß sie erst deutschen Ländern, die vorher kein Vaterland
gehabt hätten, eins brächten, oder: daß sie eine sklavische Abhängig=
keit der Personen als solcher von andern Personen, die bei uns ge=
setzlich gewesen wäre, abschafften, zur Wiederholung unserer eigenen
Ausdrücke und zum Nachhalle unserer eigenen Schmeichelworte? Es
ist eine Schmach, die wir Deutschen mit keinem der andern europäischen
Völker, die in den übrigen Schicksalen uns gleich geworden sind,
theilen, daß wir, sobald nur fremde Waffen unter uns geboten,
gleich als ob wir schon lange auf diesen Augenblick gewartet hätten
und uns schnell, ehe die Zeit vorüberginge, eine Güte thun wollten,
in Schmähungen uns ergossen über unsere Regierungen, unsere Ge=
walthaber, denen wir vorher auf eine geschmacklose Weise geschmeichelt
hatten, und über alles Vaterländische.

Wie wenden wir andern, die wir unschuldig sind, die Schmach
ab von unserm Haupte und lassen die Schuldigen allein stehen? Es
gibt ein Mittel. Es werden von dem Augenblicke an keine Schmäh=
schriften mehr gedruckt werden, sobald man sicher ist daß keine mehr
gekauft werden, und sobald die Verfasser und Verleger derselben nicht
mehr auf Leser rechnen können, die durch Müßiggang, leere Neugier
und Schwatzsucht, oder durch die Schadenfreude gedemüthigt zu sehen
was ihnen einst das schmerzhafte Gefühl der Achtung einflößte, an=
gelockt werden. Gebe jeder, der die Schmach fühlt, eine ihm zum
Lesen dargebotene Schmähschrift mit der gebührenden Verachtung zu=
rück; thue er es, obwol er glaubt er sei der einzige der also han=
delt, bis es Sitte unter uns wird daß jeder Ehrenmann also thut:

und wir werden, ohne gewaltsame Bücherverbote, gar bald dieses
schmachvollen Theils unserer Literatur erledigt werden.

Am allertiefsten endlich erniedrigt es uns vor dem Auslande,
wenn wir uns darauf legen demselben zu schmeicheln. Ein Theil
von uns hat schon früher sich sattsam verächtlich, lächerlich und ekel=
haft gemacht, indem sie den vaterländischen Gewalthabern bei jeder
Gelegenheit groben Weihrauch darbrachten und weder Vernunft noch
Anstand, gute Sitte und Geschmack verschonten, wo sie glaubten eine
Schmeichelrede anbringen zu können. Diese Sitte ist binnen der Zeit
abgekommen, und diese Lobeserhebungen haben sich zum Theil in
Scheltworte verwandelt. Wir gaben indessen unsern Weihrauchwolken,
gleichsam damit wir nicht aus der Uebung kämen, eine andere Rich=
tung, nach der Seite hin wo jetzt die Gewalt ist. Schon das erste,
sowol die Schmeichelei selbst als daß sie nicht verbeten wurde, mußte
jeden ernsthaft denkenden Deutschen schmerzen; doch blieb die Sache
unter uns. Wollen wir jetzt auch das Ausland zum Zeugen machen
dieser unserer niedrigen Sucht, sowie zugleich der großen Ungeschick=
lichkeit mit welcher wir uns derselben erledigen, und so der Ver=
achtung unserer Niedrigkeit auch noch den lächerlichen Anblick unserer
Ungelenkigkeit hinzufügen? Es fehlt uns nämlich in dieser Verrich=
tung an aller dem Ausländer eigenen Feinheit; um doch ja nicht
überhört zu werden, werden wir plump und übertreibend und heben
mit Vergötterungen und Versetzungen unter die Gestirne gleich an.
Dazu kommt, daß es bei uns das Ansehen hat als ob es vorzüg=
lich der Schrecken und die Furcht sei, die unsere Lobeserhebungen
uns auspressen; aber es ist kein Gegenstand lächerlicher, denn ein
Furchtsamer der die Schönheit und Anmuth desjenigen lobpreist, was
er in der That für ein Ungeheuer hält, das er durch diese Schmei=
chelei nur bestechen will ihn nicht zu verschlingen.

Oder sind vielleicht diese Lobpreisungen nicht Schmeichelei, son=
dern der wahrhafte Ausdruck der Verehrung und Bewunderung, die
sie dem großen Genie, das nach ihnen die Angelegenheiten der Men=
schen leitet, zu zollen genöthigt sind? Wie wenig kennen sie auch
hier das Gepräge der wahren Größe! Darin ist dieselbe in allen
Zeitaltern und unter allen Völkern sich gleich gewesen, daß sie nicht
eitel war, sowie umgekehrt von jeher sicherlich klein war und niedrig,
was Eitelkeit zeigte. Der wahrhaften, auf sich selber ruhenden Größe
gefallen nicht Bildsäulen von der Mitwelt errichtet, oder der Bei=
name des Großen und der schreiende Beifall und die Lobpreisungen
der Menge; vielmehr weist sie diese Dinge mit gebührender Verach=
tung von sich weg und erwartet ihr Urtheil über sich zunächst von
dem eigenen Richter in ihrem Innern, und das laute von der rich=
tenden Nachwelt. Auch hat mit derselben immer der Zug sich bei=
sammen gefunden, daß sie das dunkle und räthselhafte Verhängniß

ehrt und ſcheut, des ſtets rollenden Rades des Geſchicks eingedenk
bleibt und ſich nicht groß oder ſelig preiſen läßt vor ihrem Ende.
Alſo ſind jene Lobredner im Widerſpruche mit ſich ſelbſt und machen
durch die That ihrer Worte den Inhalt derſelben zur Lüge. Hielten
ſie den Gegenſtand ihrer vorgegebenen Verehrung wirklich für groß,
ſo würden ſie ſich beſcheiden, daß er über ihren Beifall und ihr Lob
erhaben ſei, und ihn durch ehrfurchtsvolles Stillſchweigen ehren. In=
dem ſie ſich ein Geſchäft daraus machen ihn zu loben, ſo zeigen ſie
dadurch, daß ſie ihn in der That für klein und niedrig halten, und
für ſo eitel daß ihre Lobpreiſungen ihm gefallen könnten, und daß
ſie dadurch irgendein Uebel von ſich zu wenden oder irgendein Gut
ſich zu verſchaffen vermöchten.

Jener begeiſterte Ausruf: welch ein erhabenes Genie! welch eine
tiefe Weisheit! welch ein umfaſſender Plan! was ſagt er denn nun
zuletzt aus, wenn man ihn recht ins Auge faßt? Er ſagt aus, daß
das Genie ſo groß ſei daß auch wir es vollkommen begreifen, die
Weisheit ſo tief daß auch wir ſie durchſchauen, der Plan ſo um=
faſſend daß auch wir ihn vollſtändig nachzubilden vermögen. Er
ſagt demnach aus, daß der Gelobte ungefähr von demſelben Maße
der Größe ſei wie der Lobende, jedoch nicht ganz, indem ja der letzte
den erſten vollkommen verſteht und überſieht, und ſonach über dem=
ſelben ſteht und, falls er ſich nur recht anſtrengte, wol noch etwas
Größeres leiſten könnte. Man muß eine ſehr gute Meinung von ſich
ſelbſt haben, wenn man glaubt daß man alſo auf eine gefällige
Weiſe ſeinen Hof machen könne; und der Gelobte muß eine ſehr ge=
ringe von ſich haben, wenn er ſolche Huldigungen mit Wohlgefallen
aufnimmt.

Nein, biedere, ernſte, geſetzte deutſche Männer und Landsleute,
fern bleibe ein ſolcher Unverſtand von unſerm Geiſte und eine ſolche
Beſudelung von unſerer zum Ausdrucke des Wahren gebildeten
Sprache! Ueberlaſſen wir es dem Auslande, bei jeder neuen Er=
ſcheinung mit Erſtaunen aufzujauchzen, in jedem Jahrzehnte ſich einen
neuen Maßſtab der Größe zu erzeugen und neue Götter zu erſchaffen,
und Gotteslâſterungen zu reden, um Menſchen zu preiſen. Unſer
Maßſtab der Größe bleibe der alte: daß groß ſei nur dasjenige, was
der Ideen, die immer nur Heil über die Völker bringen, fähig ſei
und von ihnen begeiſtert; über die lebenden Menſchen aber laßt uns
das Urtheil der richtenden Nachwelt überlaſſen!

Vierzehnte Rede.

Beſchluß des Ganzen.

———

Die Reden, welche ich hierdurch beſchließe, haben freilich ihre laute Stimme zunächſt an Sie gerichtet, aber ſie haben im Auge ge= habt die ganze deutſche Nation, und ſie haben in ihrer Abſicht alles, was, ſo weit die deutſche Zunge reicht, fähig wäre dieſelben zu ver= ſtehen, um ſich herum verſammelt in den Raum, in dem Sie ſicht= barlich athmen. Wäre es mir gelungen, in irgendeine Bruſt, die hier unter meinem Auge geſchlagen hat, einen Funken zu werfen der da fortglimme und das Leben ergreife, ſo iſt es nicht meine Abſicht, daß dieſe allein und einſam bleiben, ſondern ich möchte über den ganzen gemeinſamen Boden hinweg ähnliche Geſinnungen und Entſchlüſſe zu ihnen ſammeln und an die ihrigen anknüpfen, ſodaß über den vaterländiſchen Boden hinweg, bis an deſſen fernſte Grenzen, aus dieſem Mittelpunkte heraus eine einzige fortfließende und zuſammenhängende Flamme vaterländiſcher Denkart ſich verbreite und entzünde. Nicht zum Zeitvertreib müßiger Ohren und Augen haben ſie ſich dieſem Zeitalter beſtimmt, ſondern ich will endlich einmal wiſſen, und jeder Gleichgeſinnte ſoll es mit mir wiſſen, ob auch außer uns etwas iſt, das unſerer Denkart verwandt iſt. Jeder Deutſche, der noch glaubt Glied einer Nation zu ſein, der groß und edel von ihr denkt, auf ſie hofft, für ſie wagt, duldet und trägt, ſoll endlich herausgeriſſen werden aus der Unſicherheit ſeines Glaubens; er ſoll klar ſehen, ob er recht habe oder nur ein Thor oder Schwärmer ſei; er ſoll von nun an entweder mit ſicherm und freudigem Bewußtſein ſeinen Weg fortſetzen, oder mit rüſtiger Entſchloſſenheit Verzicht thun auf ein Vaterland hienieden und ſich allein mit dem himmliſchen tröſten. Ihnen, nicht als dieſen und dieſen Perſonen in unſerm täglichen und beſchränkten Leben, ſondern

als Stellvertretern der Nation, und hindurch durch Jhre Gehörs=
werkzeuge der ganzen Nation rufen dieſe Reden alſo zu:

Es ſind Jahrhunderte herabgeſunken, ſeitdem ihr nicht alſo
zuſammenberufen worden ſeid wie heute: in ſolcher Anzahl; in einer
ſo großen, ſo dringenden, ſo gemeinſchaftlichen Angelegenheit; ſo
durchaus als Nation und Deutſche. Auch wird es euch niemals
wiederum alſo geboten werden. Merket ihr jetzt nicht auf und
gehet in euch, laſſet ihr auch dieſe Reden wieder als einen leeren
Kitzel der Ohren, oder als ein wunderliches Ungethüm an euch
vorübergehen, ſo wird kein Menſch mehr auf euch rechnen. Endlich
einmal höret, endlich einmal beſinnet euch. Geht nur dieſesmal
nicht von der Stelle ohne einen feſten Entſchluß gefaßt zu haben;
und jedweder, der dieſe Stimme vernimmt, faſſe dieſen Entſchluß
bei ſich ſelbſt und für ſich ſelbſt, gleich als ob er allein da ſei und
alles allein thun müſſe. Wenn recht viele einzeln ſo denken, ſo
wird bald ein großes Ganzes daſtehen, das in eine einige engver=
bundene Kraft zuſammenfließe. Wenn dagegen jedweder, ſich ſelbſt
ausſchließend, auf die übrigen hofft und den andern die Sache
überläßt, ſo gibt es gar keine andern, und alle zuſammenbleiben
ſo wie ſie vorher waren. — Faſſet ihn auf der Stelle, dieſen Ent=
ſchluß. Saget nicht, laß uns noch ein wenig ruhen, noch ein wenig
ſchlafen und träumen, bis etwa die Beſſerung von ſelber komme.
Sie wird niemals von ſelbſt kommen. Wer, nachdem er einmal
das Geſtern verſäumt hat, das noch bequemer geweſen wäre zur
Beſinnung, ſelbſt heute noch nicht wollen kann, der wird es morgen
noch weniger können. Jeder Verzug macht uns nur noch träger
und wiegt uns nur noch tiefer ein in die freundliche Gewöhnung
an unſern elenden Zuſtand. Auch können die äußern Antriebe
zur Beſinnung niemals ſtärker und dringender werden. Wen dieſe
Gegenwart nicht aufregt, der hat ſicher alles Gefühl verloren. —
Jhr ſeid zuſammenberufen, einen letzten und feſten Entſchluß und
Beſchluß zu faſſen; keineswegs etwa zu einem Befehle, einem Auf=
trage, einer Anmuthung an andere, ſondern zu einer Anmuthung
an euch ſelber. Eine Entſchließung ſollt ihr faſſen, die jedweder
nur durch ſich ſelbſt und in ſeiner eigenen Perſon ausführen kann.
Es reicht hierbei nicht hin jenes müßige Vorſatznehmen, jenes
Wollen irgendeinmal zu wollen, jenes träge Sichbeſcheiden daß
man ſich darin ergeben wolle wenn man etwa einmal von ſelber
beſſer würde; ſondern es wird von euch gefordert ein ſolcher Ent=
ſchluß, der zugleich unmittelbar Leben ſei und inwendige That, und
der da ohne Wanken oder Erkaltung fortdaure und fortwalte bis
er am Ziele ſei.

Oder iſt vielleicht in euch die Wurzel, aus der ein ſolcher in
das Leben eingreifender Entſchluß allein hervorwachſen kann, völlig

ausgerottet und verschwunden? Ist wirklich und in der That euer
ganzes Wesen verdünnt und zerflossen zu einem hohlen Schatten,
ohne Saft und Blut und eigene Bewegkraft, und zu einem Traume,
in welchem zwar bunte Gesichter sich erzeugen und geschäftig einander
durchkreuzen, der Leib aber tobtähnlich und erstarrt daliegen bleibt?
Es ist dem Zeitalter seit langem unter die Augen gesagt und in
jeder Einkleidung ihm wiederholt worden, daß man ungefähr also
von ihm denke. Seine Wortführer haben geglaubt, daß man dadurch nur schmähen wolle, und haben sich für aufgefordert gehalten,
auch von ihrer Seite wiederum zurückzuschmähen, wodurch die
Sache wieder in ihre natürliche Ordnung komme. Im übrigen hat
nicht die mindeste Aenderung oder Besserung sich spüren lassen.
Habt ihr es vernommen, ist es fähig gewesen euch zu entrüsten: nun
so strafet doch diejenigen, die so von euch denken und reden, geradezu
durch eure That der Lüge; zeiget euch anders vor aller Welt Augen:
und jene sind vor aller Welt Augen der Unwahrheit überwiesen.
Vielleicht daß sie gerade in der Absicht, von euch also widerlegt zu
werden, und weil sie an jedem andern Mittel euch aufzuregen ver-
zweifelten, also hart von euch geredet haben. Wie viel besser hätten
sie es sodann mit euch gemeint als diejenigen, die euch schmeicheln
damit ihr erhalten werdet in der trägen Ruhe und in der nichts
achtenden Gedankenlosigkeit!

So schwach und so kraftlos ihr auch immer sein möget, man
hat in dieser Zeit euch die klare und ruhige Besinnung so leicht
gemacht, als sie vorher niemals war. Das was eigentlich in die
Verworrenheit über unsere Lage, in unsere Gedankenlosigkeit, in
unser blindes Gehenlassen uns stürzte, war die süße Selbstzufrieden-
heit mit uns und unserer Weise dazusein. Es war bisher gegangen,
und ging eben so fort; wer uns zum Nachdenken aufforderte, dem
zeigten wir statt einer andern Widerlegung triumphirend unser
Dasein und Fortbestehen, das sich ohne alles unser Nachdenken er-
gab. Es ging aber nur darum, weil wir nicht auf die Probe gestellt wurden. Wir sind seitdem durch sie hindurchgegangen. Seit
dieser Zeit sollten doch wol die Täuschungen, die Blendwerke, der
falsche Trost, durch die wir alle uns gegenseitig verwirrten, zu-
sammengestürzt sein! Die angeborenen Vorurtheile, welche, ohne
von hier oder da auszugehen, wie ein natürlicher Nebel über alle
sich verbreiteten und alle in dieselbe Dämmerung einhüllten, sollten
doch wol nun verschwunden sein! Jene Dämmerung hält nicht mehr
unsere Augen; sie kann uns aber auch nicht ferner zur Entschuldigung
dienen. Jetzt stehen wir da, rein, leer, ausgezogen von allen
fremden Hüllen und Umhängen, blos als das was wir selbst sind.
Jetzt muß es sich zeigen, was dieses Selbst ist oder nicht ist.

Es dürfte jemand unter euch hervortreten und mich fragen:

was gibt gerade dir, dem einzigen unter allen deutschen Männern und Schriftstellern, den besondern Auftrag, Beruf und das Vorrecht uns zu versammeln und auf uns einzubringen? hätte nicht jeder unter den Tausenden der Schriftsteller Deutschlands ebendasselbe Recht dazu wie du; von denen keiner es thut, sondern du allein dich hervordrängst? Ich antworte: daß allerdings jeder dasselbe Recht gehabt hätte wie ich, und daß ich gerade darum es thue, weil keiner unter ihnen es vor mir gethan hat, und daß ich schweigen würde, wenn ein anderer es früher gethan hätte. Dies war der erste Schritt zu dem Ziele einer durchgreifenden Verbesserung; irgend= einer mußte ihn thun. Ich war der, der es zuerst lebendig einsah; darum wurde ich der, der es zuerst that. Es wird nach diesem irgendein anderer Schritt der zweite sein; diesen zu thun haben jetzt alle dasselbe Recht, wirklich thun aber wird ihn abermals nur ein einzelner. Einer muß immer der erste sein, und wer es sein kann, der sei es eben!

Ohne Sorge über diesen Umstand verweilt ein wenig mit euerm Blicke bei der Betrachtung, auf die wir schon früher euch geführt haben, in welchem beneidenswürdigen Zustande Deutschland sein würde, und in welchem die Welt, wenn das erstere das Glück seiner Lage zu benutzen und seinen Vortheil zu erkennen gewußt hätte. Heftet darauf euer Auge auf das, was beide nunmehr sind; und lasset euch durchdringen von dem Schmerz und dem Unwillen, der jeden Edeln hierbei erfassen muß. Kehrt dann zurück zu euch selbst und sehet daß ihr es seid, die die Zeit von den Irrthümern der Vorwelt lossprechen, von deren Augen sie den Nebel hinwegnehmen will wenn ihr es zulaßt, daß es euch verliehen ist, wie keinem Geschlechte vor euch, das Geschehene ungeschehen zu machen und den nicht ehrenvollen Zwischenraum auszutilgen aus dem Geschichtsbuche der Deutschen.

Lasset vor euch vorübergehen die verschiedenen Zustände, zwischen denen ihr eine Wahl zu treffen habt. Geht ihr ferner so hin in eurer Dumpfheit und Achtlosigkeit, so erwarten euch zu= nächst alle Uebel der Knechtschaft: Entbehrungen, Demüthigungen, der Hohn und Uebermuth des Ueberwinders; ihr werdet herumge= stoßen werden in allen Winkeln, weil ihr allenthalben nicht recht und im Wege seid, so lange bis ihr durch Aufopferung eurer Na= tionalität und Sprache euch irgendein untergeordnetes Plätzchen erkauft und bis auf diese Weise allmählich euer Volk auslischt. Wenn ihr euch dagegen ermannt zum Aufmerken, so findet ihr zu= vörderst eine erträgliche und ehrenvolle Fortdauer und seht noch unter euch und um euch herum ein Geschlecht aufblühen, das euch und den Deutschen das rühmlichste Andenken verspricht. Ihr seht im Geiste durch dieses Geschlecht den deutschen Namen zum glor=

reichsten unter allen Völkern erheben, ihr seht diese Nation als Wiedergebärerin und Wiederherstellerin der Welt.

Es hängt von euch ab, ob ihr das Ende sein wollt und die letzten eines nicht achtungswürdigen und bei der Nachwelt gewiß sogar über die Gebühr verachteten Geschlechts, bei dessen Geschichte die Nachkommen, falls es nämlich in der Barbarei, die da beginnen wird, zur einer Geschichte kommen kann, sich freuen werden, wenn es mit ihnen zu Ende ist, und das Schicksal preisen werden, daß es gerecht sei; oder ob ihr der Anfang sein wollt und der Ent-wickelungspunkt einer neuen, über alle eure Vorstellungen herrlichen Zeit, und diejenigen von denen an die Nachkommenschaft die Jahre ihres Heils zähle. Bedenkt, daß ihr die letzten seid in deren Ge-walt diese große Veränderung steht. Ihr habt doch noch die Deutschen als eins nennen hören, ihr habt ein sichtbares Zeichen ihrer Ein-heit, ein Reich und einen Reichsverband, gesehen oder davon ver-nommen, unter euch haben noch von Zeit zu Zeit Stimmen sich hören lassen, die von dieser höhern Vaterlandsliebe begeistert waren. Was nach euch kommt, wird sich an andere Vorstellungen gewöhnen, es wird fremde Formen und einen andern Geschäfts- und Lebens-gang annehmen; und wie lange wird es noch dauern, daß keiner mehr lebe der Deutsche gesehen oder von ihnen gehört habe?

Was von euch gefordert wird, ist nicht viel. Ihr sollt es nur über euch erhalten, euch auf kurze Zeit zusammenzunehmen und zu denken über das, was euch unmittelbar und offenbar vor den Augen liegt. Darüber nur sollt ihr euch eine feste Meinung bilden, der-selben treu bleiben, und sie in eurer nächsten Umgebung auch äußern und aussprechen. Es ist die Voraussetzung, es ist unsere sichere Ueberzeugung, daß der Erfolg dieses Denkens bei euch allen auf die gleiche Weise ausfallen werde, und daß, wenn ihr nur wirklich denkt und nicht hingeht in der bisherigen Achtlosigkeit, ihr über-einstimmend denken werdet, daß, wenn ihr nur überhaupt Geist euch anschafft und nicht in dem bloßen Pflanzenleben verharren bleibt, die Einmüthigkeit und Eintracht des Geistes von selbst kommen werde. Ist es aber einmal dazu gekommen, so wird alles übrige, was uns nöthig ist, sich von selbst ergeben.

Dieses Denken aber wird denn auch in der That gefordert von jedem unter euch, der da noch denken kann über etwas offen vor seinen Augen Liegendes in seiner eigenen Person. Ihr habt Zeit dazu; der Augenblick will euch nicht übertäuben und über-raschen, die Acten der mit euch gepflogenen Unterhandlungen bleiben unter euern Augen liegen. Legt sie nicht aus den Händen, bis ihr einig geworden seid mit euch selbst. Lasset, o lasset euch ja nicht lässig machen durch das Verlassen auf andere, oder auf irgend-etwas das außerhalb eurer selbst liegt, noch durch die unverständige

Weisheit der Zeit, daß die Zeitalter sich selbst machen ohne alles menschliche Zuthun, vermittels irgendeiner unbekannten Kraft. Diese Reden sind nicht müde geworden euch einzuschärfen, daß euch durch= aus nichts helfen kann denn ihr euch selber, und sie finden nöthig es bis auf den letzten Augenblick zu wiederholen. Wol mögen Regen und Thau und unfruchtbare oder fruchtbare Jahre gemacht werden durch eine uns unbekannte und nicht unter unserer Gewalt stehende Macht; aber die ganz eigenthümliche Zeit der Menschen, die menschlichen Verhältnisse, machen nur die Menschen sich selber und schlechthin keine außer ihnen befindliche Macht. Nur wenn sie alle insgesammt gleich blind und unwissend sind, fallen sie dieser verborgenen Macht anheim; aber es steht bei ihnen, nicht blind und unwissend zu sein. Zwar in welchem höhern oder niedern Grade es uns übel gehen wird, dies mag abhängen theils von jener un= bekannten Macht, ganz besonders aber von dem Verstande und dem Willen derer, denen wir unterworfen sind. Ob aber jemals es uns wieder wohlgehen soll, dies hängt ganz allein von uns ab, und es wird sicherlich nie wieder irgendein Wohlsein an uns kommen, wenn wir nicht selbst es uns verschaffen, und insbesondere wenn nicht jeder einzelne unter uns in seiner Weise thut und wirkt als ob er allein sei, und als ob lediglich auf ihm das Heil der künftigen Geschlechter beruhe.

Dies ist's, was ihr zu thun habt; dies ohne Säumen zu thun, beschwören euch diese Reden.

Sie beschwören euch Jünglinge. Ich, der ich schon seit ge= raumer Zeit aufgehört habe zu euch zu gehören, halte dafür und habe es auch in diesen Reden ausgesprochen, daß ihr noch fähiger seid eines jeglichen über das Gemeine hinausliegenden Gedankens und erregbarer für jedes Gute und Tüchtige, weil euer Alter noch näher liegt den Jahren der kindlichen Unschuld und der Natur. Ganz anders sieht diesen Grundzug an euch die Mehrheit der ältern Welt an. Diese klagt euch an der Anmaßung, des vorschnellen, ver= messenen und eure Kräfte überfliegenden Urtheils, der Rechthaberei, der Neuerungssucht. Jedoch lächelt sie nur gutmüthig dieser eurer Fehler. Alles dieses, meint sie, sei begründet lediglich durch euern Mangel an Kenntniß der Welt, d. h. des allgemeinen menschlichen Verderbens, denn für etwas anders an der Welt haben sie nicht Augen. Jetzt nur, weil ihr gleichgesinnte Gehülfen zu finden hofftet und den grimmigen und hartnäckigen Widerstand, den man euern Entwürfen des Bessern entgegensetzen werde, nicht kanntet, hättet ihr Muth. Wenn nur das jugendliche Feuer eurer Einbildungskraft einmal verflogen sein werde, wenn ihr nur die allgemeine Selbstsucht, Trägheit und Arbeitsscheu wahrnehmen würdet, wenn ihr nur die Süßigkeit des Fortgehens in dem gewohnten Gleise selbst einmal

recht würdet geschmeckt haben, so werde euch die Lust, besser und
klüger sein zu wollen denn die andern alle, schon vergehen. Sie
greifen diese gute Hoffnung von euch nicht etwa aus der Luft; sie
haben dieselbe an ihrer eigenen Person bestätigt gefunden. Sie
müssen bekennen, daß sie in den Tagen ihrer unverständigen Jugend
ebenso von Weltverbesserung geträumt haben wie ihr jetzt; dennoch
seien sie bei zunehmender Reife so zahm und ruhig geworden, wie
ihr sie jetzt sehet. Ich glaube ihnen; ich habe selbst schon in meiner
nicht sehr langwierigen Erfahrung erlebt, daß Jünglinge, die erst
andere Hoffnung erregten, dennoch späterhin jenen wohlmeinenden
Erwartungen dieses reifen Alters vollkommen entsprachen. Thut
dies nicht länger, Jünglinge; denn wie könnte sonst jemals ein
besseres Geschlecht beginnen? Der Schmelz der Jugend zwar wird
von euch abfallen, und die Flamme eurer Einbildungskraft wird
aufhören sich aus sich selber zu ernähren; aber fasset diese Flamme
und verdichtet sie durch klares Denken, macht euch zu eigen die
Kunst dieses Denkens: und ihr werdet die schönste Ausstattung des
Menschen, den Charakter, noch zur Zugabe bekommen. An jenem
klaren Denken erhaltet ihr die Quelle der ewigen Jugendblüte; wie
auch euer Körper altere oder eure Kniee wanken, euer Geist wird
in stets erneuter Frischheit sich wiedergebären, und euer Charakter
feststehen und ohne Wandel. Ergreift sogleich die sich hier euch
darbietende Gelegenheit; denkt klar über den euch zur Berathung
vorgelegten Gegenstand; die Klarheit, die in Einem Punkt für
euch angebrochen ist, wird sich allmählich auch über alle übrigen
verbreiten.

Diese Reden beschwören euch Alte. So, wie ihr eben gehört
habt, denkt man von euch und sagt es euch unter die Augen; und
der Redner setzt in seiner eigenen Person freimütig hinzu, daß, die
freilich auch nicht selten vorkommenden und um so verehrungs=
würdigern Ausnahmen abgerechnet, in Absicht der großen Mehrheit
unter euch man vollkommen recht hat. Gehe man durch die Ge=
schichte der letzten zwei oder drei Jahrzehnte: alles außer ihr selbst
stimmt überein, sogar ihr selbst, jeder in dem Fache das ihn nicht
unmittelbar trifft, stimmt mit überein, daß, immer die Ausnahmen
abgerechnet und nur auf die Mehrheit gesehen, in allen Zweigen,
in der Wissenschaft sowie in den Geschäften des Lebens, die größere
Untauglichkeit und Selbstsucht sich bei dem höhern Alter gefunden
habe. Die ganze Mitwelt hat es mit angesehen, daß jeder der das
Bessere und Vollkommenere wollte, außer dem Kampfe mit seiner
eigenen Unklarheit und den übrigen Umgebungen, noch den schwersten
Kampf mit euch zu führen hatte; daß ihr des festen Vorsatzes waret,
es müsse nichts aufkommen was ihr nicht ebenso gemacht und ge=
wußt hättet; daß ihr jede Regung des Denkens für eine Beschimpfung

eures Verſtandes anſahet, und daß ihr keine Kraft ungebraucht
ließet um in dieſer Bekämpfung des Beſſern zu ſiegen; wie ihr
denn gewöhnlich auch wirklich ſiegtet. So waret ihr die aufhaltende
Kraft aller Verbeſſerungen, welche die gütige Natur aus ihrem ſtets
jugendlichen Schoſe uns darbot, ſo lange bis ihr verſammelt
wurdet zu dem Staube, der ihr ſchon vorher waret, und das folgende
Geſchlecht, im Kriege mit euch, euch gleich geworden war und eure
bisherige Verrichtung übernahm. Ihr dürft nur auch jetzt handeln
wie ihr bisher bei allen Anträgen zur Verbeſſerung gehandelt habt,
ihr dürft nur wiederum eure eitle Ehre, daß zwiſchen Himmel und
Erde nichts ſein ſolle das ihr nicht ſchon erforſcht hättet, dem ge=
meinſamen Wohle vorziehen: ſo ſeid ihr durch dieſen letzten Kampf
alles fernern Kämpfens überhoben, es wird keine Beſſerung erfolgen
ſondern Verſchlimmerung auf Verſchlimmerung, ſobaß ihr noch
manche Freude erleben könnt.

Man wolle nicht glauben, daß ich das Alter als Alter verachte
und herabſetze. Wird nur durch Freiheit die Quelle des urſprüng=
lichen Lebens und ſeiner Fortbewegung aufgenommen in das Leben,
ſo wächſt die Klarheit, und mit ihr die Kraft, ſo lange das Leben
dauert. Ein ſolches Leben lebt ſich beſſer, die Schlacken der irdiſchen
Abkunft fallen immer mehr ab, und es veredelt ſich herauf zum
ewigen Leben und blüht ihm entgegen. Die Erfahrung eines ſolchen
Alters ſöhnt nicht aus mit dem Böſen, ſondern ſie macht nur die
Mittel klarer und die Kunſt gewandter, um daſſelbe ſiegreich zu be=
kämpfen. Die Verſchlimmerung durch zunehmendes Alter iſt lediglich
die Schuld unſerer Zeit, und allenthalben wo die Geſellſchaft ſehr
verdorben iſt, muß daſſelbe erfolgen. Nicht die Natur iſt es die
uns verdirbt, dieſe erzeugt uns in Unſchuld; die Geſellſchaft iſt's.
Wer nun der Einwirkung derſelben einmal ſich übergibt, der muß
natürlich immer ſchlechter werden, je länger er dieſem Einfluſſe aus=
geſetzt iſt. Es wäre der Mühe werth, die Geſchichte anderer ſehr
verdorbener Zeitalter in dieſer Rückſicht zu unterſuchen und zu ſehen
ob nicht z. B. auch unter der Regierung der römiſchen Imperatoren
das, was einmal ſchlecht war, mit zunehmendem Alter immer ſchlechter
geworden.

Euch Alte ſonach und Erfahrene, die ihr die Ausnahme macht,
euch zuvörderſt beſchwören dieſe Reden, beſtätigt, beſtärkt, berathet in
dieſer Angelegenheit die jüngere Welt, die ehrfurchtsvoll ihre Blicke
nach euch richtet. Euch andere aber, die ihr in der Regel ſeid, be=
ſchwören ſie: helfen ſollt ihr nicht, ſtört nur dieſes einzigemal nicht,
ſtellt euch nicht wieder, wie bisher immer, in den Weg mit eurer
Weisheit und euern tauſend Bedenklichkeiten. Die Sache, ſowie
jede vernünftige Sache in der Welt, iſt nicht tauſendfach ſondern
einfach, welches auch unter die tauſend Dinge gehört die ihr nicht

wißt. Wenn eure Weisheit retten könnte, so würde sie uns ja früher gerettet haben, denn ihr seid es ja die uns bisher berathen haben. Dies ist nun, sowie alles andere, vergeben und soll euch nicht weiter vorgerückt werden. Lernt nur endlich einmal euch selbst erkennen, und schweigt.

Diese Reden beschwören euch Geschäftsmänner. Mit wenigen Ausnahmen wart ihr bisher dem abgezogenen Denken und aller Wissenschaft, die für sich selbst etwas zu sein begehrte, von Herzen feind, obwol ihr euch die Miene gabt als ob ihr dieses alles nur vornehm verachtetet; ihr hieltet die Männer, die dergleichen trieben, und ihre Vorschläge so weit von euch weg als ihr irgend konntet; und der Vorwurf des Wahnsinns, oder der Rath sie ins Tollhaus zu schicken, war der Dank auf den sie bei euch am ge- wöhnlichsten rechnen konnten. Diese hinwiederum getrauten sich zwar nicht. über euch mit derselben Freimüthigkeit sich zu äußern, weil sie von euch abhingen, aber ihres innern Herzens wahrhafte Meinung war die: daß ihr mit wenigen Ausnahmen seichte Schwätzer seiet und aufgeblasene Prahler, Halbgelehrte, die durch die Schule nur hindurchgelaufen, blinde Zutapper und Fortschleicher im alten Gleise, und die sonst nichts wollten oder könnten. Straft sie durch die That der Lüge, und ergreifet hierzu die jetzt euch dargebotene Gelegenheit; legt ab jene Verachtung für gründliches Denken und Wissenschaft, laßt euch bedeuten und höret und lernet was ihr nicht wißt; außerdem behalten eure Ankläger recht.

Diese Reden beschwören euch Denker, Gelehrte und Schriftsteller, die ihr dieses Namens noch werth seid. Jener Tadel der Geschäfts- männer an euch war in gewissem Sinne nicht ungerecht. Ihr gingt oft zu unbesorgt in dem Gebiete des bloßen Denkens fort, ohne euch um die wirkliche Welt zu bekümmern und nachzusehen wie jenes an diese angeknüpft werden könne; ihr beschriebt euch eure eigene Welt und ließt die wirkliche zu verachtet und verschmäht auf der Seite liegen. Zwar muß alle Anordnung und Gestaltung des wirklichen Lebens ausgehen vom höhern ordnenden Begriffe, und das Fortgehen im gewohnten Gleise thut's ihm nicht: dies ist eine ewige Wahrheit und drückt in Gottes Namen mit unverhohlener Verachtung jeglichen nieder, der es wagt sich mit den Geschäften zu befassen ohne dieses zu wissen. Zwischen dem Begriffe jedoch und der Einführung desselben in jedwedes besondere Leben liegt eine große Kluft. Diese Kluft auszufüllen ist sowol das Werk des Ge- schäftsmanns, der freilich schon vorher so viel gelernt haben soll um euch zu verstehen, als auch das eurige, die ihr über der Gedanken- welt das Leben nicht vergessen sollt. Hier trefft ihr beide zusammen. Statt über die Kluft hinüber einander schel anzusehen und herab- zuwürdigen, becifere sich vielmehr jeder Theil von seiner Seite dieselbe auszufüllen und so den Weg zur Vereinigung zu bahnen. Begreift es doch endlich, daß ihr beide untereinander euch also noth= wendig seid, wie Kopf und Arm sich nothwendig sind.

Diese Reden beschwören noch in andern Rücksichten euch Denker, Gelehrte, Schriftsteller, die ihr dieses Namens noch werth seid. Eure Klagen über die allgemeine Seichtigkeit, Gedankenlosigkeit und Verflossenheit, über den Klugdünkel und das unversiegbare Geschwätz, über die Verachtung des Ernstes und der Gründlichkeit in allen Ständen mögen wahr sein, wie sie es denn sind. Aber welcher Stand ist es denn, der diese Stände insgesammt erzogen hat, der ihnen alles Wissenschaftliche in ein Spiel verwandelt und von der frühesten Jugend an zu jenem Klugdünkel und jenem Geschwätze sie angeführt hat? Wer ist es denn, der auch die der Schule ent= wachsenen Geschlechter noch immerfort erzieht? Der in die Augen fallendste Grund der Dumpfheit des Zeitalters ist der, daß es sich dumpf gelesen hat an den Schriften, die ihr geschrieben habt. Warum laßt ihr dennoch immerfort euch so angelegen sein dieses müßige Volk zu unterhalten, unerachtet ihr wißt daß es nichts gelernt hat und nichts lernen will; nennt es Publikum, schmeichelt ihm als euerm Richter, hetzt es auf gegen eure Mitwerber, und sucht diesen blinden und verworrenen Haufen durch jedes Mittel auf eure Seite zu bringen; gebt endlich selbst in euern Recensiranstalten und Journalen ihm so Stoff wie Beispiel seiner vorschnellen Urtheilerei, indem ihr da ebenso ohne Zusammenhang und so aus freier Hand in den Tag hinein urtheilt, meist ebenso abgeschmackt wie es auch der letzte eurer Leser könnte? Denkt ihr nicht alle so, gibt es unter euch noch Bessergesinnte, warum vereinigen sich denn nicht diese Bessergesinnten, um dem Unheile ein Ende zu machen? Was ins= besondere jene Geschäftsmänner anbelangt: diese sind bei euch durch die Schule gelaufen, ihr sagt es selbst. Warum habt ihr denn diesen ihren Durchgang nicht wenigstens dazu benutzt, um ihnen einige stumme Achtung für die Wissenschaften einzuflößen, und besonders dem hochgeborenen Jünglinge den Eigendünkel bei zeiten zu brechen, und ihm zu zeigen daß Stand und Geburt in Sachen des Denkens nichts fördert? Habt ihr ihm vielleicht schon damals geschmeichelt und ihn ungebührlich hervorgehoben, so traget nun was ihr selbst veranlaßt habt!

Sie wollen euch entschuldigen, diese Reden, mit der Voraus= setzung daß ihr die Wichtigkeit eures Geschäfts nicht begriffen hättet; sie beschwören euch, daß ihr euch von Stund an bekannt macht mit dieser Wichtigkeit und es nicht länger als ein bloßes Gewerbe treibt. Lernt euch selbst achten, und zeigt in euerm Handeln daß ihr es thut, und die Welt wird euch achten. Die erste Probe davon werdet ihr ablegen durch den Einfluß, den ihr auf die angetragene Ent=

schließung euch geben, und durch die Weise wie ihr euch dabei benehmen werdet.

Diese Reden beschwören euch Fürsten Deutschlands. Diejenigen, die euch gegenüber so thun als ob man euch gar nichts sagen dürfte oder zu sagen hätte, sind verächtliche Schmeichler, sie sind arge Verleumder eurer selbst; weiset sie weit weg von euch. Die Wahrheit ist, daß ihr ebenso unwissend geboren werdet als wir andern alle, und daß ihr hören müßt und lernen gleich wie auch wir, wenn ihr herauskommen sollt aus dieser natürlichen Unwissenheit. Euer Antheil an der Herbeiführung des Schicksals, das euch zugleich mit euern Völkern betroffen hat, ist hier auf die mildeste und, wie wir glauben, auf die allein gerechte und billige Weise dargelegt worden, und ihr könnt euch, falls ihr nicht etwa nur Schmeichelei niemals aber Wahrheit hören wollt, über diese Reden nicht beklagen. Dies alles sei vergessen, sowie wir andern alle auch wünschen daß unser Antheil an der Schuld vergessen werde. Jetzt beginnt, so wie für uns alle, also auch für euch ein neues Leben. Möchte doch diese Stimme durch alle die Umgebungen hindurch, die euch unzugänglich zu machen pflegen, bis zu euch dringen! Mit stolzem Selbstgefühl darf sie euch sagen: ihr beherrschet Völker, treu, bildsam, des Glückes würdig, wie keiner Zeit und keiner Nation Fürsten sie beherrscht haben. Sie haben Sinn für die Freiheit und sind derselben fähig; aber sie sind euch gefolgt in den blutigen Krieg gegen das was ihnen Freiheit schien, weil ihr es so wolltet. Einige unter euch haben späterhin anders gewollt, und sie sind euch gefolgt in das was ihnen ein Ausrottungskrieg scheinen mußte gegen einen der letzten Reste deutscher Unabhängigkeit und Selbständigkeit; auch weil ihr es so wolltet. Sie dulden und tragen seitdem die drückende Last gemeinsamer Uebel, und sie hörten nicht auf euch treu zu sein, mit inniger Ergebung an euch zu hangen und euch zu lieben als ihre ihnen von Gott verliehenen Vormünder. Möchtet ihr sie doch unbemerkt von ihnen beobachten können; möchtet ihr doch, frei von den Umgebungen die nicht immer die schönste Seite der Menschheit euch darbieten, herabsteigen können in die Häuser des Bürgers, in die Hütten des Landmanns, und dem stillen und verborgenen Leben dieser Stände, zu denen die in den höhern Ständen seltener gewordene Treue und Biederkeit ihre Zuflucht genommen zu haben scheint, betrachtend folgen können: gewiß, o gewiß würde euch der Entschluß ergreifen, ernstlicher denn jemals nachzudenken wie ihnen geholfen werden könne. Diese Reden haben euch ein Mittel der Hülfe vorgeschlagen, das sie für sicher, durchgreifend und entscheidend halten. Lasset eure Räthe sich berathschlagen, ob sie es auch so finden, oder ob sie ein besseres wissen, nur daß es ebenso entscheidend sei. Die

Ueberzeugung aber, daß etwas geschehen müsse, und auf der Stelle geschehen müsse, und etwas Durchgreifendes und Entscheidendes ge= schehen müsse, und daß die Zeit der halben Maßregeln und der Hinhaltungsmittel vorüber sei: diese Ueberzeugung möchten sie gern, wenn sie könnten, bei euch selbst hervorbringen, indem sie zu euerm Biedersinne noch das meiste Vertrauen hegen.

Euch Deutsche insgesammt, welchen Platz in der Gesellschaft ihr einnehmen mögt, beschwören diese Reden, daß jeder unter euch, der da denken kann, zuvörderst denke über den angeregten Gegen= stand, und daß jeder dafür thue was gerade ihm an seinem Platze am nächsten liegt.

Es vereinigen sich mit diesen Reden und beschwören euch eure Vorfahren. Denket, daß in meine Stimme sich mischen die Stimmen eurer Ahnen aus der grauen Vorwelt, die mit ihren Leibern sich entgegengestemmt haben der heranströmenden römischen Weltherr= schaft, die mit ihrem Blute erkämpft haben die Unabhängigkeit der Berge, Ebenen und Ströme, welche unter euch den Fremden zur Beute geworden sind. Sie rufen euch zu: vertretet uns, überliefert unser Andenken ebenso ehrenvoll und unbescholten der Nachwelt, wie es auf euch gekommen ist, und wie ihr euch dessen und der Ab= stammung von uns gerühmt habt! Bisjetzt galt unser Widerstand für edel und groß und weise, wir schienen die Eingeweihten zu sein und die Begeisterten des göttlichen Weltplans. Geht mit euch unser Geschlecht aus, so verwandelt sich unsre Ehre in Schimpf und unsre Weisheit in Thorheit. Denn sollte der deutsche Stamm einmal unter= gehen in das Römerthum, so war es besser daß es in das alte geschähe, denn in ein neues. Wir standen jenem und besiegten es; ihr seid verstäubt worden vor diesem. Auch sollt ihr nun, nachdem einmal die Sachen also stehen, sie nicht besiegen mit leiblichen Waffen; nur euer Geist soll sich ihnen gegenüber erheben und aufrecht stehen. Euch ist das größere Geschick zutheil worden, überhaupt das Reich des Geistes und der Vernunft zu begründen, und die rohe körper= liche Gewalt insgesammt als Beherrschendes der Welt zu ver= nichten. Werdet ihr dies thun, dann seid ihr würdig der Abkunft von uns.

Auch mischen in diese Stimmen sich die Geister eurer spätern Vorfahren, die da fielen im heiligen Kampfe für Religions= und Glaubensfreiheit. Rettet auch unsere Ehre! rufen sie euch zu. Uns war nicht ganz klar, wofür wir stritten; außer dem rechtmäßigen Entschlusse, in Sachen des Gewissens durch äußere Gewalt uns nicht gebieten zu lassen, trieb uns noch ein höherer Geist, der uns niemals sich ganz enthüllte. Euch ist er enthüllt, dieser Geist, falls ihr eine Sehkraft habt für die Geisterwelt, und blickt euch an mit hohen klaren Augen. Das bunte und verworrene Gemisch der sinnlichen und geistigen Antriebe durcheinander soll überhaupt der Weltherrschaft entsetzt werden, und ·der Geist allein, rein und aus= gezogen von allen sinnlichen Antrieben, soll an das Ruder der mensch= lichen Angelegenheiten treten. Damit diesem Geiste die Freiheit werde sich zu entwickeln und zu einem selbständigen Dasein empor= zuwachsen, dafür floß unser Blut. An euch ist's, diesem Opfer seine Bedeutung und seine Rechtfertigung zu geben, indem ihr diesen Geist einsetzt in die ihm bestimmte Weltherrschaft. Erfolgt nicht dieses, als das Letzte worauf alle bisherige Entwickelung unsrer Nation zielte, so werden auch unsre Kämpfe zum vorüberrauschenden leeren Possenspiele, und die von uns erfochtene Geistes= und Gewissens= freiheit ist ein leeres Wort, wenn es von nun an überhaupt nicht länger Geist oder Gewissen geben soll.

Es beschwören euch eure noch ungeborenen Nachkommen. Ihr rühmt euch eurer Vorfahren, rufen sie euch zu, und schließt mit Stolz euch an an eine edle Reihe. Sorget daß bei euch die Kette nicht abreiße; macht daß auch wir uns eurer rühmen können und durch euch, als untadeliches Mittelglied hindurch, uns anschließen an dieselbe glorreiche Reihe. Veranlaßt nicht daß wir uns der Abkunft von euch schämen müssen, als einer niedern, barbarischen, sklavischen, daß wir unsere Abstammung verbergen oder einen fremden Namen und eine fremde Abkunft erlügen müssen, um nicht sogleich ohne weitere Prüfung weggeworfen und zertreten zu werden. Wie das nächste Geschlecht, das von euch ausgehen wird, sein wird, also wird euer Andenken ausfallen in der Geschichte: ehrenvoll, wenn dieses ehrenvoll für euch zeugt; sogar über die Gebühr schmählich, wenn ihr keine laute Nachkommenschaft habt und der Sieger eure Geschichte macht. Noch niemals hat ein Sieger Neigung oder Kunde genug gehabt um die Ueberwundenen gerecht zu beurtheilen. Je mehr er sie herabwürdigt, desto gerechter steht er selbst da. Wer kann wissen, welche Großthaten, welche treffliche Einrichtungen, welche edle Sitten manchen Volkes der Vorwelt in Vergessenheit gerathen sind, weil die Nachkommen unterjocht wurden, und der Ueberwinder seinen Zwecken gemäß, unwidersprochen, Bericht über sie erstattete.

Es beschwört euch selbst das Ausland, inwiefern dasselbe nur noch im mindesten sich selbst versteht und noch ein Auge hat für seinen wahren Vortheil. Ja, es gibt noch unter allen Völkern Gemüther, die noch immer nicht glauben können, daß die großen Verheißungen eines Reichs des Rechts, der Vernunft und der Wahr= heit an das Menschengeschlecht eitel und ein leeres Trugbild seien, und die daher annehmen, daß die gegenwärtige eiserne Zeit nur ein Durchgang sei zu einem bessern Zustande. Diese, und in ihnen die gesammte neuere Menschheit, rechnet auf euch. Ein großer

Theil derselben stammt ab von uns, die übrigen haben von uns Religion und jedwede Bildung erhalten. Jene beschwören uns bei dem gemeinsamen vaterländischen Boden, auch ihrer Wiege, den sie uns frei hinterlassen haben, diese bei der Bildung, die sie von uns, als Unterpfand eines höhern Glücks, bekommen haben, — uns selbst auch für sie und um ihrer willen zu erhalten so wie wir immer gewesen sind, aus dem Zusammenhange des neuentsprossenen Geschlechts nicht dieses ihm so wichtige Glied herauszureißen zu lassen, damit wenn sie einst unsers Rathes, unsers Beispiels, unserer Mitwitwirkung gegen das wahre Ziel des Erdenlebens hin bedürfen, sie uns nicht schmerzlich vermissen. Alle Zeitalter, alle Weise und Gute die jemals auf dieser Erde geathmet haben, alle ihre Gedanken und Ahnungen eines Höhern mischen sich in diese Stimmen und umringen euch und heben flehende Hände zu euch auf; selbst, wenn man so sagen darf, die Vorsehung und der göttliche Weltplan bei Erschaffung eines Menschengeschlechts, der ja nur da ist um von Menschen gedacht und durch Menschen in die Wirklichkeit eingeführt zu werden, beschwört euch, seine Ehre und sein Dasein zu retten. Ob jene, die da glaubten es müsse immer besser werden mit der Menschheit, und die Gedanken einer Ordnung und einer Würde derselben seien keine leeren Träume sondern die Weissagung und das Unterpfand der einstigen Wirklichkeit, recht behalten sollen, oder diejenigen, die in ihrem Thier- und Pflanzenleben hinschlummern und jedes Aussfluges in höhere Welten spotten: — darüber ein letztes Endurtheil zu begründen, ist euch anheimgefallen. Die alte Welt mit ihrer Herrlichkeit und Größe sowie mit ihren Mängeln ist versunken, durch die eigene Unwürde und durch die Gewalt euerer Väter. Ist in dem, was in diesen Reden dargelegt worden, Wahrheit, so seid unter allen neuern Völkern ihr es, in denen der Keim der menschlichen Vervollkommnung am entschiedensten liegt, und denen der Vorschritt in der Entwickelung derselben aufgetragen ist. Geht ihr in dieser eurer Wesenheit zu Grunde, so geht mit euch zugleich alle Hoffnung des gesammten Menschengeschlechts auf Rettung aus der Tiefe seiner Uebel zu Grunde. Hofft nicht und tröstet euch nicht mit der aus der Luft gegriffenen, auf bloße Wiederholung der schon eingetretenen Fälle rechnenden Meinung, daß ein zweites mal nach Untergang der alten Bildung eine neue, auf den Trümmern der ersten, aus einer halb barbarischen Nation hervorgehen werde. In der alten Zeit war ein solches Volk mit allen Erfordernissen zu dieser Bestimmung ausgestattet vorhanden, und war dem Volke der Bildung recht wohl bekannt, und ist von ihnen beschrieben; und diese selbst, wenn sie den Fall ihres Untergangs zu setzen vermocht hätten, würden an diesem Volke das Mittel der Wiederherstellung haben entdecken können. Auch uns ist die gesammte Oberfläche der Erde recht wohl bekannt, und alle die Völker die auf derselben leben. Kennen wir denn nun ein solches dem Stammvolke der neuen Welt ähn= liches Volk, von welchem die gleichen Erwartungen sich fassen ließen? Ich denke, jeder der nur nicht bloß schwärmerisch meint und hofft, sondern gründlich untersuchend denkt, werde diese Frage mit Nein beantworten müssen. Es ist daher kein Ausweg: wenn ihr versinkt, so versinkt die ganze Menschheit mit, ohne Hoffnung einer einstigen Wiederherstellung.

Dies war es, E. V., was ich Ihnen als meinen Stellvertretern der Nation, und durch Sie der gesammten Nation, am Schlusse dieser Reden noch einschärfen wollte und sollte.